# Jalta

*Positionen zur jüdischen Gegenwart*

**SELBSTERMÄCHTIGUNG**

AUSGABE N° 01
1/2017 — 1/5777

*Positionen zur jüdischen Gegenwart*

# SELBST-ERMÄCHTIGUNG

HERAUSGEGEBEN VON
Micha Brumlik / Marina Chernivsky / Max Czollek / Hannah Peaceman
Anna Schapiro / Lea Wohl von Haselberg

AUSGABE N° 01
**1/2017 — 1/5777**

# EINE ERÖFFNUNG

Wir freuen uns sehr, hiermit die erste *Jalta* Ausgabe mit dem Themenschwerpunkt *Selbstermächtigung* vorzustellen. Wir, das Herausgeber*innenkollektiv, sind Micha Brumlik, Marina Chernivsky, Max Czollek, Hannah Peaceman, Anna Schapiro und Lea Wohl von Haselberg.

Mit der Gründung von *Jalta* eröffnen wir eine Plattform für kritische Diskurse über politische und gesellschaftliche Verhältnisse und ein Forum für intellektuelle und künstlerische Auseinandersetzungen. Die oft vereinzelten Positionen zur jüdischen Gegenwart wollen wir zusammenbringen und darüber hinaus gemeinsam Fragen von gutem Zusammenleben, gesellschaftlichen Verhältnissen und Emanzipation verhandeln. Wir fordern alle Verbündeten und Interessierten auf, mit uns in Kontakt zu treten, in die Diskussionen einzusteigen, um unsere Positionen – die auch im Widerspruch zueinanderstehen werden – aufeinander zu beziehen und weiterzuentwickeln. Ebenso vielfältig wie Themen, Formen und Autor*innen in *Jalta* sind auch die angesprochenen Leser*innen. Explizit richten wir uns an alle Mitglieder der Post-Migrationsgesellschaft: Lasst uns Allianzen bilden. Es ist auch unsere Gesellschaft, gestalten wir sie!

*Jalta* versammelt neue Beiträge zur jüdischen Gegenwart – einer Gegenwart, die von der Vielfältigkeit jüdischer Perspektiven in Deutschland geprägt ist. Diese Diversität schöpft nicht nur aus der Existenz der Juden und Jüdinnen aus der ehemaligen Sowjetunion, Israel, der BRD und der ehemaligen DDR. Sie resultiert auch aus Generationsunterschieden und der Entwicklung neuer Institutionen. Zugleich ist diese Entwicklung Teil einer insgesamt vielgestaltiger werdenden deutschen Gesellschaft.

*Jalta* ist der Versuch, Sensibilität für neue Narrative, andere Perspektiven und Positionierungen zu entwickeln. Wir sind überzeugt, dass die Vielfalt des gegenwärtigen Judentums in Deutschland politische und kulturelle Potentiale eröffnet, die Themen und Ressourcen für *Jalta* sein sollen. Von Interesse sind dabei vor allem die wenig sichtbaren, die bewusst wie unbewusst vergessenen, die ausgegrenzten und neuen Zugänge und Gegenstände, aus denen sich eine Vielzahl auch kontroverser jüdischer Positionierungen ergibt. Aber *Jalta* ist auch ein Forum für emanzipatorische Politik und geht deshalb weit über die Beschäftigung mit jüdischen Selbstbildern hinaus. Jüdische und nicht-jüdische Perspektiven kommen hier zusammen, um in vielfältiger Weise über gesellschaftliche Veränderung zu verhandeln und sie voranzutreiben.

Divers ist in *Jalta* nicht nur der Inhalt, sondern auch die Form: Wissenschaftliche, essayistische und literarische Texte sowie künstlerische Arbeiten stehen gleichberechtigt nebeneinander. Die meisten Beiträge sind in deutscher Sprache verfasst, die Mehrsprachigkeit unserer Autor*innen wird aber auch sichtbar. Die Hefte sind in fünf Rubriken aufgebaut:

Die erste Rubrik dient der Auseinandersetzung mit dem Titel unserer Zeitschrift – *Jalta*. Jalta ist eine bedeutende Frau aus dem Talmud, die sich wütend gegen die Dummheit und die Ungerechtigkeit von Männern wehrte. Ferner steht Jalta (Krim) auch als Symbol für eine europäische Nachkriegsordnung: Auf der Konferenz von Jalta haben die Alliierten 1945 über die Entwicklung Deutschlands nach seiner Niederlage entschieden. Zugleich verweist der Ort auf die vielen Juden und Jüdinnen, die seit dem Ende der Sowjetunion nach Deutschland eingewandert sind und die jüdisches Leben in Deutschland heute maßgeblich mitgestalten. Die erste Rubrik führt diese verschiedenen Aspekte zusammen, vor allem bekommen diesmal die Positionen (wütender) jüdischer Frauen Raum. Charlotte Fonrobert schreibt zum „Zorn der Babylonierin Jalta" und stellt Jalta als Talmudfigur vor. Fotos von der Krim aus den 1970er Jahren vermitteln einen visuellen Eindruck der Region. Debora Antmanns Beitrag „Der lesbisch feministische Schabbeskreis – Die Geschichte eines fast vergessenen jüdisch-feministischen Widerstands" porträtiert eine wichtige jüdisch-feministische Gruppe der 1980er Jahre. Elisa Klapheck gibt uns einen Einblick in ihr Denken als „Religiös-säkulare Rabbinerin". In einem Interview reflektiert Tanja Berg über „Aufbrüche und Veränderungen" von Bet Debora, einem europäischen Netzwerk feministischer Jüdinnen. All die Frauen, die hier zu Wort kommen, sind Protagonistinnen der jüdischen Emanzipationsbewegungen seit den 1980er Jahren.

Die zweite Rubrik setzt sich mit dem Themenschwerpunkt des ersten Heftes auseinander – *Selbstermächtigung*. Marina Chernivsky leistet in ihrem Beitrag „Empowerment und Selbstermächtigung" zunächst eine Begriffsentwirrung. Sie reflektiert über Empowerment als pädagogisches und politisches Konzept und dessen Bedeutung für die jüdische Gemeinschaft. Pasquale Virginie Rotter zeigt die „Verstrickungen und Verbindungen" zwischen Schwarzen und Jüdischen Menschen im deutschen und österreichischen Kontext auf. Sie betrachtet Solidarisierungsmöglichkeiten und Allianzbildungen, Gemeinsamkeiten und Unterschiede zwischen den Positionen. Der Konferenzbericht zu „The Interface between British Contemporary Black and Jewish Cultures" von David Brauner und Ruth Gilbert erweitert diese Darstellung um die Frage danach, welche Verknüpfungen in der Literatur zwischen Perspektiven Jüdischer und Schwarzer Menschen bestehen. Collagen von Evgenia Gostrer unter dem Titel „Ach, was für ein schöner Zopf!" reflektieren die Migration der Künstlerin als ‚Kontingentflüchtling' und den Prozess ihrer Selbstermächtigung unter den „neuen Umständen". In einem Interview erzählt Sarah Nemtsov von ihrem Projekt *Mekomot – Orte*. Indem sie gemeinsam mit Künstler*innen Konzerte an bedeutsame jüdische Orte wie ehemalige Synagogen in kleinen Städten bringt, findet eine Wiederaneignung und Neubelebung von Räumen statt. Einblicke in eine Kollegreihe des Ernst Ludwig Ehrlich Studienwerks zum Thema Migration geben Anna Schapiro, Greta Zelener und Niels Hölmer. Sie berichten von ihrem Besuch im Bundesamt für Migration und Flüchtlinge in Nürnberg und stellen dabei sowohl Verbindungen zu ihrer eigenen Migrationsgeschichte als auch zu aktuellen Fluchtgeschichten her. „Watch me, Daddy" ist ein Auszug aus Sasha Marianna Salzmanns Theaterstück *Verstehen Sie den Dschihadismus in acht Schritten!* (Uraufführung am 17. März 2017 am Maxim Gorki Theater in Berlin). Noga Shtainers Fotografien mit dem Titel *Near Conscious* sind Schritte ihres Erwachsenwerdens und der Selbstermächtigung gegenüber ihrer Familie und ihrer Kindheit. Die Generation der 18- bis 35-Jährigen und ihr Wunsch nach Gestaltung und Teilhabe am jüdischen Leben in den Gemeinden und darüber hinaus werden von Anastassia Pletoukhina in den Blick genommen. Sie gibt eine Übersicht über die Netzwerke und reflektiert basierend auf ihren Erfahrungen das Mit-, Neben- oder Gegeneinander der Generationen. In seinem Manifest zur Desintegration ruft Max Czollek schließlich zu einer Strategie politisch-ästhetischer Selbstermächtigung auf. Dieser Beitrag ist zugleich eine Vorschau auf die zweite Ausgabe von *Jalta*, die im Oktober 2017 erscheint und *Desintegration* zum Schwerpunkt haben wird.

Die dritte Rubrik trägt den Titel „Juden* und ...". Behandelt werden hier Themen, mit denen Juden* (das Sternchen schließt alle Gender ein) – gewollt und ungewollt – wiederholt in Zusammenhang gebracht werden. Hier ist Raum, sich kritisch, ironisch oder auch kreativ mit Zuschreibungen und Selbstbestimmungen auseinanderzusetzen, aber auch übersehene, unerwartete, abwegige Zusammenhänge aufzumachen. Rakefet Zalashik reflektiert in ihrem Beitrag „zu Juden* und Hunden" den Wandel der Bedeutung des deutschen Schäferhundes für Juden und Jüdinnen seit der Shoah und in Israel. Micha Brumlik eröffnet eine Diskussion zum Verhältnis von „Juden, Judentum und Rechtspopulismus". Er zeigt das Engagement zweier jüdischer Parteimitglieder der AfD auf und kritisiert das Erstarken des Rechtspopulismus und Rassismus auch unter Juden und Jüdinnen in Deutschland.

Die vierte Rubrik ist Themen gewidmet, die „Vergessen, Übersehen, Verdrängt" worden sind. Beate Meyer porträtiert Fritz Benscher, einen fast vergessenen jüdischen Fernsehshowmaster der Nachkriegszeit. In Berlin gibt es seit 2016 die Rainbow Chawurah, die einen Empowerment-Raum für queere jüdische Menschen bietet. Miriam Burzlaff und Jonathan Rafael Balling stellen sie vor. Michal Schwartze schreibt in ihrem Text „Koinzidenzen im Herbst" über ihre Eindrücke von einem jüdischen Jahr 2016 und Heide Lilith Klatt beschreibt in ihrem Beitrag „Fußnote" eine Stolpersteinverlegung in der ostdeutschen Provinz.

„Streitbares" heißt die fünfte und letzte Rubrik. Hier ist gleichzeitig Raum *für* kontroverse Positionen und Debatten wie auch für Reflexionen *über* Kontroversen. Selma Dumitru wirft einen kritischen Blick auf die aktuelle Debatte um „Heidegger und den Antisemitismus". In einer Sammelrezension von autobiographisch geprägten Publikationen dreier jüdischer Autoren aus dem Jahr 2016 arbeitet Dani Kranz deren Gemeinsamkeiten und Unterschiede heraus, fragt nach der Genderspezifizität ihrer Selbstdarstellungen und ruft jüdische Frauen auf, ihren Beitrag zu jüdischen Selbstbildern zu leisten. Ulrike Offenberg gibt einen Einblick in die Bewegung *Women of the Wall* in Israel und zeigt die Bedrohungen und Anfeindungen auf, denen die Aktivistinnen ausgesetzt sind, und die enorme Kraft, mit der sie egalitäre und inklusive Räume fordern.

Wir schließen die erste Ausgabe mit persönlichen Statements der sechs Herausgeber*innen zum Titel und der Mission *Jalta*.

*Selbstermächtigung* ist unser erstes Statement, dass es uns gibt und dass wir uns als aufmerksame Beobachter*innen, als Kritiker*innen und als Gestalter*innen verstehen. Wir insistieren auf einer offenen Gesellschaft. Auf einer ‚Gesellschaft der Vielen'. *Jalta* zeigt: Wir sind da! Wir – in unseren vielfachen und komplexen Positionen als Juden und Jüdinnen, in unseren Widersprüchen und Kontroversen.

Wir wünschen Euch und Ihnen viel Spaß beim Lesen dieser ersten Ausgabe, anstrengendes Nachdenken, Momente der Kritik, neue Ideen und Motivation mit uns gemeinsam die ‚Gesellschaft der Vielen' zu gestalten.

HANNAH PEACEMAN / LEA WOHL VON HASELBERG
(Heftverantwortliche für *Jalta* N° 01)

# Inhaltsverzeichnis

## 3 — ג
## JUDEN* UND ...

## 4 — ד

### VERGESSEN, ÜBERSEHEN, VERDRÄNGT



## 5 — ה

### STREITBARES

## 6 — ו
## ÜBER DIE REDAKTION

# 1 — א

## (NACH) JALTA

# DER ZORN DER BABYLONIERIN JALTA

CHARLOTTE ELISHEVA FONROBERT

Folgende kurze und mittlerweile oft kommentierte Erzählung[1] findet sich am Ende des siebten Kapitels im Traktat *Berachot* („Segenssprüche") des Babylonischen Talmuds:

> *Einst war Ulla bei Rav Nachman eingekehrt, und nachdem er gespeist hatte, sprach er den Tischsegen*[2] *und reichte Rav Nachman den Becher des Segens.*

*Da sprach Rav Nachman zu ihm: „Möge doch der Meister den Becher des Segens auch zu Jalta senden!"*
*Doch dieser erwiderte: „Folgendes sprach Rabbi Jochanan:*

> *Die Leibesfrucht der Frau wird nur durch die Leibesfrucht des Mannes gesegnet, denn [in der Torah] heißt es: „Er [Gott] wird deine Leibesfrucht segnen" [Deut 7,13] – es heißt nicht „*ihre *[fem.] Leibesfrucht," sondern „*deine *[masc.] Leibesfrucht."*

[...][3]
*Als Jalta dies unterdessen hörte, stand sie zornig auf, ging in die Weinkammer und zerschlug vierhundert Krüge Wein. Hierauf sprach Rav Nachman zu ihm [Ulla]:*
*Möge der Meister ihr doch einen anderen Becher schicken!*
*Da ließ er ihr sagen: Dies alles gehört zum Kelch des Segens.*
*Sie ließ ihm sagen:*

1 Rachel Adler: Feminist Folktales of Justice. Robert Cover as a Resource for the Renewal of Halakhah. In: *Conservative Judaism* 45,3 (1993), S. 49–52; dies.: Engendering Judaism. An Inclusive Theology and Ethics. Jerusalem/Philadelphia: Jewish Publication Society 1998, S. 53–58; Tal Ilan: *Mine and Yours are Hers. Retrieving Women's History from Rabbinic Literature.* Leiden: Brill 1997, S. 121–129; Adam Kirsch: Talmudic Pride and Prejudice. http://www.tabletmag.com/jewish-life-and-religion/112725/talmudic-pride-and-prejudice (Zugriff am 31.01.2017); Admiel Kosman: A Cup of Affront and Anger. Yaltha as an Early Feminist in the Talmud. In: *Journal of Textual Reasoning* 6,2 (2011), S. 35–41.

2 Die *birkat ha-mason*, die nach talmudischer Tradition am Ende einer Mahlzeit mit Brot rezitiert wird. Wenn mehr als drei Personen – nach talmudischer Tradition drei jüdische Männer, in modernen, egalitären Kreisen auch Frauen – an der Mahlzeit teilnehmen, wird die Segnung durch eine liturgisch formulierte ‚Einladung' *(simun)* eingeführt. Der (oder die) Einladende leitet dann die kollektiv rezitierte Segnung, die er (oder sie) über einem Becher Wein rezitiert, dem sogenannten Segensbecher (siehe mBerachot 7,1).

3 Hier haben die talmudischen Redaktoren eine Dopplung des exegetischen Lehrstücks von Rabbi Jochanan eingefügt, in Form einer früheren Tradition *(baraita)*, die fast wortwörtlich dieselbe Auslegung von Deut 7,13 vorstellt wie Rabbi Jochanan.

*Von Herumtreibern kommt Geschwätz, von Lumpen Ungeziefer.* (bBerachot 51b)[4]

Im Zentrum der Erzählung steht Jalta, nach der diese Zeitschrift benannt ist. Von den wenigen Frauenfiguren, die im Babylonischen Talmud namentlich eine Rolle spielen, ist sie wohl die prominenteste. Insgesamt tritt Jalta im Babylonischen Talmud sieben Mal in Erscheinung – mal in kürzeren, mal in längeren, mal in fragmentarischen Erzählungen und Gesprächen, die weit in den talmudischen Traktaten verstreut sind.[5] Dies ist viel häufiger, als irgendeine andere Frauenfigur auftritt. Im Kontext einer rabbinisch-akademischen Lernkultur, in der individuelle Männerfiguren in hunderten von Lehrerzählungen auftreten und ihnen ebenso viele Lehrmeinungen zugeschrieben werden, erscheint dies zunächst allerdings eher unbedeutend zu sein. Gleichzeitig gewinnen gerade deshalb die wenigen Erzählungen mit namentlich genannten Frauen umso mehr an Bedeutung, nicht nur in der feministisch-jüdischen Literatur- und Religionswissenschaft, sondern schon in der talmudischen Literatur selbst. Hier erscheinen Frauenfiguren, allen voran die *namentlich* genannten, als Knotenpunkte ungelöster Spannungen in der Kultur, wie sie die talmudischen Rabbinen entwerfen, vor allem die Geschlechterpolitik betreffend: Sie sind Figuren des Widerstands gegen Autorität, des Protests und des kritischen Hinterfragens von Exklusion, Figuren, die vielleicht Erinnerungsspuren historischer Frauen darstellen – was im Einzelnen nicht mehr nachweisbar ist –,[6] aber die vor allem im normativen Diskurs des talmudischen Erzählgutes wie Sand im Getriebe wirken. Dies soll im Folgenden gezeigt werden.

Dabei wende ich mich also zunächst der talmudischen Erzählung zu, nicht zuletzt in der Hoffnung, dass die vieldeutigen rabbinischen Texte und Erzählungen, die so lange die jüdische Diasporakultur bestimmt haben, zu Denkanregungen in dieser neuen, nach Jalta benannten Zeitschrift führen.

**DER ZORN DER JALTA** Die beiden männlichen Protagonisten sind in der talmudischen Literatur weithin bekannt: Ulla ist einer der Gelehrten, von dem erzählt wird, dass er zwischen den beiden rabbinischen Lehr- und Lernzentren der römischen Provinz Syro-Palästina einerseits und dem Persischen Reich der Sassaniden andererseits hin- und herreist.[7] Rav

4 Die Übersetzung ist meine eigene, aber ich habe auch die klassische deutsche Übersetzung von Lazarus Goldschmidt zu Rate gezogen. Siehe *Der Babylonische Talmud*, Bd. 1, aus d. Hebr. u. Aram. v. Lazarus Goldschmidt. Frankfurt: Jüdischer Verlag 1996, S. 221.

5 bBerachot 51b; bSchabbat 54b; bBetsah 25b; bGittin 67b; bKiddushin 70a–b; bHulin 109b–110a; bNiddah 20b. Von diesen Texten sind bBerachot 51b und bNiddah 20b die am häufigsten interpretierten. Zu bNiddah 20b siehe zusätzlich zu der in Anm. 1 zitierten Literatur Charlotte Fonrobert: Yalta's Ruse. Resistance against Rabbinic Menstrual Authority. In: Rachel Wasserfall (Hrsg.): *Woman and Water. Menstruation in Jewish Life and Law.* Boston: Brandeis UP 1999, S. 60–82; dies.: *Menstrual Purity. Rabbinic and Christian Reconstructions of Biblical Gender.* Stanford: Stanford UP 2000, S. 118–127. Siehe auch Gail Labovitz: Rabbis and 'Guerilla Girls'. A Bavli Motif of the Female (Counter) Voice in the Rabbinic Legal System. In: *Women in Judaism* 10,2 (2013), S. 1–35. Generell wird bisher der Text in bHulin ignoriert. In bSchabbat und bBetsah wird nur kurz über sie gesprochen bzw. nur ihr Name erwähnt. Tal Ilan: *Mine and Yours Are Hers* kommentiert alle Texte, mit dem Ziel zu zeigen, dass Jalta eine unabhängige Frau war. Mein Kommentar zu der Erzählung Berachot hier nimmt Bezug auf diese verschiedenen Darstellungen von Jalta und versucht sie gleichzeitig zu erweitern.

6 Die rabbinischen sind in erster Linie literarische Texte und bei Erzählungen handelt es sich oft um Lehrerzählungen ohne historiographischen Anspruch. Insbesondere für den Babylonischen Talmud gibt es nur sehr wenige externe historische Zeugnisse bzw. Zeugen, so dass die geschichtliche Existenz der Charaktere kaum nachweisbar ist.

7 Ursprünglich aus Palästina.

Nachman bar Jakob aus derselben Generation talmudischer Gelehrter hingegen ist als fest im Sassanidenreich verwurzelt dargestellt. Dort ist er Leiter einer der großen rabbinischen Akademien (Jeschiwot) in Neharde'a.[8] Der reisende Ulla kehrt also bei Rav Nachman ein, und die Mahlzeit wird abschließend gesegnet, entsprechend der von der Mischnah formulierten Tradition. Der Gastgeber bittet seinen Gast, der Frau des Hauses den Segensbecher zu senden. Jalta sitzt anscheinend nicht am selben Tisch, aber scheint dennoch Teil der Tischgemeinschaft zu sein.

Gerade in der unmittelbar vorhergehenden Diskussion im Talmud, die unsere Erzählung einleitet, wird eben diese Geste thematisiert, denn gemäß einer früheren Lehrtradition[9] soll besagter Segensbecher an die „Mitglieder des Haushalts *(anschei beito)* als Gabe" geschickt werden. Der Talmud kommentiert dies explizit damit,[10] dass damit insbesondere die Frau des Hausherrn gemeint sei, denn so werde auch sie gesegnet, d. h. in den Tischsegen mit einbezogen.

Damit thematisiert der Talmud die Geschlechterpolitik des ritualisierten, sozialen Lebens, das die rabbinische Lehre zu gestalten sucht. Auch eine Tischgemeinschaft ist Kontext und Bühne der durch halachische Vorschriften gestalteten Ritualisierung, seit der Zerstörung des Tempels sogar eine zentrale Bühne gelebten Judentums und gelebter Torah.[11] Das siebte Kapitel des Traktats thematisiert insbesondere die Liturgie des Tischsegens am Ende einer Mahlzeit, die bis heute nicht an Gültigkeit verloren hat und zumindest in traditionsbewussten Kreisen regelmäßig rezitiert wird. Nach der Mischnah werden Frauen allerdings für die gemeinschaftlich rezitierte Liturgie des Tischsegens offiziell nicht „gezählt"; zu den drei „Personen", die eine rituelle Tischgesellschaft konstituieren, gehören nach der Mischnah weder „Frauen, Sklaven, noch Minderjährige" (mBerachot 7,2). Sie sind die primären sozialen Untergruppen des rabbinischen Haushalts, wie er in der Mischnah vom Umfeld der römischen Kultur her gedacht wird.[12] Es ist genau diese Ausschlusspolitik der Mischnah, die das talmudische Kapitel thematisiert, an dessen Ende sich die Erzählung von der Mahlzeit im Hause Jaltas befindet.

Die der Erzählung über Jaltas Zorn unmittelbar vorrausgehende talmudische Diskussion steuert der halachischen Ausschlusspolitik der Mischnah zumindest ansatzweise entgegen, denn sie führt ein, dass, wenn auch die Frau des

8 Wilhelm Bacher: *Die Agada der Babylonischen Amoräer.* Straßburg: Karl Trübner 1878. S. 79–83; Jacob Neusner: *A History of the Jews in Babylonia. From Shapur I. to Shapur II.*, Bd. 3. Leiden: Brill 1968, S. 58.

9 bBerachot 51a. Die talmudische Diskussion ist sich hier unsicher, ob es sich bei dieser Lehrtradition um eine frühere oder um eine spätere, amoräische Lehre handelt. Obwohl eine solche Unterscheidung für das Gewicht einer Lehrtradition im Rahmen halachischer Diskussionen wichtig erscheint, ist sie für die Analyse hier nicht essentiell.

10 Die anonyme Stimme der Redaktoren.

11 Am Ende des talmudischen Traktats Chagiga über die besonderen Opfergaben, die an den Pilgerfesten darzubringen waren, vergleichen die Gelehrten Rabbi Jochanan und Resh Lakisch aus Palästina den Tisch mit dem Altar: „Als der Tempel noch stand, hat der Altar (*mizbeach*) einem Menschen zur Sühne gedient. Jetzt ist es sein Tisch (*schulchano*), der ihm zur Sühne dient". (bChagiga 27a) Der mittelalterliche Kommentator Raschi glossiert Sühne „durch Gastfreundschaft" (*hakhnassat orchim*). Für eine kurze Analyse über Gastfreundschaft als soziale Institution, wie sie in den frühen rabbinischen Texten reflektiert ist, siehe die Studie über Wohltätigkeit von Gregg Gardner: *The Origins of Organized Charity in Rabbinic Judaism.* New York: Cambridge UP 2015, S. 99–109.

12 Für eine kurze Darstellung der Struktur einer römischen Familie siehe zum Beispiel Suzanne Dixon: *The Roman Family.* Baltimore: Johns Hopkins UP 1992. In der kulturgeschichtlichen Aufarbeitung rabbinischer Gesetzestexte wird mittlerweile oft der römische Einfluss festgestellt. Die Literatur ist zu umfangreich, als dass sie hier zitiert werden könnte.

Hauses nicht ‚offizielles' halachisches Mitglied der Tischgemeinschaft sei, also nicht ‚gezählt' werde, sie so doch zumindest symbolisch mit einzubeziehen sei. Sie kann, wenn auch nicht verbal, durch rituelles Sprechen, so zumindest durch den Akt des Teilens des Segensbechers Teilhaberin des Tischsegens werden: „damit seine Ehefrau gesegnet werde" (bBerachot 51b). Hier fragt man sich nach dem Ton dieses scheinbar lakonischen talmudischen Kommentars. Er könnte Verlegenheit zum Ausdruck bringen, Verlegenheit über den Ausschluss der Frau des Hauses, die – so möchte man annehmen – für die Inszenierung der Mahlzeit zumindest mitverantwortlich war.

An anderer Stelle hält es die talmudische Literatur für selbstverständlich, dass der Segensbecher an die Herrin des Hauses weitergereicht wird. Im Kontext eines längeren exegetischen Kommentars zu der biblischen Geschichte über den Besuch der Engel bei Abraham erklärt Rabbi Jossi ben Rabbi Chanina[13] nämlich, dass die Gäste in der biblischen Geschichte nach Sarah fragen (Gen 18,9: „Wo ist Sarah, deine Frau?"), um auch „ihr den Segensbecher zu senden". (bBava Metsi'a 87a)[14]

Die Botschafter des Schöpfers selbst schließen die Gastgeberin in die Tischgemeinschaft ein.

So also wird die bekannte Lehrerzählung vom Talmud eingeführt. Das soziale Gefüge der von den rabbinischen Gelehrten ritualisierten *Tisch*gemeinschaft, die Frauen ausschließt, und deren Spannung mit der *Haus*gemeinschaft, an welcher Frauen notwendiger Weise teilhaben und welche jene überhaupt erst ermöglicht, ist einleitend schon thematisiert worden und wird nun durch die Erzählung weiter aufgearbeitet. Rav Nachman als Gastgeber bittet seinen Gast Ulla, die Geste der symbolischen Einbeziehung der Herrin des Hauses zu vollziehen, was jener nicht nur prompt verweigert, sondern seinem Gastgeber auch noch eine rabbinische Belehrung unter die Nase reibt. Ulla zitiert eine Torahvers-Auslegung von Rabbi Jochanan, einem rabbinischen Gelehrten der vorhergehenden Generation,[15] den die talmudische Tradition in Syro-Palästina verortet. Dieser implizierte Hintergrund könnte für das Verständnis der Dynamik der Erzählung insofern eine Rolle spielen, als dass Ulla, der Reisende, in der Vorstellung des Erzählers vielleicht aus Palästina wiederkehrt und sein exegetisches Lehrstück „von dort" mitbringt, womit Jaltas Kommentar am Ende der Geschichte, wie noch gezeigt wird, politisiert würde. Nach Rabbi Jochanans Lehrstück hat der Tischsegen und Segen überhaupt im Wesentlichen mit Fruchtbarkeit zu tun. (Deut 7,13) Im biblischen Vers wird Fruchtbarkeit von Mensch, Tier und Land versprochen, aber der Meister aus Palästina hebt das Element der menschlichen Fruchtbarkeit hervor und erkennt diese ausschließlich als männliches Gut, als männliches Prinzip und männliche Potenz an.[16] Dabei verlässt er sich auf eine klassische hermeneutische Strategie der Rabbinen, die anscheinend gerne in

13 Auch ein Schüler von Rabbi Jochanan in Palästina.

14 Der Kommentar von Samuel Edels (1555–1631), auch als Maharsha bekannt, ist meines Wissens der erste, der auf die Talmudexegese der Abrahamgeschichte in diesem Zusammenhang hinweist. In der gegenwärtigen Literatur ist Kosman: A Cup of Affront and Anger bisher der einzige, der erkennt, dass diese biblische Geschichte einen Intertext für die Jaltaerzählung darstellt.

15 Vielleicht Ullas Lehrer. Siehe Bacher: *Die Agada der Babylonischen Amoräer*, S. 93, mit Verw. auf bNedarim 22a.

16 Man wird hier an die (pseudo-)paulinische Aussage im ersten Korintherbrief 11,3 erinnert, dass „Christus das Haupt eines jeden Mannes ist, das Haupt der Frau aber der Mann […]". Adler weist auf antike metaphysische, biologische Theorien, insbesondere die aristotelische Theorie, als möglichen Hintergrund der Exegese hin (Adler: Feminist Folktales, S. 51, Anm. 28).

Argumenten um Geschlechterpolitik mobilisiert wird.[17] Wenn hier nämlich der Torahtext das kollektive biblische Volk Israel im singularen Maskulinum anspricht, dann tut er dies aus bewusst strategischen Gründen und nicht nur der grammatischen Einfachheit halber: Das kollektive „Du" der Torah, das Moses bzw. die Stimme des Schöpfers adressiert, ist für die rabbinische Hermeneutik durch das singuläre männliche Subjekt realisiert.[18]

Dieses Exklusionsprinzip wird hier zum hermeneutischen und somit auch theologischen und soziologischen Prinzip erhoben. Nach Rabbi Jochanans Exegese, durch Ulla nach Nehardea und daraus in die babylonische Diaspora und ihr soziales Gefüge weitergereicht, sind Frauen nicht nur von der rituellen Verbalisierung des Segens am Ende der Mahlzeit ausgeschlossen. Wenn der Schöpfer so verstanden wird, dass er nur die Leibesfrucht des Mannes segnet, sind Frauen sogar vom *Prinzip* des Segens der Fruchtbarkeit schlechthin ausgeschlossen, am Tisch – wie im Bett.

Diese Belehrung hört sich nun Jalta mit an, ob direkt am Tisch, oder – wie die biblische Sarah im Zelt – von außerhalb. Auf jeden Fall ist sie nicht Gesprächspartnerin, sie hört nur mit und reagiert dementsprechend. Die Hausherrin erhebt sich in Rage und macht das Gesprächsobjekt – den Wein des Segensbechers, Symbol der Fruchtbarkeit –[19] zum Ziel ihrer Wut, indem sie in der Weinkammer um sich schlägt. Vierhundert Weinkrüge! Talmudische Hyperbel? Man muss Ruchama Weisses performative Darbietung dieser Wut gesehen haben, um den symbolischen Akt in seiner ganzen Wucht tatsächlich wahrzunehmen.[20] Jalta begegnet dem Akt der Verweigerung mit dem Akt der Zerstörung.

Vielleicht um dieser Zerstörung Einhalt zu gebieten, bittet der Gastgeber seinen Gast, Jalta doch zumindest einen anderen Segensbecher zu senden. Ullas Antwort ist wieder nicht eindeutig. Er scheint zwar eine Geste in Jaltas Richtung zu machen, aber eine, die noch immer nicht der Bitte des Hausherrn entspricht, denn er lässt ihr zwar einen Wein schicken, aber eben nicht im Behältnis des Segensbechers.[21] Wieder fragt man sich nach dem Ton von Ullas Kommentar, ob er mit Herablassung, Verachtung oder arroganter Gelassenheit ob des Dramas vermittelt wird.

Jalta behält das letzte Wort. Sie entgegnet der Herablassung von Ulla ihrerseits mit einem Ton der Verachtung oder sogar des Spottes: Ulla, der Eingekehrte, der zwischen Palästina und Babylonien Wandernde,[22] der „Herumtreiber",[23] produziere nur Geschwätz, leere Worte oder gar Unsinn, gleich der Belästigung

17 Z. B. die komplizierte Exegese bKiddushin 29b des biblischen Verses Deut 11,19, demzufolge Eltern ihre Kinder Torah lehren sollen: „‚ihr sollt sie eure Söhne lehren,'" – „eure Söhne, und nicht eure Töchter" (bKidduschin 29b), ein für die feministische Kritik mittlerweile klassisches talmudisches Lehrstück, das auch innerhalb der rabbinisch-jüdischen Tradition von Anfang an umstritten war, da Frauen vom Torahstudium ausgeschlossen werden sollten.

18 Schon durch den patriarchalischen Kontext des Verses selber suggeriert, denn es sind die *Awot* oder ‚Väter' bzw. Patriarchen, mit denen der Schöpfergott den Bund geschlossen hat (Deut 7,12), und denen er das Land versprochen hat, dessen Fruchtbarkeit nun beschworen wird (Deut 7,13).

19 Im Zusammenhang dieser Erzählung vielleicht auch Symbol des weiblichen Körpers und seiner Leibesfrucht.

20 Yalta's Beit Midrash בית המדרש של ילתא. https://www.youtube.com/watch?v=AX1MQHealYw (Zugriff am 27.01.2017).

21 Das Aramäische macht hier eine bewusste sprachliche Unterscheidung.

22 Adler: Feminist Folktales of Justice, S. 52, mit Anspielung auf die legendäre amerikanische Geschäftsfrau, die in den Medien als ‚Queen of Mean' bekannt war.

23 So in der Übersetzung von Lazarus Goldschmidt, siehe Anm. 4.

durch Ungeziefer. Vielleicht, und hier das Politikum, meint sie gar, dass die Lehre – weil sie von „dort" kommt, von Palästina, und babylonisches Etikette arrogant in Frage stellt – leeres Geschwätz darstellt.[24]

Die meisten Interpreten und Interpretinnen gehen davon aus, dass die (talmudische) Erzählperspektive hauptsächlich Jaltas Benehmen und Jaltas Zorn kritisch betrachtet, denn sie ist ja die Außenseiterin der Gelehrtenkultur, und Ulla, einer der Gelehrten, in der talmudischen Perspektive einer der „Unseren". Nach Adler ist Jalta „the woman the rabbis love to hate, the Leona Helmsley of rabbinic legend."[25] Dabei stellt der Talmud die Erzählperspektive von Anfang an gegen Ulla. Ulla ist derjenige, der gegen das von der anonymen Stimme des Talmuds eingeführte Etikette – und die inklusive Geste der Engel am Zelt von Abraham und Sarah – verstößt. Seine in dieser Hinsicht extreme Ausschlusspolitik erstreckt sich bis in den symbolisch-theologischen Bereich und zerstört das ohnehin recht dürftige Bindegewebe (der geteilte Segensbecher), das die Hausgemeinschaft in die rabbinische Tischgemeinschaft mit einflechtet und so in den Kultus der gelebten Torah mit einbezieht. Ulla ist also eigentlich derjenige, der im Kreuzfeuer der erzählerischen Kritik steht. Er geht zu weit und bewirkt dadurch die Zerstörung der Tischgemeinschaft. Damit wird Jaltas Zorn zum gerechten Zorn[26] und ihr wird aus gutem Grund vom Erzähler das letzte Wort überlassen.[27]

So weit also die talmudische Geschichte über Jaltas Zorn, die so unterschiedlich rezipiert wird. Als eine Erzählung über weiblichen Zorn wird sie als Fragment einer talmudischen Charakterstudie gelesen, der ein gewisser Grad historischer Erinnerung anhaftet, als schillernde Figur in der jüdisch-rabbinischen Gesellschaft im Nehardea der zweiten Hälfte des dritten Jahrhunderts unserer Zeit. In der traditionellen Erinnerung und Geschichtsschreibung des rabbinischen Judentums werden ihr die erforderlichen gesellschaftlichen und familiären Verbindungen zugeschrieben, die ihr Sichtbarkeit und somit historische Erinnerung im talmudischen Erzählgut bescheren: Sie ist – wahrscheinlich – Rav Nachman bar Jakobs Gattin[28] und vielleicht Tochter aus babylonisch-jüdischer Aristokratie[29] mit dem damit verbundenen Wohlstand. Die feministische Geschichtsschreibung versucht sie wieder aus diesen patriarchalen Legitimationsbindungen zu befreien und sie als starke, unabhängige Frau darzustellen,[30] die erst von den nachtalmudischen, mittelalterlichen

24 Siehe hierzu auch Tal Ilans' Vorschlag, dass Jaltas sprichwortartiger Ausruf ein Echo von Ben Sirachs Sprichwort darstellt: „Denn aus dem Kleid kommt die Motte, aus der einen Frau die Schlechtigkeit der anderen" (42,13), siehe Ilan: *Mine and Yours Are Hers*, S. 125.

25 Adler: Feminist Folktales, S. 49; dies.: *Engendering Judaism*, S. 53. In Tal Ilans Sicht „there is no doubt that the intention of the story is to portray as negative an independent and assertive woman" (Ilan: *Mine and Yours Are Hers*, S. 124).

26 Vielleicht ein wenig willkürlich ist man hier an den von Homer gerühmten Zorn des Achilleus erinnert.

27 Ihr spöttischer Kommentar entspricht vielleicht nicht ganz den talmudischen Konventionen der Kritik, aber rabbinische Kollegen gehen miteinander keineswegs vorsichtig um.

28 In fünf ihrer sieben talmudischen Erscheinungen wird sie in Verbindung mit Rav Nachman gebracht: am eindeutigsten in Berachot 51b als Mitglied seines Haushalts, unmittelbar nach der talmudischen Lehre über das Einbeziehen von Ehefrauen; ähnlich auch in bKiddushin 70a–b; einmal in einem Lehrgespräch mit ihm (bHullin 109b). Einmal redet Rav Nachman mit seinen Kollegen über sie (bSchabbat 54b); einmal wird berichtet, dass er ihr etwas erlaubt (bBetsa 25b).

29 Die Erzählung über ihre Behandlung von Rav Amram dem Frommen (bGittin 67b) bringt sie mit dem Haushalt des Exilarchen *(resh galuta)* in Verbindung.

30 Ilan: *Mine and Yours Are Hers*, S. 128. „[A] famous, independent woman [who] lived in Babylonia at the time of Rav Nachman." Ilan basiert ihre Behauptung darauf, „[that] she is never designated 'his wife'" (ebd., S. 122).

Kommentatoren spätestens seit Raschi[31] zur Ehefrau eines berühmten Mannes und Tochter eines einflussreichen Vaters degradiert wird. Das mag zwar stimmen, beantwortet aber immer noch nicht die Frage, warum die androzentrische Kultur des Talmuds Erinnerungsspuren dieser Frau (und welche) bewahrt. Warum erzählt der Talmud uns von ihr? Einfach, weil diese eine so berühmt war, dass die talmudischen Redaktoren nicht anders konnten, als sie zumindest zu erwähnen? Das ist zwar ein einleuchtendes Erklärungsmodell und für die Entwicklung der jüdisch-feministischen Kritik der talmudischen Tradition ein durchaus wichtiger Schritt. Es ist jedoch bedenkenswert, dass diese Hermeneutik eventuell ein reduktives Resultat zeitigt, denn dadurch bleibt Jalta eine historische Episode in der geographisch wie auch chronologisch fernen babylonisch-rabbinischen Gesellschaft. Sie wird vielleicht zur feministischen Vorkämpferin, aber einer, die ihren „feminist battle over her standing in the male world of *her* time"[32] führt, in ihrer eigenen Zeit.

Vielleicht lässt sich noch eine weitere hermeneutische Dimension hinzufügen, womit die Bedeutung der Episode aus der Historisierung befreit und im Kontext des talmudischen Projekts als Ganzem erfasst wird. Folgende Beobachtungen sollen noch einmal kurz unterstrichen werden:

1. Die Erzählung befindet sich am Ende des talmudischen Kapitels, das die Ritualisierung der Tischgemeinschaft diskutiert und Etikette zu normieren versucht. Dieses Kapitel wird mit dem Ausschluss der Frauen (Sklaven und Minderjährigen) von der ‚offiziellen' rituellen Dramaturgie der Tischgemeinschaft in der Mischnah eröffnet und endet sozusagen mit der Erzählung über Jaltas Zorn. Für das talmudische Kapitel bildet das Nachdenken über die sozialen Grenzen der Tischgemeinschaft entlang der Linie von Geschlechterdifferenz eine Art Rahmung. Dadurch lässt es die rabbinische Geschlechterpolitik für das Projekt der Ritualisierung der Tischgemeinschaft zentral werden.

2. Hierbei ist weiter zu bedenken, dass die rituelle Gestaltung einer Mahlzeit und die Konstitution einer Tischgemeinschaft für das rabbinische Judentum und somit für die jüdische Kultur schlechthin eine zentrale Bühne für gelebtes Judentum ist, eine Bühne, auf der Gelehrtenkultur gestaltet und gepflegt wird, auf der Torah als Gelehrtenkultur und Torah als gelebtes Judentum sich begegnen. Nicht erst mit dem Verlust des Tempels rückt die Bedeutung der Tischgemeinschaft als Stätte jüdischer Kollektivität in den Vordergrund. Schon die Szene an Abrahams Zelt wird zur Urszene jüdischer Gastlichkeit. Die Echos dieser Geschichte in der Geschichte von Jaltas Zorn lassen diese zu einer Urszene der rabbinisch gestalteten Tischgemeinschaft werden.

3. Den sozialen und ökonomischen Rahmen für die Konstitution einer Tischgemeinschaft bildet die Hausgemeinschaft, an der Frauen, Kinder und Sklaven, also jüdische Allgemeinheit, beteiligt sind. Rabbinisches, gemeinschaftliches Gelehrtentum konstituiert sich also inmitten der breiteren jüdischen Allgemeinheit. Dadurch ergibt sich eine Spannung zwischen den beiden sozialen Gebilden und es stellt sich die Frage, welche Art Grenzen innerhalb jüdischer Kollektivität zu sehen sind.

Die Geschichte von Jaltas Zorn ist Chiffre für diese soziale Spannung an zentraler Stelle des rabbinischen Projekts als sozialem (Tischgemeinschaft) und theologischem (Segen) Projekt. Ihr Zorn macht die Problematik der Grenzziehung überhaupt erst problematisch sichtbar

31 Zu bGittin 67b.

32 So Admiel Kosman in seinem kurzen Kommentar (ders.: A Cup of Affront and Anger, S. 1).

und gerade die der inner-jüdischen zwischen voneinander abhängigen sozialen Gefügen. In Jaltas gerechtem Zorn lodert ein untergründig schwelendes Bewusstsein einer Gelehrtenkultur auf, so dass das Ideal einer homosozialen, exklusiv männlichen Welt gerade in dem Kontext, in dem sie gepflegt, genährt, und fortgepflanzt wird, ins Selbstzerstörerische ausartet.

**SCHLUSS** Mit meinen hier angestellten Überlegungen zu einem der wichtigsten Jaltatexte im Babylonischen Talmud und dieser Ikone des Protests und des Hinterfragens von (rabbinischer) Autorität, die für jüdisch-feministische Theologie, Geschichtsschreibung und Hermeneutik so wichtig geworden ist, möchte ich nicht nur die rabbinische Frauenfigur Jalta in ihrer talmudischen Komplexität in dieser ersten Ausgabe der Zeitschrift, die nach ihr benannt ist, vorstellen. Es ist auch meine Hoffnung, dass jüdisches Denken im deutschsprachigen Kontext, am Anfang des 21. Jahrhunderts, *mit* talmudischen Texten denkt, talmudische Texte als Anregung für seine eigene Kreativität betrachten kann und so an eine Literatur anknüpft, die jüdische Diasporakultur über zwei Jahrtausende nicht nur begleitet, sondern entscheidend mitgestaltet hat.[33] Eine große Barriere jedoch, die solch einer Hoffnung im Wege steht, ist die Geschlechterpolitik dieser Literatur. Obwohl die talmudischen Redaktoren ihre Literatur so wunderbar kollektiv gestaltet haben und auf so aufregende Art und Weise eine Polyphonie erstellt haben, die sich über gut sieben Jahrhunderte erstreckt und die sich zwischen zwei der spätantiken Weltreiche hin- und her bewegt, ist diese Polyphonie doch zum großen Teil selbstbewusst exklusiv männlich, Ausdruck einer homosozial imaginierten Gelehrtenkultur. Die jüdisch-feministische Kritik, die sich vor allem im amerikanischen bzw. anglophonen Bereich seit den letzten fünf Jahrzehnten im akademischen und im populären Kontexten etabliert hat, versucht auf verschiedenen Wegen dieser Einseitigkeit der talmudischen Polyphonie entgegen zu schreiben. Langsam ändert diese jüngste Phase der talmudischen Rezeptionsgeschichte die Gestalt des Talmudischen selbst, wobei noch sehr viel Arbeit zu leisten ist.

Mit Jalta haben die talmudischen Redaktoren dieser Art von Arbeit einen Namen verliehen, der jetzt durch die Zeitschrift neu belebt wird und jüdisches Denken in neue Bahnen lenkt.

---

33 Relevant ist hier Daniel Boyarin: *A Traveling Homeland: The Babylonian Talmud as Diaspora*. Philadelphia: University of Pennsylvania Press 2015, nach dem der Babylonische Talmud nicht nur für die Diaspora konstitutiv wirkt, sondern selbst ein Diaspora-Manifest ist oder als solches gelesen wird.

# DIAPOSITIVE EINER PRIVATEN REISE UM 1979

## *Bilder von Анатолий Львович Шапиро*

ANNA SCHAPIRO

Ich versuche diese Bilder mit meinen hiesigen Möglichkeiten zu lokalisieren.

Zufällig sitze ich in einem Taxi, dessen Fahrer mit russischem Akzent spricht.
Woher er kommt, frage ich.
„Jalta."
„Jalta?!, sagen Sie, dieses Schloss, das genau auf Klippen steht, über dem Meer, wissen Sie? Ist das wirklich in Jalta? Ich habe versucht es mir über die Google-Maps-Satelliten-Funktion anzuschauen."
„Das Schwalbennest? Ja, ja. Da ist heute ein Restaurant drin, das Restaurant ist nicht so besonders."
„Haben Sie vielen Dank."

Diese Dias habe ich, zusammen mit vielen weiteren, nach dem Tod meiner Großmutter geerbt. Die meisten dokumentieren Reisen oder Ausflüge, so sind auch diese beiden Bilder Zeugnisse einer Reise. Einer Krimreise, die meinen Opa wahrscheinlich 1979 nach Jalta führte. Ich selbst war nicht in Jalta.

Weshalb ich beim Sichten der Bilder gerade diese beiden Dias rauslege? Vielleicht, weil Jalta präsent ist, ohne die Stadt persönlich kennen zu müssen.

Bei *Wikipedia* lese ich, dass das italienische Restaurant, von dem mir der Taxifahrer erzählte, 2011 nach der Annektierung der Krim geschlossen wurde und das Schwalbennest das Wahrzeichen für den Großraum Jalta ist. Es liegt im Süden der Stadt, laut Google Maps sind es 13 Minuten auf der schnellsten Route zum Liwadija-Palast, in dem die Jalta-Konferenz stattgefunden hat.

# DER LESBISCH FEMINISTISCHE SCHABBESKREIS

## *Die Geschichte eines fast vergessenen jüdisch-feministischen Widerstands*

DEBORA ANTMANN

Ich entführe Sie am Anfang dieses Artikels ins Jahr 2015: Imaginieren Sie eine gängige Suchmaschine und tippen Sie das Wort ,Schabbeskreis' ein. Noch vor einem Jahr hätte ich mir das ,fast' in der Überschrift gespart, denn die Suchmaschine hätte im Grunde nichts ausgespuckt. Der Großteil der Literatur zu und über Intersektionalität(-stheorien) in Deutschland erwähnt zwar den Einfluss von Jüd_innen auf die Debatten, aber nur wenige benennen die Gruppe, die in den 1980er Jahren ausschlaggebend dafür war, dass jüdische Widerständigkeit gegen den Mehrheitsfeminismus in der BRD unser Verständnis von Intersektionalität mitgeprägt hat: der lesbisch feministische Schabbeskreis (kurz: Schabbeskreis).[1] Diskurse wandeln sich und so lassen sich heute mehr und mehr Informationen über die Gruppe finden. Als lesbische queer-feministische Jüdin (oder jüdische queer-feministische Lesbe?) ist es für mich wichtiger Teil meines politischen Selbstverständnisses, mich auf Bewegungsgeschichte zu beziehen und diese sichtbar zu machen. Gerade deswegen ist es mir ein Anliegen, diesen Prozess zu unterstützen und den Schabbeskreis als eine der wichtig(st)en Akteurinnen des intersektionalen Feminismus und bedeutende Stimme der Frauen- und Lesbenbewegung der 1980er und 1990er Jahre in der BRD wieder in den Fokus zu rücken.

Die Grundlage dafür bilden Zeitzeug_innen-Gespräche, die ich 2015 mit den ehemaligen Schabbeskreis-Mitgliedern Gülşen Aktaş, Ben Baader, Jessica Jacoby, Gotlinde Lwanga und Kate geführt habe,[2] sowie zusätzliche

1 In den Materialen, die mir einige Mitglieder des Schabbeskreises zur Verfügung gestellt haben, schreibt die Gruppe selbst nur ,Schabbeskreis' groß. Ich behalte daher diese Schreibweise bei.

2 Kate wird auf Wunsch nur mit Vornamen aufgeführt. – Gülşen Aktaş wurde 1957 in Nordkurdistan/Türkei geboren. Sie studierte Politische Wissenschaften zunächst in Frankfurt am Main und später in Berlin. Nach ihrem Studienabschluss arbeitete sie in verschiedenen Immigranten- und Frauenprojekten. Seit 2006 leitet sie die Seniorenfreizeitstätte Huzur. Benjamin M. Baader war als Maria Baader Mitglied des Schabbeskreises und ist heute Associate Professor an der University of Manitoba

Materialien der Gruppe, die mir Jessica Jacoby und Gotlinde Lwanga dankenswerterweise zur Verfügung gestellt haben.

**DER LESBISCH FEMINISTISCHE SCHABBESKREIS. EINE GESCHICHTE DES WIDERSTANDS** Zunächst das Wichtigste: Der Schabbeskreis war eine Gruppe jüdischer und nichtjüdischer Feministinnen in der BRD der 1980er Jahre. Sie war die erste feministische Gruppe im Nachkriegsdeutschland,[3] die eine jüdische Perspektive[4] in den Mittelpunkt rückte und den Antisemitismus innerhalb der Frauen- und Lesbenbewegung thematisierte.[5] Gegründet wurde die Gruppe 1984 nach einem Vortrag von Jessica Jacoby, in dem sie über Frauen und Lesben im Judentum sprach. Nach diesem Vortrag im autonomen Lesbentreff ‚Lestra' in Berlin trafen sich die an der Thematik interessierten Frauen zunächst dort. Später lud Jessica Jacoby die Frauen zu sich ein.[6] Der Name ‚lesbisch feministischer Schabbeskreis' entstand erst 1985, als die Frauen für ihre Vorstellung auf der Berliner Lesbenwoche einen Namen brauchten.

Im Fokus der wöchentlichen Treffen, die irgendwann auf die Freitage fielen, standen Austausch und Selbsterfahrung. Im Mittelpunkt stand dabei keinesfalls ein homogener Erfahrungsschatz. Die Gruppe bestand aus sehr unterschiedlichen Frauen mit differierenden (Familien-)Geschichten und Identitäten. Die unterschiedlichen Perspektiven auf jüdische Geschichte und jüdische Identität entstanden selbstverständlich zum einen dadurch, dass einige der Frauen jüdisch waren und andere nicht. Aber auch ob sie in Deutschland aufwuchsen und wie die eigenen Familien mit dem Jüdisch-Sein umgingen, hatte erheblichen Einfluss. Einige Beispiele: Jessica Jacoby und Ben Baader, zwei der Gründungsmitglieder und wichtige Akteur_innen des Schabbeskreises, wuchsen beide in Deutschland auf und dennoch unterschieden sich ihre Ausgangsbedingungen enorm. Jessica Jacoby wuchs eingebunden in die jüdische Gemeinde auf und erlebte, dass ein jüdisches Umfeld, in dem es für sie als lesbische Feministin keinen Raum gibt, kein jüdisches Zuhause sein kann.[7] Ben Baader dagegen wuchs mit einer uneindeutigen jüdischen Identität auf. Als Kind eines Überlebenden besitzt Ben Baader zwar eine ‚jüdische Sensibilität' für die deutsch-jüdische Geschichte und den wabernden Antisemitismus in der Bundesrepublik, kann diese Wahrnehmung jedoch durch das

---

in Kanada. Jessica Jacoby war sowohl Initiatorin des Schabbeskreises als auch Teil der AG „Frauen gegen Antisemitismus". Sie hat Theater- und Filmwissenschaften sowie Germanistik studiert und ist heute Filmjournalistin und Englisch-Coach. Gotlinde Magiriba Lwanga war in verschiedenen Zusammenhängen aktiv, u. a. im Schabbeskreis und in der AG gegen Rassismus und Antisemitismus. Aktuell engagiert sie sich im Verein Afrika Rise für eine Berufsschule in Uganda. Sie hat Soziologie studiert und arbeitet seit Jahren mit Jugendlichen im Übergang von der Schule in die berufliche Bildung.

3 Da der Schabbeskreis damals ausschließlich aus Frauen bestand, setze ich nachfolgende Pronomina, die sich auf den Schabbeskreis beziehen, ausschließlich ‚weiblich', auch wenn dies grammatikalisch falsch ist.

4 Ich schreibe hier gezielt von ‚jüdischer Perspektive' und nicht ‚jüdischen PerspektiveN', weil es mir nicht nur um den individuellen Blinkwinkel jüdischer Aktivist_innen geht (aber in jedem Fall *auch*!), sondern darüber hinaus um Jüdischsein als interdependente Kategorie und somit um jüdische Perspektive_n als feministische Dimension.

5 Vgl. Debora Antmann: Vom Vergessen und Erinnern. Ein Portrait der AG „Frauen gegen Antisemitismus". In: Iman Attia / Swantje Köbsell / Nivedita Prasad (Hrsg.): *Dominanzkultur reloaded. Neue Texte zu gesellschaftlichen Machtverhältnissen und ihren Wechselwirkungen.* Bielefeld: Transcript 2015, S. 101–111, hier S. 101.

6 Vgl. Debora Antmann: *Welche Bedeutung hatte der lesbisch feministische Schabbeskreis als Teil einer intersektional denkenden und handelnden sozialen Bewegung der 1980er und 1990er Jahre in der BRD?* Abschlussarbeit, Alice Salomon Hochschule Berlin 2016, S. 14.

7 Vgl. ebd., S. 15

Gefühl, ‚nicht richtig jüdisch' zu sein, nicht greifen. Erst mit dem Schabbeskreis beginnt für Ben Baader eine stabile jüdische Identität zu wachsen.[8] Den Gegensatz dazu bilden die Biographien der jüdischen Frauen, die nicht in Deutschland, sondern beispielsweise in den USA aufwuchsen.[9] So empfanden zum Beispiel die US-Amerikanerinnen Elaine Großmann und Laura Radosh, die in den USA eine rege und lebendige jüdische Kultur er- und gelebt hatten, den enormen Kontrast zur deutschen Nicht(mehr)existenz jüdischen Lebens und jüdischer Kultur als unübersehbaren Marker deutscher Geschichte.[10]

> *[M]einer Ansicht nach sind Feiertage normalerweise nicht dazu da, um eine Gemeinschaft zu schaffen, sondern um sie zu stärken. Aber wo eine Gemeinschaft sein sollte, ist in diesem Land nur Leere.*[11]

Diese Heterogenität hatte Raum im Schabbeskreis – was zu den Besonderheiten der Gruppe zählt. Doch auch hier hatte sie ihre Grenzen: Der Großteil der Frauen war *weiß*, alle waren able-bodied, waren zwischen Mitte 20 und Mitte 30 Jahre alt und befanden sich zum größten Teil in der Phase eines Universitätsstudiums oder am Beginn ihres Berufslebens.

Trotz des Namens waren nur einige Frauen lesbisch *und* jüdisch. Und obwohl im Schabbeskreis eine Vielzahl von Perspektiven aufeinandertrafen, teilten sie alle die Wahrnehmung, dass in der BRD das Schweigen, die Tabuisierung, die jüdischen Leerstellen und die emotionalen Verrenkungen einer postnationalsozialistischen Gesellschaft ihr Leben und ihren Alltag prägten. Alle teilten die Suche nach einem Raum, um dies zu thematisieren.[12] Zu dem Ritual der freitäglichen Treffen gehörte das Entzünden der Schabbat-Kerzen, Wein und Challah; auch andere jüdische Feste wie Pessach und Chanukka feierten sie gemeinsam. Dennoch war der Schabbeskreis keinesfalls eine religiöse Gruppe. Vielmehr bezogen sich die Frauen auf das Judentum als intellektuelle und kulturelle Praxis und schufen sich so ihre eigene jüdische Zuflucht innerhalb einer deutschen Gesellschaft und deutschen Frauenbewegung, in der sie angeblich nicht existierten. Die Frauen saßen zusammen, meist auf dem Boden, oft aneinander gekuschelt, tauschten sich aus, besprachen Texte, die sie gelesen hatten, oder bereiteten Veranstaltungen vor. Besonders wichtig war dabei die vertraute und zugewandte Stimmung. Obwohl der Schabbeskreis an sich keine geschlossene Gruppe war und durchaus eine gewisse Fluktuation erlebte, gab es eine Art inneren Kern,[13] der sich wöchentlich traf. Interessierte, Freundinnen und Verbündete anderer Politgruppen kamen zu den Treffen des erweiterten Schabbeskreises,[14] die am ersten Freitag des Monats ebenfalls im Wohnzimmer einer der Schabbeskreisfrauen, meist bei Jessica Jacoby stattfanden.[15]

8 Antmann : *Welche Bedeutung hatte der lesbisch feministische Schabbeskreis?*, S. 15.

9 Vgl. ebd.

10 Vgl. Laura Radosh / Elaine Großmann: Jüdische Identität und Heimat. In: May Ayim / Nivedita Prasad (Hrsg.): *Wege zu Bündnissen. Dokumentation.* Berlin: FU Berlin 1992, S. 26–35, hier S. 27.

11 Ebd., S. 28.

12 Vgl. Antmann: *Welche Bedeutung hatte der lesbisch feministische Schabbeskreis?*, S. 14–16.

13 Zu diesem inneren Kern gehörten beispielsweise Gülşen Aktaş, Ben Baader, Cathy Gelbin, Elaine Großmann, Wendy Henry, Jessica Jacoby, Rivka Jaussi, Kate, Gotlinde Lwanga und Laura Radosh.

14 Teil des erweiterten Schabbeskreises, Besucherinnen und Unterstützerinnen waren zum Beispiel Chantal Ackermann, Karen Adler, Gerhard Baader, Tina Campt, Marguerite Marcus, Nivedita Prasad, Birgit Rommelspacher, Claudia Schoppmann, Susanne Stern und Ursula Wachendorfer.

15 Vgl. ebd., S. 16–17.

**ZWISCHEN VERLEUGNUNG UND FALSCHEN VERANTWORTLICHKEITEN. DAS LEBEN ALS JÜDIN IN DER BRD DER 1980ER JAHRE** Um die Arbeit und die Themen des Schabbeskreises zu verstehen, ist es wichtig zu begreifen, in welcher Situation sich Jüd_innen in den 1980er Jahren in der BRD wiederfanden (womit ich nicht sagen möchte, dass uns vieles, vielleicht sogar das Meiste davon, wenn auch in anderen Formen und Ausprägungen, als Jüd_innen in der Gegenwart nicht noch immer begegnet): Jüdische Frauen sahen sich im postnationalistischen Deutschland mit zwei auf den ersten Blick widersprüchlichen Reaktionen konfrontiert – der Verleugnung jüdischer Existenzen als Abwehrreaktion gegen die Auseinandersetzung mit der nationalsozialistischen Vergangenheit Deutschlands einerseits und mystifizierten Imaginationen von Jüd_innen andererseits.[16] Stand auf der einen Seite die Vorstellung, dass es eigentlich gar keine Jüd_innen mehr gäbe,[17] wurden Jüd_innen andererseits zu Stellvertreter_innen des ‚Weltjudentums', des Zionismus und des Patriarchats erklärt.[18] Die Leerstelle jüdischer Kultur wirkte als Mahnmal und Bedrohung auf jüdische Identitäten. Denn die Nicht(mehr)existenz jüdischer Kultur und die Nichtexistenz von Jüd_innen in der Wahrnehmung von Nichtjüd_innen spiegelte die Vernichtung wider, in dem sie „eine Normalität schaffen, in der wir nicht vorkommen."[19] Der daraus entstehende Wunsch nach einer Auseinandersetzung mit der eigenen Wissens-, Traditions-, Denk- und Kulturpraxis von Jüd_innen wurde von christlich sozialisierten Frauen als demonstrierte Gläubigkeit fehlinterpretiert und als feminismusfeindliche Praxis verurteilt. Dieses realitätsverkehrende und dominante Verhalten, mit dem deutsche, christlich sozialisierte Frauen Jüdinnen vorhielten, dass es aus feministischer Perspektive wichtig sei, das Judentum abzulehnen, und sie auf diese Weise abwerteten, bevormundeten und darüber urteilten, was gut, was zu tun und was jüdisch sei, gehörte zu einer mehrheitsfeministischen Praxis.[20] Generell reagierte die Mehrheitsfrauen- und Lesbenbewegung mit einem Konglomerat aus Abwehr, Aggression, Leugnung, Wut, Feindseligkeit, Empörung, Umdeutung der NS-Geschichte[21] und tief verankertem antisemitischem Gedankengut[22] auf den Schabbeskreis. Dafür reichte schon die reine Anwesenheit des Schabbeskreises oder der Name der Gruppe im Programmheft aus.[23] Gleichzeitig wurde der Schabbeskreis selbst als aggressive Provokation wahrgenommen.[24]

16 Vgl. Cathy S. Gelbin: Die jüdische Thematik im (multi)kulturellen Diskurs der Bundesrepublik. In: Cathy S. Gelbin / Kader Konuk / Peggy Piesche (Hrsg.): *Aufbrüche. Kulturelle Produktionen von Migrantinnen, Schwarzen und jüdischen Frauen in Deutschland.* Königstein: Helmer 1999, S. 87–111, hier S. 90.

17 Vgl. Maria Baader: Zum Abschied. Über den Versuch, als jüdische Feministin in der Berliner Frauenszene einen Platz zu finden. In: Ika Hügel/ Chris Lange / May Ayim / Ilona Bubeck / Gülşen Aktaş / Dagmar Schultz (Hrsg.): *Entfernte Verbindungen. Rassismus. Antisemitismus. Klassenunterdrückung.* Berlin: Orlanda 1993, S. 82–94, hier S. 86.

18 Vgl. Stella Benhavio: Türkische Staatsbürgerin jüdischer Herkunft in Deutschland. In: Ika Hügel / Chris Lange / May Ayim / Ilona Bubeck / Gülşen Aktas / Dagmar Schultz (Hrsg.): *Entfernte Verbindungen. Rassismus. Antisemitismus. Klassenunterdrückung.* Berlin: Orlanda 1993, S. 61–81, hier S. 29.

19 Baader: Zum Abschied, S. 86.

20 Vgl. Leah C. Czollek: Sehnsucht nach Israel. In: Maria del Mar Castro Varela / Sylvia Schulze / Silvia Vogelmann / Anja Weiß (Hrsg.): *Suchbewegungen. Interkulturelle Beratung und Therapie.* Tübingen: dgvt 1998, S. 39–48, hier S. 42, 44; Gudrun Perko: *Queer-Theorien. Ethische, politische und logische Dimensionen plural-queeren Denkens.* Köln: PapyRossa 2005, S. 31.

21 Adriana Stern: Ab heute heißt du Marianne. Lesben und Antisemitismus. In: Gabriele Dennert / Christiane Leidinger / Franziska Rauchut (Hrsg.): *In Bewegung bleiben. 100 Jahre Politik, Kultur und Geschichte von Lesben.* Berlin: Querverlag 2007, S. 168–174, hier S. 173.

22 Vgl. Jessica Jacoby / Gotlinde Magiriba Lwanga: Was ‚sie' schon immer über Antisemitismus wissen wollte, aber nie zu denken wagte. In: *Beiträge zur feministischen Theorie und Praxis* 27 (1990), S. 95–105, hier S. 96.

23 Vgl. Baader: Zum Abschied, S. 85.

24 Vgl. Antmann: *Welche Bedeutung hatte der lesbisch feministische Schabbeskreis?*, S. 20.

Die Reaktionen auf die Gruppe beschreibt Ben Baader als explosionsartig:

> *Und dann irgendwann haben wir gesagt, okay wir präsentieren uns und das, was wir machen, der lesbischen Öffentlichkeit. [...] Wir hatten keine große kritische Agenda. [...] Es war wirklich ganz freundlich und unschuldig. Und wir waren von der Reaktion völlig verblüfft. Von der Aggression, die uns entgegenkam. [...] Das war, als ob etwas explodiert ist.*[25]

Die nichtjüdischen Frauen wollten sie nicht mehr sehen und nicht mehr hören, die jüngere deutsche Geschichte. Aber durch die Anwesenheit des Schabbeskreises war sie nur allzu gegenwärtig. Immer wieder sprachen Frauen ganz offen ihre Meinung dazu aus: „Nach 50 Jahren muss doch mal Schluss damit sein!"[26] Es sei sich nun wirklich genug mit der Shoah auseinandergesetzt worden und nun sei es endlich an der Zeit, sich mit dem Holocaust an Frauen – der Hexenverfolgung – auseinanderzusetzen. Die Hexenverfolgung war als vermeintliches frauengeschichtliches Pendant zur Shoah eines der zentralen Argumente gegen die Existenz des Schabbeskreises innerhalb der nichtjüdischen Frauen- und Lesbenbewegung.[27] Eine andere zentrale Argumentation, die auf eine Abwehr von Verantwortung und Auseinandersetzung zielte, war die These vom Nationalsozialismus als extremste Form des Patriarchats.[28] Immer wieder wurden Frauen als die wahren Opfer des Nationalsozialismus stilisiert. Neben der Hexenverfolgungsdiskussion und der Idee vom Nationalsozialismus als patriarchaler Extremform wurde in der Frauen- und Lesbenbewegung der BRD das Judentum als Ursprung des Patriarchats propagiert. In Verbindung mit dieser These gab es die Auffassung, dass der weibliche Polytheismus durch die Entstehung und die Gewalt des monotheistischen Judentums ausgelöscht worden wäre.[29] Das Judentum als Diktatur gegen den Weiblichkeitskult wurde damit als Ursache für die Unterdrückung der Frau und den Sexismus in der Gesellschaft ausgemacht.[30] Zu Ende gedacht entsteht in der Verbindung mit der Theorie vom Nationalsozialismus als Extremform des Patriarchats der Subtext, dass Jüd_innen durch den „Muttermord"[31] verantwortlich für den Holocaust seien.[32] Im Unterschied zu den christlich sozialisierten Feministinnen wandelten christliche Feministinnen die These vom Judentum als Ursprung des Patriarchats so um, dass ‚die Juden' Jesus – den Feministen, den Überwinder, die weibliche Figur – getötet hätten.[33] Auch in der esoterisches Frauen- und Lesbenszene wurden Jüd_innen als Verursacher_innen von Aggression, Feindseligkeit und der eigenen Vernichtung herangezogen:

> *Sie [die Jüd_innen] seien aggressiver als andre Leute. Das sehe man ja schon daran, dass sie ständig in Konflikte verwickelt seien. [...] Das Judentum sei von einem unbarmherzigen Rachegedanken geprägt [...].*[34]

25 Antmann: *Welche Bedeutung hatte der lesbisch feministische Schabbeskreis?*

26 Stern: Ab heute heißt du Marianne, S. 173.

27 Vgl. Baader: Zum Abschied, S. 84; Perko: Queer-Theorien, S. 132; Katharina Walgenbach: Gender als interdependente Kategorie. In: Dies. / Gabriele Dietz / Antje Hornscheidt / Kerstin Palm (Hrsg.): *Gender als interdependente Kategorie. Neue Perspektiven auf Intersektionalität, Diversität und Heterogenität*. Opladen: Budrich 2007, S. 23–64, hier S. 36.

28 Vgl. Antmann: *Welche Bedeutung hatte der lesbisch feministische Schabbeskreis?*, S. 21.

29 Vgl. Birgit Schmidt: *Freundliche Frauen*. Aschaffenburg: Alibri 2007, S. 12.

30 Vgl. ebd., S. 27.

31 Ebd., S. 29.

32 Vgl. Perko: *Queer-Theorien*, S. 131.

33 Vgl. Antmann: *Welche Bedeutung hatte der lesbisch feministische Schabbeskreis?*, S. 22; Perko: *Queer-Theorien*, S. 131; Schmidt: *Freundliche Frauen*, S. 7.

34 Ebd.

Diese Darstellung des Judentums als brachiale Rachekultur zog sich durch die Frauen- und Lesbenbewegung. Und sie diente, mit dem ‚Argument' die Frauen des Schabbeskreises unterlägen der patriarchalen Ideologie des Judentums, zur Abwertung und Negierung des Schabbeskreises und ihrer Arbeit.[35] Als wäre dies nicht genug, sahen sich die Frauen des Schabbeskreises darüber hinaus mit dem Vorwurf gegen Jüd_innen als Repräsentant_innen des Imperialismus konfrontiert. Von Seiten der Antiimperialist_innen wurde der Schabbeskreis zur Vertreterin Israels, damit zur Vertreterin des Zionismus und so letztendlich als Vertreterin des Imperialismus fantasiert.[36]

**AUS SELBSTERFAHRUNG WIRD WIDERSTAND. DIE ZIELE DES SCHABBESKREISES** Zunächst bestand das Ziel des Schabbeskreises darin, einen Raum zu schaffen, in dem Frauen ihre Erfahrungen austauschen und Unterstützung finden konnten. Dazu kam der Wunsch, jüdische Kultur und Geschichte und die Frauen innerhalb dieser sichtbar zu machen[37] und ein jüdisches Zuhause zu finden. Denn die Frauen, die in jüdischen Gemeinden innerhalb Deutschlands aufwuchsen, erlebten, dass dort für sie als Lesben kein Platz war.[38]

> *[H]ier galten sie als endgültige Zerstörerinnen einer Tradition, deren Untergang aus demographischen Gründen ohnehin nur eine Frage der Zeit schien.*[39]

Ein politisches Profil und eine kritische Agenda entwickelte die Gruppe erst mit den aufgeladenen Reaktionen aus der Frauen- und Lesbenbewegung.[40] Großes Ziel wurde es, systematisch den Antisemitismus innerhalb der Frauen- und Lesbenbewegung und die Unsichtbarkeit von Jüd_innen aufzuzeigen. Als Antwort auf die Idee vom ‚Nationalsozialismus als Extremform des Patriarchats' machten die Schabbeskreis-Frauen fortlaufend darauf aufmerksam, dass in der Zeit vor und während der Shoah nicht nur *Männer* Akteure des Nationalsozialismus waren und wiesen auf die unterschiedlichen Lebensrealitäten von nichtjüdischen und jüdischen Frauen im NS-Deutschland hin.[41] Es wurde sich zum Ziel gesetzt, intervenieren und eingreifen zu können – sich eine Sprache und Gehör zu verschaffen[42] und so ein lebendiges Judentum zu zelebrieren, statt sich auf ein Opfertum reduzieren zu lassen.[43] Auch deshalb forderte der Schabbeskreis eine Auseinandersetzung mit Antisemitismus, die zwei Seiten bedachte: Den Blick auf die Ausübenden, genauso wie den Blick auf die Betroffenen. Sonst, so die Kritik des Schabbeskreises, redeten die Nichtbetroffenen nur wieder über sich selbst.[44] Denn über Antisemitismus sprechen bedeutet noch nicht, eine jüdische Perspektive sichtbar zu machen. Viel zu häufig hat es eher zur Konsequenz, dass Nichtbetroffene, also Nichtjüd_innen, wieder nur Nichtbetroffene im Fokus haben und aktivistische Ressourcen ausschließlich für sich selbst aufwenden.

35 Vgl. Antmann: *Welche Bedeutung hatte der lesbisch feministische Schabbeskreis?*, S. 22; Baader: Zum Abschied, S. 85.

36 Vgl. Antmann: *Welche Bedeutung hatte der lesbisch feministische Schabbeskreis?*, S. 23.

37 Vgl. ebd., S. 25.

38 Vgl. ebd., S. 24.

39 Gelbin: Die jüdische Thematik im (multi)kulturellen Diskurs der Bundesrepublik, S. 97.

40 Vgl. Antmann: *Welche Bedeutung hatte der lesbisch feministische Schabbeskreis?*, S. 26.

41 Vgl. Baader: Zum Abschied, S. 84.

42 Vgl. Antmann: *Welche Bedeutung hatte der lesbisch feministische Schabbeskreis?*, S. 26.

43 Vgl. Gelbin: Die jüdische Thematik im (multi)kulturellen Diskurs der Bundesrepublik, S. 89.

44 Vgl. Jacoby/Lwanga: Was ‚sie' schon immer über Antisemitismus wissen wollte, S. 97.

**ZWISCHEN STRATEGISCHEM WOHLWOLLEN UND KONFRONTATION. DIE ARBEIT DES SCHABBESKREISES** Da es irgendwann schon ein Erfolg war, eine Veranstaltung so umsetzen, wie sie geplant war, ohne sich stören oder aus dem Publikum dominieren zu lassen, wählten die Frauen des Schabbeskreises immer häufiger das Format des Workshops oder die Arbeit in Kleingruppen, um so den Schaukämpfen zu entgehen.[45] Auf diese Weise versuchten die Frauen die Teilnehmer_innen mit kreativen Methoden an die Themen Antisemitismus und jüdisches Leben in der BRD heranzuführen. Doch der Schabbeskreis arbeitete durchaus auch konfrontativ. Auf einer der Berliner Lesbenwochen traten die jüdischen Frauen beispielsweise mit angeklebten Bärten und Pejes auf. Sie wollten mit dem durch Stereotype geprägten Bild innerhalb der Frauen- und Lesbenbewegung brechen, dass Jüdischsein Mannsein bedeute.[46] Auch darüber hinaus war der Schabbeskreis sehr präsent: Die Gruppe organisierte Infoveranstaltungen, -stände und Ausstellungen,[47] hielt Vorträge, verfasste Stellungnahmen zu Redebeiträgen und Veranstaltungen sowie Leser_innenbriefe zu verschiedenen Themen.[48]

Dabei war gerade die Auseinandersetzung mit Antisemitismus ein zweischneidiges Schwert. Eigentlich war es ja das Ziel der Gruppe, über Jüd_innen und nicht über Antisemitismus zu arbeiten, doch durch die Reaktionen von außen verlagerte sich der Arbeitsschwerpunkt immer wieder. Diese thematische Inanspruchnahme beschäftigte Jessica Jacoby und Gotlinde Lwanga auch später noch; sie stellten fest:

> *Der Antisemitismus hat uns wieder in die Falle gekriegt. Wir haben genau dasselbe noch einmal nachvollzogen, was – „wir"(!) auch im Schabbeskreis gemacht haben. Auch da haben wir vier von fünf Jahre über Antisemitismus geredet und erst zum Schluss über Jüdinnen.*[49]

Der wohl wichtigste Teil der Arbeit des Schabbeskreises war vermutlich jener auf zwischenmenschlicher Ebene. Die Frauen unterstützten sich in Krisensituationen, zum Beispiel bei Todesfällen, und fingen sich emotional auf. Außerdem vernetzten sie sich – über die deutsch-deutsche Grenze hinweg und international – mit anderen jüdischen Frauen. Diese Mischung aus intellektueller, interventiver, emotionaler und Empowerment-Arbeit war nicht nur für die Frauen innerhalb des Schabbeskreises von immenser Bedeutung, sondern – wegen der Bekanntheit der Gruppe – auch für etliche weitere jüdische Feministinnen innerhalb der BRD und der DDR ein wichtiges Zeichen.[50]

Im Sommer 1989 löste sich der Schabbeskreis schließlich auf.[51] Voran gingen der Auflösung diverse Konflikte und Auseinandersetzungen innerhalb der Gruppe. In Verbindung mit dem Druck und den Anfeindungen von außen und dem Gefühl, aufeinander angewiesen zu sein, entstand ein Zustand wie in einem „pressure-cooker"[52], einem Dampfdrucktopf.

> *Vielleicht, weil wir das Gefühl hatten, dass wir keine gute gemeinsame Arbeit mehr leisten können. Als hätte sich irgendetwas wund*

45 Vgl. Baader: Zum Abschied, S. 85.
46 Vgl. Antmann: *Welche Bedeutung hatte der lesbisch feministische Schabbeskreis?*, S. 29.
47 Vgl. ebd., S. 28.
48 Vgl. ebd.
49 Jacoby / Lwanga: Was ‚sie' schon immer über Antisemitismus wissen wollte, aber nie zu denken wagte, S. 104.
50 Vgl. Antmann: *Welche Bedeutung hatte der lesbisch feministische Schabbeskreis?*, S. 31, 43.
51 Vgl. Baader: Zum Abschied, S. 89.
52 Ebd., S. 83

*gelaufen. Es schien alles zu schwierig* [,] *um gemeinsam noch etwas zu machen.*[53]

In der Gruppe hatten sich durch die intensive Arbeit miteinander, Intimitäten und Zusammengehörigkeitsgefühle entwickelt, die einigen einfach zu eng wurden. Parallel dazu ging eine Liebesbeziehung innerhalb der Gruppe in die Brüche. Diese Trennung sorgte für eine Erschütterung in der Gruppendynamik. Zusätzlich dazu entstand ein Konkurrenzkampf zwischen zwei zentralen Personen des Schabbeskreises. Es entwickelten sich unterschiedliche Vorstellungen für den Schabbeskreis und die Arbeit miteinander.[54]

Als Reaktion auf die Aggressionen, die von außen auf sie einschlugen, begannen die Schabbeskreisfrauen sich immer mehr nach außen hin abzugrenzen. Die Außenwelt wurde eingeteilt in ‚Freundinnen' und ‚Feindinnen'. Alle Fürsorge ging nach innen in die Gruppe, während das Außen zur Bedrohung wurde. Die Ansichten von Feindinnen waren verurteilungswürdig, dagegen wurde sich selbst und Freundinnen zunehmend fast unkritisch begegnet.[55] Dies hatte zur Folge, dass dadurch ein dermaßen enges Gefüge entstand und damit kaum Raum für Differenzen blieb – obwohl es eben über Jahre die Stärke des Schabbeskreises war, in vielerlei Hinsicht unterschiedlich sein zu können. Gleichzeitig schien es aber auch dazu zu führen, dass bestimmte Perspektiven in der Gruppe untergingen. So beschreibt beispielsweise Gülşen Aktaş wie schwierig es für sie als Mutter innerhalb der Gruppe war und betont auch wiederholt die eurozentrische Perspektive des Schabbeskreises.[56] Auch Ben Baader benennt die mangelnde Bündnispolitik innerhalb[57] der Gruppe als einen Fallstrick des Schabbeskreises.[58]

**DER SCHABBESKREIS ALS AKTIVISTISCHER MEILENSTEIN, DER DEN MEHRHEITSFEMINISMUS INS WANKEN BRACHTE, ODER: WARUM ICH WILL, DASS SIE ALLE DEN SCHABBESKREIS KENNEN!** Der Schabbeskreis hatte einen immensen Einfluss auf die Intersektionalitätsdebatten, die wir heute in Deutschland lesen und führen. Es bräuchte mehr Platz, um im Detail zu erklären, warum das so ist. Dennoch will ich, dass Sie am Ende des Artikels verstehen, warum der Schabbeskreis nicht nur meine persönliche politische Inspiration ist, sondern für alle Generationen jüdischer feministischer Aktivist_innen, die nachgefolgt sind, als Empowerment und eigene Widerstandsgeschichte verstanden werden kann: Vor dem Schabbeskreis gab es für jüdische Feministinnen weder Raum, sichtbar zu werden, noch sich in feministischen Kontexten über ihre Erfahrungen in der BRD auszutauschen. Der Schabbeskreis bot die Möglichkeit, andere jüdische und antisemitismuskritische Frauen kennen zu lernen, sich auszutauschen und eine eigene Position zur eigenen jüdischen Identität und Kultur zu finden. Dabei war gerade die Möglichkeit, in einem Raum zu agieren, der jüdisch *und* lesbisch geprägt war, für viele der Frauen befreiend und heilend, die einerseits mit der jüdischen Leerstelle in der Bundesrepublik und gleichzeitig

53 Antmann: *Welche Bedeutung hatte der lesbisch feministische Schabbeskreis?*, S. 34.

54 Vgl. ebd.

55 Vgl. Baader: Zum Abschied, S. 87.

56 Vgl. Antmann: *Welche Bedeutung hatte der lesbisch feministische Schabbeskreis?*, S. 35.

57 Zu betonen ist hier, dass Baader die Bündnispolitiken *innerhalb* des Schabbeskreises meint. Nach außen arbeitete der Schabbeskreis durchaus in wichtigen Bündnissen mit bspw. Schwarzen Aktivist_innen und Aktivist_innen of Color.

58 Vgl. Baader: Zum Abschied, S. 88.

mit dem Konservativismus der jüdischen Gemeinden konfrontiert waren.

Auch deswegen würde ich den Schabbeskreis auf frauenpolitischer Ebene als „feministischen Meilenstein, der mit seinem subversiven Aktivismus den Mehrheitsfeminismus in Deutschland nachhaltig verstört hat“[59], bezeichnen. Keine andere feministische Gruppe hat derart unübersehbar für jüdische Sichtbarkeit eingestanden und gegen Antisemitismus gekämpft wie der Schabbeskreis. Es wurde deutlich, dass erst durch die Präsenz und die Vehemenz des Schabbeskreises diese Themen in die Wahrnehmung der Frauen- und Lesbenbewegung rückten. Erst durch sie wurde eine jüdische Perspektive Teil einer intersektionalen Auseinandersetzung mit Feminismus. Ebenso war der Schabbeskreis Impulsgeberin, den feministischen Umgang mit deutscher Geschichte in Frage zu stellen und die Frauen- und Lesbenbewegung immer wieder mit ihrer antisemitischen Patriarchats- und Sündenbock-Konstruktion zu konfrontieren. Der Schabbeskreis gehörte zudem zu den Gruppen, die konsequent ein mehrheitsfeministisches ‚Wir‘ in Frage stellten und so zu jener Bewegung gehörten, die den feministischen Intersektionalitätsdiskurs in der BRD überhaupt erst ermöglichte. Welche Leerstelle der Schabbeskreis füllte, wird darin deutlich, wie viele Nachfolgeprojekte in den 1990er Jahren aus dem Schabbeskreis entstanden.[60]

59 Antmann: Vom Vergessen und Erinnern, S. 103.

60 Zum Beispiel eine studentische Gruppe in den 1990er Jahren, die sich ebenfalls „lesbisch feministischer Schabbeskreis“ nannte, die AG „Frauen gegen Antisemitismus“ als Nachfolgegruppe und die Stiftung ZURÜCKGEBEN, die mit Unterstützung einiger Schabbeskreismitglieder entstand. Viele der Schabbeskreisaktivist_innen wirkten später aktiv bei L'Chaim mit.

Und was bedeutet das für die Gegenwart? In feministischen Zusammenhängen fehlt eine Gruppe wie der Schabbeskreis heute. Es gibt heute keine jüdische Sichtbarkeit innerhalb (queer-)feministischer Kontexte mehr. Nachdem 2015 mein Beitrag zur AG „Frauen gegen Antisemitismus“ im Sammelband *Dominanzkultur reloaded* erschienen war und mit jeder weiteren öffentlichen Präsentation des Themas schrieben und sprachen mich jüdische Feministinnen meiner Generation[61] an und erzählten, wie isoliert und ungesehen sie sich in ihren feministischen Communities fühlen. Dies zeigt, wie wenig jüdische Kontinuität in feministischen Kontexten vorherrscht. Und wie wichtig nach wie vor eine Gruppe oder ein Projekt wären, die Raum für jüdischen Austausch, Verbundenheit und Solidarität miteinander bieten und zeitgleich eine jüdische Perspektive wieder als feministisches Thema sichtbar machen.

Der Schabbeskreis ist ein wichtiges Element jüdischer Widerstandsgeschichte und nur, wenn wir dafür Sorge tragen, dass das politische Wirken der Gruppe nicht in Vergessenheit gerät, kann sie es auch bleiben. Hier wird deutlich, wie wichtig Dokumentationen und andere erinnerungspolitische Projekte sind. Sie können dazu beitragen, das Wissen, die Auseinandersetzungen und die Arbeit im Kontext marginalisierter Bewegungsgeschichten sichtbar und zugänglich zu machen. Sie erlauben es, die Beiträge, die von starken, mutigen und weitsichtigen Menschen geleistet wurden, wertzuschätzen, und sie können jene, die in der Gegenwart mit Diskriminierung und Gewalt zu kämpfen haben, stärken, ermächtigen und stützen.

61 ‚Meine Generation‘ meint jüdische Feminist_innen, die in den 1980er Jahren entweder noch sehr jung oder noch gar nicht geboren waren.

# RABBINERIN MIT RELIGIÖS-POLITISCHEM BEWUSSTSEIN

*Das Wort* kadosch *sollte heute nicht nur rituell aufgefasst werden*

ELISA KLAPHECK

*Ich bin nicht ‚links' – aber deswegen bin ich nicht rechts.*
*Ich bin auch nicht ‚fromm' – aber deswegen trotzdem religiös.*
*Es ist bezeichnend, dass ich es schwer habe, mir ein Label zu geben. ‚Liberale Rabbinerin' trifft es auch nur bedingt.*
*Offenbar gibt es für meine Einstellung noch keinen Namen. Ich selbst bezeichne sie als ‚religiös-säkular'.*

„Bist du ‚Schomeret Schabbat?'", werde ich oft gefragt, „hältst du alle Schabbatvorschriften ein?". Sicherlich nicht im orthodoxen Sinn. Aber in einem gesellschaftlichen Sinne ist mir der Schabbat das Höchste. Nicht nur weil ich dann als Rabbinerin mit anderen Juden und Jüdinnen, die mir nahe sind, eine schöne Zeit verbringe. Auch in einem politischen Sinn – einem *jüdisch-politischen*. Am Schabbat lerne ich etwas über die tiefere Dimension des Lebens und wie sie sich aus jüdischer Sicht auf das Zusammenleben mit anderen Menschen auswirken sollte.

Darin liegt meine religiöse Identität als Rabbinerin.

Sie weist in ein Feld, auf dem das Religiöse und das Politische in ein Verhältnis zueinander treten und sich gegenseitig stimulieren. Aber nicht indem beide identisch werden! Wenn Religion und Politik dasselbe werden, läuft dies auf Theokratie und Fundamentalismus hinaus. Die *institutionelle* Trennung von Kirche und Staat ist richtig und eine entscheidende Voraussetzung für die Religionsfreiheit, die wir brauchen, um über die Beziehung zwischen dem Religiösen und dem Politischen immer wieder neu nachdenken zu können. Eine allzu strikte Trennung der beiden Sphären ist hingegen falsch. Sie erzeugt politische und religiöse Sinnkrisen. Des Religiösen enthoben verlieren die Menschen den Maßstab, was die

Politik leisten könnte. Des Politischen enthoben reduziert sich die Religion auf religiöses Ambiente und rituelle Folklore.

Aber das ist sicherlich eine jüdische Ansicht.

Die jüdische Religion hat für mich einen besonderen gesellschaftlichen Auftrag. Gerade in unserer Zeit richtet er sich auf die Zukunft der Demokratie, des Rechtsstaats, der Solidargemeinschaft – im eigenen Land, ebenso wie länderübergreifend –, einer Politik der Menschenwürde und Gerechtigkeit und vor allem der Wehrhaftigkeit gegen die Feinde der Freiheit. Dies alles sollten Dinge sein, die uns ‚heilig' sind – und die wir nicht nur kraft pragmatischer Argumente, sondern auch unseres religiösen Verständnisses stark, das heißt ‚aktiv', machen.

Gerade die jüdische Tradition bietet uns hierfür eine gute Grundlage. Vor allem die rabbinische Literatur – der Talmud und die Midraschim – geben ein Zeugnis davon, wie die Religion in die Verantwortung der Menschen gelegt und damit säkularisiert wurde, jedoch ohne das Religiöse zu verlieren. Diese Quellen so zu erschließen, dass sie uns als demokratisch und pluralistisch eingestellte Juden und Jüdinnen anregen, sehe ich als eine meiner Hauptaufgaben. Das tue ich einerseits in meiner Arbeit als Rabbinerin – etwa in meinen Talmud-Schiurim sowie meinen Tora-Auslegungen während des Gottesdienstes, meinem Verständnis der liturgischen Themen und jüdischen Feste bis hin zur Gestaltung der jüdischen Rituale. Andrerseits tue ich es als Publizistin.[1] In diesem Zusammenhang gebe ich die Schriftenreihe „Machloket/Streitschriften" heraus, in der jüdische und judentumsnahe Autorinnen und Autoren für Themen streiten wie die jüdisch-religiöse Begründung des demokratischen Rechtsstaats, die Menschenwürde als jüdisch-religiöses Rechtsgut, eine jüdische Wirtschafts- und Sozialethik als Antwort auf die Globalisierung, die Idee des ‚Bundes' auf Europa bezogen oder jüdischem Pluralismus hinsichtlich anderer Religionen.[2]

In der ersten „Machloket"-Ausgabe mit dem Titel *Säkulares Judentum aus religiöser Quelle* streite ich mit Ruth Calderon, der ehemaligen israelischen Knesset-Abgeordneten und Gründerin säkularer Jeschiwot in Israel, für die Notwendigkeit eines Judentums, das sich als ‚religiös-säkular' versteht, für Religionsfreiheit in Israel eintritt und eine Alternative zu der Frontenstellung zwischen religiösen Fundamentalisten auf der einen Seite und säkularen, religionsfeindlichen Juden auf der anderen bietet. Ein solches religiös-säkulares Judentum sollte aber nicht nur neue politische Wege in Israel aufzeigen. Es steht auch für eine neue Allianz von pluralistisch eingestellten Juden und Jüdinnen weltweit. Juden in Europa würden es natürlich mit einer europäisch-jüdischen Identität ausfüllen. In der zweiten „Machloket"-Ausgabe mit dem Titel *Bürgerschaftliches politisches Engagement als jüdische Praxis* streiten Stephan Kramer und Hannes Stein für mehr politisches Bewusstsein, das

1 Eine wichtige Station auf diesem Weg war für mich der jüdische Feminismus. So gehörte ich zu den Mitbegründerinnen des Netzwerkes Bet Debora und gab die Streitschrift der ersten Rabbinerin der Welt, Regina Jonas, mit dem Titel *Kann die Frau das rabbinische Amt bekleiden?* (Teetz: Hentrich & Hentrich 2000) heraus. Ich habe durch die Beschäftigung mit der jüdischen Frauenbewegung gelernt, wie die daraus hervorgegangene jüdisch-feministische Theologie die jüdische Tradition weitergeschrieben hat – z. B. einen inneren jüdischen Pluralismus denkbar machte, der heute auch von Teilen der modernen Orthodoxie bejaht wird.

2 Elisa Klapheck / Ruth Calderon: *Machloket/Streitschriften*, Bd. 1: Säkulares Judentum aus religiöser Quelle. Berlin: Hentrich & Hentrich 2015; Elisa Klapheck / Stephan Kramer / Hannes Stein: *Machloket/Streitschriften*, Bd. 2: Bürgerschaftliches politisches Engagement als jüdische Praxis. Berlin: Hentrich & Hentrich 2016.

sich aus der jüdisch-religiösen Tradition ableitet und für einen Tikkun Olam engagiert.

Voraussetzung, um das Politische und das Religiöse zusammenzubringen, ohne in die Falle theokratischer Vorstellungen zu gehen, ist eine *säkulare* Wahrnehmung des Religiösen. ‚Säkular' bedeutet ‚weltlich', in Hebräisch *chiloni*, abgeleitet von *Chol*, dem Wochentag oder auch allem, was (noch) nicht ‚geheiligt', also noch nicht *kadosch* ist.

Der Schabbat als der ‚heilige' oder besser: als der von uns ‚geheiligte' siebte Tag, strukturiert die Zeit und macht uns sensibel für die ‚weltliche' und die ‚heilige' Zeit. Als Kind habe ich im Religionsunterricht gelernt, dass die jüdische Art zu ‚heiligen' bestimmte Handlungen und Dinge *herausstellt*. Es wäre aber falsch, wie ich durch meine religiösen Erfahrungen lernte, sie deswegen als ‚isoliert' oder gar ‚abgetrennt' zu sehen. Was geheiligt wird, wird nach der ursprünglichen rabbinisch-talmudischen Auffassung der Mitte des Lebens zugeführt. Übrigens bildet sich aus dem Wort ‚kadosch' das hebräische Wort ‚hikdisch', auf Deutsch: ‚widmen'.

Das in diesem Zusammenhang häufig benutzte Gegenwort ‚profan' halte ich für schwierig. Denn zwischen Chol und Kodesch herrscht kein negativer Gegensatz. Die Vorstellung von einem Dualismus, wonach ‚profan' schlecht und ‚heilig' gut wäre, führt in die Irre. Es geht um keinen Gegensatz, sondern um eine Widmung. Man ‚heiligt', indem man eine Sache ‚widmet' oder eine Handlung ‚widmet', um damit etwas zu *tun*. Der Wein wird durch den Kiddusch am Schabbat geheiligt, also gewidmet, um getrunken zu werden. Die Ehepartner werden durch Kidduschin geheiligt, das heißt füreinander gewidmet, um ein jüdisches Haus zu gründen. Der Kaddisch wird gesagt, um damit auszudrücken, dass in jedem Moment – auch im traurigsten – Gott in der konkreten Zeit wirkt und wir deshalb bestimmte Dinge tun sollen. Kiddusch, Kidduschin oder Kaddisch sind Bezeichnungen für Heiligung. Durch sie wird nach der jüdischen Auffassung das Leben nicht der Welt enthoben, nicht der Welt entfremdet, sondern genau umgekehrt: Es soll in die Mitte des *weltlichen* Lebens und damit seinem eigentlichen Sinn, der *Anwendung*, zugeführt werden.

Das stärkste Beispiel hierfür ist die Tora: Ein Großteil der 613 Mizwot in der Tora sind nichts anderes als ein Handbuch, wie die Einzelheiten des weltlichen Lebens, gerade auch in ihrem größeren gesellschaftlichen Zusammenhang, zu heiligen sind. Darin ist die Tora faszinierend konkret – und der Talmud wird es noch mehr. Seine Basis ist die Mischna, die auch als die ‚mündliche Tora' bezeichnet wird. Sie enthält den Grundstein der ‚säkularen' Tradition des Talmuds – Gesetze, die nicht von Gott geoffenbart, sondern von den Rabbinen weiterentwickelt und verantwortet werden. Wie in einem Parlament streiten sie, vertreten Mehrheits-, Minderheits- und Einzelmeinungen, tragen Argumente vor und stimmen am Ende ab. Mit diesem ganz und gar säkularen – das heißt weltlichen – Verfahren schreiben sie die jüdische Tradition fort. Dies ist das Gegenteil einer Theokratie, in der Gott herrscht und seine Stellvertreter, die Priester, Gottes Willen durchsetzen. Vielmehr zeugt der Talmud von einer einzigartigen Streitkultur, in der Menschen immer wieder versuchen, eine innere Verbindung zwischen den religiösen Idealen und der weltlichen Realität zu erkennen, um die Zusammengehörigkeit beider zur konkreten *Anwendung* hin ‚heiligen' zu können.

Dieser Anwendungsaspekt des Heiligen kommt im Gottesdienst in Bezug auf die Tora, seinem wohl wichtigsten rituellen Gegenstand, sehr prägnant zum Ausdruck. Die Tora ist nicht etwas, vor dem man schaudernd und ehrfurchtsvoll zurückweicht. Sobald sie aus dem Schrein, dem Aron Hakodesch, genommen wird, geht sie ihren Weg durch die jüdische Gemeinschaft. Sie wird entlang der Anwesenden getragen – sie wird von ihnen berührt, geküsst und schließlich in der Mitte auf die Bima gelegt, damit aus ihr vorgelesen wird. Die Choreographie des jüdischen Gottesdienstes sieht vor, dass ein Maximum an Anwesenden durch Aufrufe, Berachot (Segnungen), Vorlesen, Hochheben der Rolle physisch und geistig mit der Tora tätig werden. Das Geschehen hat nicht den Sinn, Distanz zu schaffen und die Anwesenden aus ihrem weltlichen Leben herauszulösen, sondern genau umgekehrt: indem sie sich mit der Tora beschäftigen, mit einem neuen Zugang das weltliche Leben wiederaufnehmen zu können.

So ist auch die Heiligkeit des Schabbat nicht grundsätzlich von der weltlichen Zeit getrennt. Vielmehr leben wir in zwei Zeiten gleichzeitig. Während der Woche drängt die weltliche Zeit die heilige Zeit zurück. Am Schabbat gibt die heilige Zeit den Ton an. Der Schabbat macht jedoch nur Sinn, wenn er sich auf die weltliche Zeit auswirkt. Er ist nicht grundsätzlich getrennt von der säkularen Wirklichkeit, sondern gibt ihr den tieferen Sinn.

Mein religiös-säkulares Verständnis der ‚Zeit', in der die weltliche und die heilige Zeit zusammengehören, erkenne ich in dem Buch *Schnelles Denken, langsames Denken* des israelisch-amerikanischen Nobelpreisträgers für Wirtschaftswissenschaften, Daniel Kahneman, wieder.[3] Er stellt dar, dass wir in zwei Zeitdimensionen gleichzeitig leben: 1) dem schnellen Jetzt, in dem wir uns unmittelbar verhalten, und 2) der langsamen Dauer, die unsere größeren Verhaltensmuster bedingt. Die beiden Zeitdimensionen werden von unterschiedlichen Aspekten unseres Selbst wahrgenommen. Die schnelle Zeit wird von dem ‚erfahrenden' Selbst erlebt; die langsame Zeit von dem ‚erinnernden' Selbst strukturiert. Das erinnernde Selbst enthält die Vergangenheit, bewertet sie, verdrängt Unangenehmes und legt Schwerpunkte, um daraus Muster mit Blick auf die Zukunft herzustellen. Aufgrund dieser zwei Zeiterfahrungen werden Dinge unterschiedlich wahrgenommen. Im Moment des erfahrenden Selbst ärgern sich beispielsweise Eltern, wenn ihre Kinder quengeln und lärmen. Im Rückblick des erinnernden Selbst jedoch war die Zeit mit den Kindern die schönste Zeit überhaupt.

Kahnemans Buch ist in einer rein säkularen Sprache geschrieben. Als Rabbinerin sehe ich jedoch in der langsamen Zeit die religiöse beziehungsweise eine ‚heilige' Zeit und in der schnellen Gegenwart die ‚weltliche' Zeit. In der weltlichen Zeit tun wir all das, was unsere konkrete Welt mit all ihren Herausforderungen, Vorgaben, Notwendigkeiten und Möglichkeiten von uns verlangt. Die heilige Zeit birgt jedoch den tieferen Sinn unseres Lebens. Auf der Bahn der heiligen Zeit können wir uns besinnen, Verhaltensmuster hinterfragen, neue Bewertungen vornehmen. Aber die heilige Zeit ist mehr als das. In der heiligen Zeit gewahren wir Momente, die über uns selbst hinausgehen, die uns für die Bedeutung unseres Lebens und für das, was für uns den höchsten Wert hat, sensibilisieren. Sie ist nicht von der weltlichen getrennt, sondern sie wirkt in sie hinein.

Ich vertrete also die Ansicht, dass Kodesch und Chol nicht grundsätzlich getrennt sind. Vielmehr enthält das weltliche Leben immer ein heiliges Potential, das zum Gebrauch hin stark, das heißt aktiv gemacht werden

3 Daniel Kahneman: *Schnelles Denken, langsames Denken. Wie wir Entscheidungen treffen und was das mit Wirtschaft zu tun hat*. München: Siedler 2012. Das amerikanische Original trägt den Titel: *Thinking, Fast and Slow* (2011).

muss. Ich sehe mich darum als Rabbinerin nicht nur für alles, was mit Kodesch, dem Heiligen, zu tun hat, sondern gerade auch als Rabbinerin für das Weltliche, für Chol.

Das bedeutet für mich, dass Rabbiner und Rabbinerinnen heute nicht nur für die religiöse Tradition in ihrer rituellen Form zuständig sind, sondern dass sie sich vor allem auch auf das weltliche Leben richten sollen. Orthodoxe Rabbiner sagen jetzt wahrscheinlich, dass sie das doch tun. Aber im orthodoxen Judentum hat sich die Vorstellung von der heiligen Zeit verfestigt. Sie richtet sich auf eine Welt, wie sie vor Jahrhunderten existierte. Klar, der damalige Nexus von heilig und weltlich, aus dem die Halacha hervorging, lässt sich auch heute irgendwie fortführen und zum Maßstab machen. Es gibt jedoch Entwicklungen, die aus ganz veränderten weltlichen Voraussetzungen entstanden sind. Die Frage der Heiligkeit muss darum immer wieder neu gestellt werden.[4]

Angesichts der politischen Radikalisierungen, mit denen wir in der Gegenwart kämpfen, liegt mein Fokus heute vor allem auf der jüdisch-religiösen Bestärkung der demokratischen und pluralistischen Gesellschaft. Das Wort ‚Politik' leitet sich ab von ‚polis', das den antiken griechischen Stadtstaat bezeichnet. Er brachte die Demokratie und Vorstellungen von so viel wie möglich gesellschaftlicher Teilhabe hervor. Auch in der jüdischen politischen Tradition ist ein demokratisches Modell entstanden – der *Kahal*, das ist die Solidargemeinschaft. Beides zusammen steht heute erneut zur Debatte, wenn es um mehr Gerechtigkeit in der Welt geht. Wie gestalten wir als Juden und Jüdinnen, die Anteil an einer größeren Welt haben, die demokratische Solidargemeinschaft heute? Wie heiligen wir sie, indem wir sie konkretisieren? Letztlich haben alle Generationen von Rabbinern und jüdischen Gelehrten, wenn sie das Judentum weitergebracht haben und deswegen auch heute zitiert werden, die jüdische Tradition fortgeschrieben, indem sie immer wieder die heilige und die weltliche Seite neu aufeinander bezogen. Ich würde mich gern als Rabbinerin sehen, die hieran anknüpft – und die ihren Gemeindemitgliedern Inspiration bietet, diesen Weg ebenfalls zu gehen.

4 Besonders dringlich ist dies auf dem Gebiet der Medizinethik geworden, wo das Prinzip *Pikuach nefesch* (dt.: Leben retten) in ein endlos in die Länge gezogenes Leiden beim Sterben umschlagen kann. Siehe hierzu Elisa Klapheck (Hrsg.): *Jüdische Positionen zur Sterbehilfe*. Berlin: Hentrich & Hentrich 2016.

# VON AUFBRÜCHEN UND VERÄNDERUNGEN

## *Interview mit Tanja Berg von Bet Debora – einem europäischen Netzwerk feministischer Jüdinnen*

HANNAH PEACEMAN

Tanja Berg ist Aktivistin des Bet Debora-Netzwerks und arbeitet im Bereich der Demokratie-Bildung und Projektentwicklung. Sie ist seit zwei Jahren bei Bet Debora aktiv. In dem Gespräch erzählt sie über die Entstehung und Entwicklung des Netzwerks und reflektiert über die 8. Bet-Debora-Tagung im September 2016 in Wroclaw.

**HANNAH PEACEMAN:** Mit welcher Vision und mit welchen Ideen wurde Bet Debora gegründet?

**TANJA BERG:** Die 1990er Jahre waren geprägt von einer Aufbruchsstimmung unter Juden und Jüdinnen in Deutschland. Es herrschte ein Aufschwung: Neue egalitäre Minjanim, Initiativen und Gruppen entstanden, die jüdisches Leben als ein lebendiges gestalten wollten – eines, das sich nicht nur über die Shoah definiert, sondern auch ein positives Bild jüdischer Identitäten in Vielfalt abbildete. Bet Debora entstand im Zuge eines feministischen Aufbruchs u. a. auch als ein Wiederanknüpfen an die deutschen Traditionen des liberalen und Reformjudentums vor der Shoah. Gleichzeitig wurden die Verbindungen zu den US-amerikanischen Reformbewegungen in Europa insgesamt stärker und damit auch der jüdische Feminismus. Themen wie Gleichberechtigung von Frauen und Männern, Feminismus und die Vision eines demokratischen und pluralistischen Judentums in die Gemeinschaft hineinzutragen und eine neue Offenheit für die Diversität des Judentums zu fordern, waren wichtige Ziele.

1998 riefen Lara Dämmig, Elisa Klapheck und Rachel Monika Herwig Bet Debora ins Leben. Erst einmal mit der Idee, eine Plattform für feministische Themen und Auseinandersetzungen zu schaffen. Daraus entwickelte sich ein europäisches Netzwerk jüdisch-feministischer Frauen.

1999 fand dann in Berlin die erste große Tagung statt, zu der rund zweihundert europäische Rabbinerinnen, Kantorinnen, Akademikerinnen und interessierte Jüdinnen und Juden kamen – ein großer Erfolg. Es ging um Gleichberechtigung, aber auch um andere inhaltliche und spirituelle Fragen und um die neuen Entwicklungen und neuen Möglichkeiten innerhalb des europäischen Judentums. Die Botschaft war, Vielfalt zuzulassen und dazu zu ermutigen, diese sichtbar zu machen. Wie können wir ein Miteinander gestalten? Nicht nur innerhalb der jüdischen Community in Deutschland, sondern auch in Europa? Das war zugleich ein Akt der Selbstermächtigung und der Selbstvergewisserung.

HP: War die Gründung von Bet Debora auch ein Ausdruck von ‚wütenden' jüdischen Frauen wie etwa Jalta?

TB: Wie gesagt, es war ein bisschen der Beat der Zeit des Aufbruchs und eines neuen und anderen Judentums. Mitgestalten, erkunden und experimentieren – etwas sichtbar machen, was bereits da ist. Sicherlich waren die Gründerinnen bei den ersten Treffen auch mal wütend: darüber, dass sie sich Raum erkämpfen mussten, über die Verhältnisse in den Gemeinden, in der Gesellschaft. Ein bisschen Wut braucht es ja immer, um solche Initiativen ins Leben zu rufen und um über die Grenzen der Erfahrung hinauszukommen. Aber es war vor allem eine Stimmung des Glücks und der Nervosität, dem Neuen und Lebendigen, dem Grenzüberschreitenden gegenüber. Das ist bis heute so geblieben.

HP: Was ist das Programm von Bet Debora? Welche Veranstaltungen gibt es?

TB: Geblieben ist bis heute die Idee, Interessen und Anliegen jüdischer Frauen sichtbar zu machen und Räume zur Diskussion in einem europäischen Netzwerk zu öffnen. Es gibt Treffen und Veranstaltungen und alle ein bis zwei Jahre die großen Konferenzen, zu denen sich jüdische Frauen und einige Männer, vor allem aus Europa, treffen. Hinzu kommen auch Teilnehmerinnen aus den USA und Israel. Die großen Konferenzen bieten die Gelegenheit, einander kennenzulernen, neue und alte Themen zu bearbeiten und Diskussionen anzustoßen. Für manche ist es tatsächlich das erste Mal, dass sie überhaupt andere jüdische Feministinnen treffen. Das ist bis heute ganz wichtig geblieben. Auch die Fragen ‚Wer sind wir?' und ‚Was macht unser Judentum aus?' werden immer wieder neu diskutiert.

Bet Debora ist ein Netzwerk, in dem es darum geht, kulturellen, politischen und religiösen Themen, die jüdische Frauen beschäftigen, einen Rahmen zu geben. Das beinhaltet genauso ein säkulares wie religiöses Judentum. Bei den Tagungen treffen sehr unterschiedliche Frauen zusammen. Etliche sind säkular, manche kennen nur die Orthodoxie, andere haben ein großes Wissen über Reformjudentum oder andere jüdische Identitäten. Hier begegnen sich verschiedene Generationen, Lebensweisen und Definitionen von ‚Jüdisch-sein'. Diese Unterschiede sind Teil des Reizes, sie resultieren u. a. auch aus den Lebenswirklichkeiten und Erfahrungen der Frauen. So ist jüdisches Leben in Großbritannien, Deutschland, den südlichen Ländern Europas und in Osteuropa sehr unterschiedlich, genauso wie das Leben in einer Stadt mit breitem Spektrum an jüdischen Lebenswelten nicht mit dem auf dem Land zu vergleichen ist. Zu den Tagungen kommen Jüdinnen aus Polen, Serbien, Russland, der Ukraine, Ungarn, Tschechien usw. Das gibt viele neue Impulse und führt dazu, dass grundlegende Fragen immer wieder neu diskutiert werden:

1) In wessen Tradition stehen wir eigentlich? Eine besonders wichtige Rolle spielt die Beschäftigung mit jüdischer Frauengeschichte. Viele Frauen hören hier zum ersten Mal, dass es bereits vor der Shoah wichtige Beispiele ‚weiblicher' Unangepasstheit im Judentum gegeben hat. Es gibt also Vorbilder, die ihre jüdische Identität jenseits des Mainstreams definiert haben. Das ist besonders wichtig, weil (feministische) Jüdinnen häufig zu hören bekommen, sie würden sich nicht der Tradition entsprechend verhalten. Hier wird dann deutlich, dass es sehr wohl eine Kontinuität alternativer Verständnisse von Judentum gibt.
2) Fragen religiöser Praxis sind wichtig. Es werden Diskussionen über die Sprache in Gebeten und in der Torah geführt. Welche Exklusionen gibt es da und welche Möglichkeiten der Inklusion? Aber auch die Erfahrung, an einem egalitären Minjan teilzunehmen – vor allem mit so vielen anderen Frauen –, ist für viele neu und bereichernd. Es werden auch Debatten über Rituale und deren Be- und Umdeutungen geführt.
3) Es ist immer ein Spagat zwischen den vielfältigen Interessen und Erwartungen, was auf den Tagungen passiert. Dazu gehören z. B. auch folgende Fragen: Wie gesellschaftspolitisch versteht sich die feministisch-jüdische Gemeinschaft? Wie beeinflussen uns andere innerjüdische und nicht-jüdische Debatten? Wie viel Platz können diese auf den Tagungen einnehmen? Welche innerjüdischen Debatten sind wichtig? Welche Verknüpfungen gibt es zu anderen Minderheiten? Für viele Frauen ist das Erleben eines Raumes mit vielen (feministischen) Jüdinnen die zentrale Erfahrung. Andere wünschen sich Debatten zu gesellschaftspolitischen Themen oder Anknüpfung an ältere interne Debatten. Die Beiträge bei den Konferenzen und die Diskussionen bilden den Spagat, möglichst viele Bedürfnisse zu erfüllen, ab. Das zeigt sich auch in den Journalen, die im Anschluss an die Konferenzen entstehen und so die Ergebnisse einem breiteren Publikum zugänglich machen.

Insgesamt versucht Bet Debora, ein Raum der Vielfalt von Judentum zu sein. Das heißt, dass hier nicht eine bestimmte politische Position Programm ist. Sondern, dass es darum geht, möglichst verschiedene Perspektiven, Sichtweisen und Erfahrungen aufeinandertreffen und wirken zu lassen. Und so kommen jedes Mal sehr unterschiedliche Jüdinnen und Juden zusammen, referieren oder machen Workshops oder lernen, tanzen usw. Um allen Platz einzuräumen, ist das Programm bunt und vielfältig.

HP: Die 8. Bet Debora-Tagung fand in im September 2016 in Wroclaw statt. Hier lag ein besonderer Fokus auf Polen. Was war spannend an dieser Tagung?

TB: Auch hier spiegelte sich die Vielfalt von Bet Debora wider: Wir hatten beispielsweise ein Panel, auf dem drei jüdische Frauen saßen, die sehr aktiv in der feministischen Bewegung in Polen und im Protest gegen das Abtreibungsverbot engagiert sind. Sie erzählten u. a., wie Antifeminismus und Antisemitismus zusammenlaufen. Gendermainstream wird als Schimpfwort verwendet und der ‚Genderwahn' sei eine Erfindung ‚der Juden'. Dieses Zusammenspiel von Antifeminismus und antisemitischen Argumenten erschwert die Kooperation mit anderen Akteurinnen und Akteuren.

Eine Reihe jüdischer Künstlerinnen drückte in ihren Arbeiten ein breites Spektrum von Auseinandersetzungen mit Geschichte, Politik, Selbstreflexion und Experiment aus. Neu war für viele Teilnehmer*innen eine Erfahrung des Judentums jenseits von Orthodoxie und Religiosität. Eine junge Wissenschaftlerin, die sich viel mit Frauengeschichte beschäftigt, sagte, dass die Themen von früher eigentlich auch für sie und den heutigen Feminismus aktuell sind.

Die Frage ist, wie viel davon ist für Polen spezifisch? Im Unterschied zu Deutschland ist die polnische jüdische Community viel kleiner: Hier leben nur etwa 20.000 Jüdinnen und Juden, in Deutschland sind es immerhin um die 150.000 bis 200.000 (je nach Zählung). Das ist schon ein riesiger Unterschied. Auch werden in Deutschland gesamtgesellschaftliche Debatten um Vielfalt, Gender und Judentum anders geführt. Pluralität hat eine ganz andere Akzeptanz und Selbstverständlichkeit als in Polen. Andererseits ist in Polen auch viel möglich, was nur eine kleine Minderheit erreichen kann. Eine jüdische Künstlerin aus Polen ist Burlesque-Tänzerin. Sie versteht ihre Arbeit als feministisch, verhandelt über den Körper verschiedene Identitätsfragen – und sie bekommt Aufträge aus der orthodoxen jüdischen Gemeinde, z. B. Auftritte bei Hochzeiten. Da merkt man u. a. auch, wie sich Grenzen verschieben lassen. Ob so ein Auftritt in den jüdischen Gemeinden in Deutschland möglich wäre? Ich glaube eher nicht.

Es kommt auf die Kleinteiligkeit an und das ist auch wichtig für Bet Debora. Unsere Tagungen finden immer wieder an verschiedenen Orten statt, so z. B. in Budapest (2006) oder Sofia (2009). Wir versuchen, mit jüdischen und nicht-jüdischen Institutionen vor Ort zu kooperieren; in Budapest bspw. mit dem Genderinstitut der Central European University. Wir wollen nicht nur eine Berliner Gruppe sein, die dann in die verschiedenen Städte reist und dort eine Tagung durchführt. Sondern wir wollen zusammenarbeiten und das Programm gemeinsam gestalten, mit den Frauen vor Ort. So füllt sich der Netzwerkgedanke ‚europäisch' und jede Veranstaltung ist von besonderen Impulsen geprägt.

HP: Welche Rolle spielen Generationen? Bei Bet Debora treffen vor allem die Zweite und Dritte Generation aufeinander, Frauen, die unterschiedlich politisch sozialisiert sind, mit Migrationsgeschichten und in unterschiedlichen Lebensphasen. Was hält euch zusammen und was sind Differenzen?

TB: 1998, das war eine Zeit der ‚Jungen Wilden'. Wir wollten uns von Zwängen befreien. Ein bisschen ist das sicher geblieben. Bei der ersten Konferenz 1999 kamen Frauen zwischen zwanzig und neunzig Jahren zusammen, es war altersmäßig sehr gemischt. Auch in unserer aktuellen Kerngruppe sind Frauen zwischen 22 und 65 dabei. Wir sind eine sehr kleine Gruppe mit verhältnismäßig großer Außenwirkung. Wir sind für viele attraktiv, weil wir eine weniger klare Stoßrichtung kommunizieren. Das macht uns offen und ermöglicht ein Netzwerk für verschiedene Strömungen. Wir müssen – um Diversität möglich zu machen – breit sein.

Es gibt wenig Konflikte und mehr Engagement, in dem die verschiedenen Vorstellungen aufgehen – wie auch bei den Tagungen immer wieder sichtbar wird. Visionen kommen zusammen, Unterschiede treten hervor – genau davon lebt das feministische Netzwerk und entwickelt sich weiter. Wir sind gerade nicht homogen und bleiben nicht stehen.

Es ist immer wieder spannend, die alten Fragen neu zu diskutieren. Was sind die aktuellen Forderungen der Dritten oder vielleicht schon Vierten Generation? Die Debatten der 1980er und 1990er Jahre werden neu gefüllt. Die fortwährende Auseinandersetzung mit den Fragen ist Kern der emanzipatorischen Kultur und diesen Raum wollen wir schaffen.

HP: Was waren und sind Reaktionen ‚von außen' auf eure Arbeit? Also von Männern, vom sogenannten jüdischen Establishment oder aber auch von anderen Minderheitengruppen oder nicht-jüdischen feministischen Gruppen?

TB: Subjektiv war es in erster Linie ein Aufbruch, ein feministischer Aufbruch und eine Rückkehr zu Traditionen der jüdischen Frauenbewegung und eines progressiven Judentums, die früher in Deutschland stark verankert waren. Natürlich stand in den 1990er Jahren in den jüdischen Gemeinden die Einwanderung von Jüdinnen und Juden aus den Ländern der ehemaligen Sowjetunion und deren Integration im Mittelpunkt. Die Gemeinden waren mehrheitlich traditionell, also orthodox. Die Ideen des Reformjudentums wurden nicht mit großer Begeisterung aufgenommen, aber auch das war je nach Gemeinde unterschiedlich. Die 1990er Jahre waren eine Aufbruchszeit, und Andreas Nachama, der damalige Vorsitzende der jüdischen Gemeinde in Berlin, hat Bet Debora viel Zuspruch gegeben. Dieser Zuspruch und die Unterstützung waren wichtig, auch wenn es viel Kritik an den Gemeindestrukturen gab.

Aus nicht-jüdischen Kreisen kriegen wir viele Anfragen, oft mehr, als wir beantworten können. Häufig kommen diese aus dem interreligiösen Dialog. Neben den Anfragen und dem Zuspruch lösen wir auch oft Verwirrung aus. Feministische Jüdinnen? Das entspricht gar nicht dem stereotypen Bild der Juden, das viele Menschen haben. Wir waren eingebunden beispielsweise in die interreligiöse feministische Zeitschrift *Inta*, die von 2014 bis 2016 erschien, und zwischen 2001 und 2004 haben wir in dem interreligiösen Projekt „Sarah – Hagar: Politik, Religion, Gender" unter dem Dach der überparteilichen Fraueninitiative „Berlin – Stadt der Frauen" mitgearbeitet. Oder aber in das Gedenken an die Rosenstraße in Berlin, an dem auf unsere Initiative hin feministische Gruppen und Organisationen beteiligt sind. Was man dazu sagen muss, in Berlin sind wir in einer sehr privilegierten Situation. Hier versammeln sich so viele progressive Kräfte. Wie das in München, Görlitz oder Duisburg ist, will ich mir gar nicht vorstellen.

**HP:** Wie ist denn konkret der Austausch mit anderen Minderheitengruppen? Gibt es da eine Zusammenarbeit?

**TB:** Hier muss ich wieder von einem Spagat sprechen. Auf unseren Tagungen gibt es Frauen, denen das Treffen anderer (feministischer) Jüdinnen sehr wichtig ist. Dann gibt es andere, die gerne mehr Austausch mit anderen Gruppen hätten. Wir versuchen da ein Gleichgewicht herzustellen. Mehrheitlich kommen schon Jüdinnen. Aber bei der Tagung 2015 hatten wir auch eine Vertreterin der Roma-Community aus Polen dabei und haben über den Umgang mit dem Genozid an den Sinti und Roma und Erinnerungskultur gesprochen. In Berlin treffen wir uns regelmäßig mit armenischen Frauen. Der interkulturelle und auch interreligiöse Austausch ist uns wichtig, aber nicht das Zentrum unserer Arbeit. Wir versuchen immer über Themen auch jenseits der Religion zu sprechen.

**HP:** Was ist mit politischen Allianzen? Kann man manchmal die privilegierte jüdische Stimme in Deutschland nutzen, um die Anliegen anderer Gruppen voranzubringen?

**TB:** Das ist tatsächlich schwierig. Denn dieses Privileg einer jüdischen Stimme und die damit zusammenhängende Deutungshoheit verringert sich, sobald man als feministische Jüdin und nicht etwa als Vorstand oder Vorsitzende einer jüdischen Institution spricht. Und sobald das Thema nichts mit der Shoah zu tun hat. Man ist als Feministin eher eine kontroverse Gesprächspartnerin.

Zusammenarbeit mit Gruppen gibt es. Aber vielleicht weniger als in anderen politischen Zusammenhängen, da wir gezielt in die jüdische Welt hineinwirken wollen. Allianzen finden vor allem auf den Tagungen Ausdruck und sind mit anderen (vor allem) jüdischen Frauen und Frauengruppen in Europa vorhanden.

Insgesamt arbeitet Bet Debora basisorientiert. Wir sind eine Frauenorganisation. Wir erhalten wenig institutionelle Förderung und unsere ganze Arbeit basiert auf ehrenamtlichen Tätigkeiten. Auch das begrenzt unsere Wirkungsmacht.

HP: Die Diversität, die bei Bet Debora zum Vorschein kommt, könnte man auch als einen Beitrag zur Post-Migrationsgesellschaft verstehen, oder?

TB: Das stimmt. Hier kommen wirklich sehr unterschiedliche Menschen zusammen und es geht um Fragen der Selbstdefinition. Hier treffen sich Frauen, die bereits in den 1990er Jahren in egalitären Minjanim, Rosch Chodesch-Gruppen oder anderen Initiativen und alternativen jüdischen Gruppen aktiv waren. Aber auch Frauen, die einen ganz anderen Hintergrund haben und andere Perspektiven einbringen. Bei Bet Debora findet sich ein bunter Feminismus – auch wenn es für meinen Geschmack ja immer noch ein bisschen bunter sein und werden kann. Insgesamt muss man sagen, dass die feministischen Bewegungen in Deutschland gerade nicht so attraktiv sind. Das ist vielleicht auch ein Grund, weshalb wir so klein bleiben.

HP: Du hast schon ein bisschen angedeutet, was du dir für die Zukunft wünschst: Es könnte noch ein bisschen bunter und aktiver und feministischer werden. Was wünschst du dir darüber hinaus? Was sind die Pläne von Bet Debora?

TB: Wir wachsen weiter und die Diversität wird größer. Das ist toll. Wir wollen größere Diskussionsräume für Juden und Jüdinnen und ihre vielfältigen Perspektiven mitgestalten und öffnen. Und wir wollen das Netzwerk weiter ausbauen, das heißt, uns an anderen Standorten in Europa weiterentwickeln, also mit mehr Initiativen zusammenarbeiten. Die Kleinteiligkeit habe ich schon angesprochen: Es geht auch um lokale Arbeit und kleine Wirkungsbereiche. Durch Lokalität wächst auch die Vielfalt. In Berlin gibt es vier bis sechs Veranstaltungen im Jahr.

2018 oder 2019 wird es erneut eine Bet Debora-Konferenz geben. Das ist auch eine Jubiläumsveranstaltung, denn Bet Debora feiert dann zwanzigjähriges Gründungsjubiläum. Sie wird in Berlin stattfinden, sozusagen am Ursprungsort. Wir wollen die letzten zwanzig Jahre diskutieren, genauso wie in die Zukunft schauen. Wo stehen wir heute und wo wollen wir hin? Erste Überlegungen gibt es schon und wir wollen mit viel Vorlauf planen und ausschreiben. Ich wünsche mir vor allem, noch tiefer in die Debatten einzutauchen. Wir wollen alle einladen mitzustreiten. So klein wir und unsere Ressourcen sind, wollen wir trotzdem ein wichtiger Teil eines demokratischen und pluralistischen Judentums werden und gemeinsam daran arbeiten.

HP: Und last but not least: Was ist dir persönlich besonders wichtig oder was hat dich in deiner Arbeit mit Bet Debora besonders geprägt?

TB: Mir ist gerade in den letzten Jahren noch einmal klargeworden, dass ich eine Berliner Perspektive auf jüdisches Leben habe und dass diese bei Weitem keine selbstverständliche ist. Sie ist enorm privilegiert, insbesondere im Vergleich zu den anderen Ländern in Europa, aber auch innerhalb von Deutschland selbst. Vielleicht ausgenommen Frankreich und Großbritannien. Hier gibt es Debatten darüber, wie viel Einfluss die Shoah auf jüdische Identitätsbildung haben soll. In manchen Ländern wäre frau froh, wenn die Shoah überhaupt einmal thematisiert und es irgendeine Form der Vergangenheitsaufarbeitung gäbe. Ich kann zwischen einer großen Zahl an jüdischen Initiativen, Vereinen, religiösen Ausrichtungen und Strukturen wählen. Andernorts gibt es nicht so viel Auswahl. Mit solchen Unterschieden möchte ich mich gerne mehr beschäftigen und die Diversität noch besser verstehen. Bet Debora gibt dafür einen tollen Rahmen.

# 2 — ב

# SELBSTERMÄCHTIGUNG

# EMPOWERMENT UND SELBSTERMÄCHTIGUNG

## *Der Versuch einer Begriffsentwirrung*

MARINA CHERNIVSKY

Der Grundgedanke von *Empowerment* ist wesentlich älter als der Begriff selbst. Übersetzt bedeutet ‚power' u. a. ‚Macht', ‚Kraft', ‚Fähigkeit' oder ‚Gewalt'. Die dazugehörigen Sprachwendungen – *Selbstermächtigung*, Selbstwirksamkeit, Ressourcenförderung, Potentialentfaltung, Machtgewinnung – sind Synonyme und gleichzeitig Handlungskonzepte, die u. a. in der Sozialen Arbeit Tradition haben und in den letzten Jahren zum Trend der historischen, psychosozialen und bildungspolitischen Arbeit avanciert sind.

In der Literatur finden sich viele Versuche einer umfassenden Begriffsbestimmung, ein gemeinsamer Kern ist jedoch das Angebot, Empowerment unter Berücksichtigung seiner unterschiedlichen Wirkungsbereiche und Anwendungsgebiete als ein definitorisches Dach für *Selbstbefähigung*, *Selbstbemächtigung*, *Stärkung der Eigenmacht* und *Autonomie* zu verstehen:

> *Empowerment bezeichnet biografische Prozesse, in denen Menschen ein Stück mehr Macht für sich gewinnen – Macht verstanden als Teilhabe an politischen Entscheidungsprozessen* (participation in political decision-making) *oder aber als gelingende Bewältigung alltäglicher Alltagsherausforderungen* (mastery of own affairs).[1]

Als sozial-politisches Konstrukt richtet es sich idealtypisch an Menschen und Gruppen, die durch Ideologien und Herrschaftsverhältnisse wie Rassismus, Antisemitismus, Klassismus, Sexismus, Heteronormativität u. a. *verandert*,[2]

1 Norbert Herriger: Empowerment-Landkarte. Diskurse, normative Rahmung, Kritik. In: *Aus Politik und Zeitgeschichte* 13–14 (2014), S. 39–46. http://www.bpb.de/apuz/180866/empowerment-landkarte?p=all (Zugriff am 29.11.2016); ders.: *Empowerment in der Sozialen Arbeit. Eine Einführung*. Stuttgart: Kohlhammer 2010.

2 *Ver-anderung* ist eine von Julia Reuter eingeführte Übersetzung für *Othering*. Der Begriff bezeichnet die Markierung von Mitgliedern einer sozialen Gruppe als ‚anders' und different zur Eigengruppe sowie die Zuordnung der Anderen als Wesentlich-Andere bzw. Nicht-Zugehörige. Beim Othering handelt es sich nicht um tatsächliche Differenzen zwischen Gruppen, sondern um Differenzmachung durch Differenzmaßstäbe, die aus der Eigengruppe heraus definiert und in Normen verankert werden. Die Vorstellungen von Differenz können sich im Laufe der Zeit und in verschiedenen gesellschaftlichen Kontexten verändern, sie können aber auch über Jahrhunderte gleich bleiben, wie beispielsweise Antisemitismus zeigt. Vgl. dazu Stuart Hall: The

fremdgemacht oder auch (strukturell) diskriminiert wurden. In der sozialen und politischen Geschichte der Menschheit ist die Idee einer individuellen und kollektiven Selbstermächtigung kein Novum, sondern eine altvertraute Grundorientierung im ‚Kampf' um Selbstbestimmung und Autonomie. In der Entwicklungsgeschichte dieses Konstrukts ergeben sich daher zwei grobe Traditionslinien: Empowerment als *(kollektiver) Prozess der Selbstermächtigung* und als *professionelle Unterstützung der Autonomiegewinnung*, beispielsweise im Feld der psychosozialen Arbeit. Als Signum einer neuen Kultur des politischen und sozialen Handelns erscheint der Begriff ‚Empowerment' zum ersten Mal in Barbara Solomons *Black Empowerment: Social Work in Oppressed Communities* (1976).[3] Hier steht der Gedanke der Selbstermächtigung *in* oder *durch* Soziale Arbeit im Schnittfeld der Tradition von Bürgerrechtsbewegung sowie radikalpolitischer Gemeinwesensarbeit und spiegelt sich in der sozialraumbezogenen Sozialen Arbeit wider, die das Wiederherstellen von Autonomie und Handlungsfähigkeit der benachteiligten Gruppen gezielt unterstützt.

Die treibende Kraft hinter diesen Konzepten war immer schon die Wieder-Gewinnung der sozialen und politischen Macht sowie das Durchsetzen von Bedürfnissen nach Gleichberechtigung und Anerkennung, die bei *veranderten* gesellschaftlichen Gruppen durch soziale Dominanz, Machtasymmetrien und Diskriminierungspraktiken permanent ‚beschnitten' bzw. infrage gestellt werden. Durch die Bürgerrechtsbewegung der 1950er und 1960er Jahre entwickelte sich der Begriff ‚Empowerment' zu einem sozialkritischen und gesellschaftspolitischen Konstrukt. Die Black-Power-Bewegung in den USA forderte ein *empowerment of black communities* gegenüber der in den USA herrschenden rassistisch-segregativen Politik, und die expandierende Frauenbewegung setzte immer mehr auf Dekonstruktion und Abbau struktureller Macht- und Diskriminierungsverhältnisse. Diese Bewegungen gelten bis heute als Beispiele eines sich langsam vollziehenden Bewusstseinswandels, der eine radikale Veränderung im Denken und Handeln von Gruppen nach sich zieht und dem hierarchisierenden Strukturprinzip eines tief internalisierten Rassismus und Sexismus standhaft entgegenwirkt. Das markante Ergebnis dieser emanzipatorischen Bewegungen ist letztendlich die Etablierung eines neuen politischen Bewusstseins marginalisierter Gruppen in ihrem Umgang mit Dominanz und Unterdrückung als eine Form kollektiver Selbstorganisation zwecks Sichtbarmachung und Entwicklung durchsetzungskräftiger Instrumentarien im Kampf um soziale Anerkennung und Gerechtigkeit.

> Empowerment *bedeutet die Freiheit, als Selbst existieren zu können, ohne sich Handlungszwängen zu beugen, die von außen aufgrund sozialer Kategorien (wie „Rasse", Klasse, Gender, Disability u. a.) an uns herangetragen werden und die uns in unserer Sozialisation prägen. Daher richtet sich Empowerment an Menschen, die durch diese Herrschaftsverhältnisse [...] unterdrückt werden.*[4]

Spectacle of the 'Other'. In: Ders. (Hrsg.): *Representation. Cultural Representations and Signifying Practices*. London: Sage 2013, S. 223–290; Julia Reuter: *Ordnungen des Anderen. Zum Problem des Eigenen in der Soziologie des Fremden*. Bielefeld: Transcript 2002.

3 Barbara Bryant Solomon: *Black Empowerment: Social Work in Oppressed Communities*. New York: Columbia UP 1976; dies.: Black Empowerment: Social Work in Oppressed Communities. In: *Social Service Review* 52,1 (1978), S. 157–158.

4 Natascha Nassir-Shahnian: Dekolonisierung und Empowerment. In: Heinrich-Böll-Stiftung (Hrsg.): *Empowerment Dossier*. Berlin: Selbstverlag 2013, S. 16–25, hier S. 17.

So gesehen verwandelt sich die Empowerment-Bewegung zu einem Politikansatz, der die *Veranderung* der Anderen als Gegenbild zur eigenen Gruppe/Nation entlang konstruierter biologischer, kultureller oder religiöser Unterscheidungen als ein konstitutives Element der Gesellschaft begreift und die Kritik am *Othering* zum klaren Ausgangspunkt seines politischen und sozialen Engagements erklärt.[5] Das Kollektiv spielt dabei eine zentrale Rolle, das Subjekt bleibt jedoch nicht außen vor, sondern wird vielfach ermutigt, seine Rechte auf Anerkennung, soziale Sichtbarkeit und Chancengleichheit einzufordern, um Segregation und Diskriminierung entgegenzutreten. Das Konzept Empowerment ist folglich kein Wundermittel gegen alltägliche und strukturelle Diskriminierung, aber eine wichtige Form subversiven Handelns, das kollektiven Widerstand anstrebt und gleichzeitig das geistige Wohlbefinden marginalisierter Individuen und Gruppen in den Vordergrund stellt:

> *Gemeint ist ein Prozess, in dem benachteiligte Menschen ihre eigenen Kräfte entwickeln und Fähigkeiten nutzen, um an politischen und gesellschaftlichen Entscheidungsprozessen teilzuhaben, um so ihre Lebensumstände und Entwicklungsmöglichkeiten zu verbessern – unabhängig vom Wohlwollen der Mehrheitsangehörigen. Dazu zählen Konzepte und Strategien, die dazu beitragen, dass Menschen in (vordergründig) marginalisierten Positionen ein höheres Maß an Selbstbestimmung und Autonomie erhalten und ihre Interessen eigenmächtig, selbstverantwortlich und selbstbestimmt vertreten und durchsetzen können.*[6]

Die historische Perspektive auf Empowerment macht deutlich, dass sowohl der Begriff als auch seine Interpretation in jener Epoche an Bedeutung gewann, als mit der Bürgerrechts- und Frauenbewegung die politische Idee des Empowerment in vielfältigem Protest ihren Ausdruck fand. Der Empowerment-Gedanke entstand aus konkreten gesellschaftlichen Ungleichheitsverhältnissen heraus mit dem Ziel eines transformativen gesellschaftlichen Prozesses, der nicht primär nach ‚selbstverwirklichten' Individuen strebt, sondern nach Sichtbarkeit und Anerkennung sowie Chancengleichheit und gerechter Verteilung gesellschaftlicher Güter. Zentral für das Verständnis dieses überwiegend sozialkritischen Prozesses ist immer noch der Umstand, dass der Protest intrinsisch motiviert war und aus einem erwachsenen Selbstbewusstsein der gesellschaftlich marginalisierten Gruppen hervorgegangen ist. Empowerment ist demzufolge kein Konzept zur individuellen Selbstverwirklichung, sondern vielmehr eine eigens initiierte, konkrete politische Forderung gesellschaftlicher Gruppen, die über einen langen Zeitraum Unterdrückung und Benachteiligung erfahren haben.[7] Diese

5 Kien Nghi Ha: Identität, Repräsentation und Community-Empowerment – Essay. In: *Aus Politik und Zeitgeschichte* 13–14 (2014), S. 98–118. http://www.bpb.de/apuz/180861/identitaet-repraesentation-und-community-empowerment?p=all (Zugriff am 29.11.2016).

6 Glossar IDA e. V.: Empowerment. https://www.idaev.de/recherchetools/glossar/glossar-detail/?tx_dpnglossary_glossarydetail%5Bterm%5D=12&tx_dpnglossary_glossarydetail%5Baction%5D=show&tx_dpnglossary_glossarydetail%5Bcontroller%5D=Term&cHash=baf546f67d046aadd0a7c18e8fef5573 (Zugriff am 14.02.2017).

7 Marina Chernivsky / Christiane Friedrich: Empowerment – Überlegungen zu einem politischen Begriff. In: ZWST (Hrsg.): *Antisemitismus und: Empowerment. Perspektiven, Ansätze, Projektideen*. Frankfurt am Main 2015, S. 44–56. http://zwst-kompetenzzentrum.de/wp-content/uploads/2016/09/KoZe_Imagebroschüre_web.pdf (Zugriff am 14.02.2017).

Überlegung ist ein überaus wichtiger Aspekt für die kritische Betrachtung aktuell gängiger Empowerment-Ansätze im psycho-sozialen, sozial-pädagogischen, edukativen oder auch medial-politischen Bereich. Der Blick auf aktuell dominierende Empowerment-Projekte offenbart den Einzug des Ansatzes in die hiesigen sozialen Professionen und seine Avance zur trendigen und oftmals wenig reflektierten Arbeitsrichtung.[8]

Ein weiterer Kritikpunkt am Empowerment-Ansatz ist die Annahme, dass die Selbstorganisation von Gruppen entlang identitätsstiftender und gleichzeitig rassialisierter Merkmale eine akzentuierte Benennung rassistischer Kategorien nach sich zieht und die bereits existierenden Differenz- und Fremdsetzungen unwillentlich verstärkt. Es kommt zudem zwangsläufig zu Hierarchisierungen bestimmter Kategorien – beispielsweise der ‚Herkunft' (hier auch Migrationshintergrund) – unter Ausblendung anderer Kategorien wie Alter, sozialem Status oder auch Gesundheit.

> *Allerdings gleicht dieses Argument der* Vogel-Strauß-Methode, *da die Macht rassistischer Unterscheidungspraktiken und Benennungen nicht aus der Welt geschafft wird, indem sie in der Auseinandersetzung ignoriert wird. Die reale Macht und das Fortwirken kolonialrassistischer Denk- und Wahrnehmungsmuster analytisch anzuerkennen und identitätspolitische Gegenstrategien zu entwerfen, etwa in Form eines „strategischen Essenzialismus" (Gayatri Spivak), bedeutet keineswegs, die historisch durchgesetzte Unterscheidung der Welt in Schwarz und Weiß zu affirmieren.*[9]

8 Herriger: Empowerment-Landkarte.

9 Ha: Identität, Repräsentation und Community-Empowerment, S. 32.

Das Begreifen des Rassismus als einem historisch vermittelten kollektiven Wissensbestand, welcher auf alle Beteiligten einwirkt und sich auf allen Ebenen der gesellschaftlichen Organisation – in der Sprache, in Gedanken und in Institutionen – fort- und festschreibt, setzt voraus, dass seine Struktur und Wirkung klar benannt werden müssen. Es ist wichtig anzuerkennen, dass rassistische Positionen vielfältig eingenommen und reproduziert werden, oft unwillentlich und ohne Absicht. Auch deshalb haben Menschen mit eigenen Diskriminierungserfahrungen das Recht, ihr Umfeld auf ihre Erfahrungen und Positionen aufmerksam zu machen, um gehört, aber auch nicht vereinnahmt zu werden. In diesem Spannungsfeld spielen akzentuierte Selbstbenennungen eine zentrale Rolle und sind aufgrund ihrer politischen Wirkungskraft sogar unabdingbar.[10] Empowerment als eine Form des *strategischen Essenzialismus* kann also bedeuten, die machtvoll zugewiesenen Identitätsordnungen als Ausgangspunkt für Solidarisierungsprozesse „unter Diskriminierten" zu bündeln und

10 Nennenswerte Beispiele der letzten Jahre sind die Initiative Schwarzer Deutscher (ISD) oder auch die Neuen Deutschen Organisationen. Die ISD versteht sich nicht als alleinige Vertreterin Schwarzer Menschen in Deutschland, sondern vielmehr als Teil der Schwarzen Community. Zu ihren Aufgaben gehören die Vertretung von Interessen Schwarzer Menschen in Deutschland, Förderung kritischen Bewusstseins gegenüber Rassismus, Vernetzung und politische Bildungsarbeit. Neue Deutsche Organisationen sind ein Zusammenschluss aus rund 80 Initiativen (Stand 2016) der zweiten und dritten Generation Eingewanderter aus ganz Deutschland. Die Neuen Deutschen Organisationen bezeichnen sich nicht mehr als ‚Ausländer' oder ‚Migrantenvereine', sondern wollen klarstellen, dass sie selbstverständlicher Teil der deutschen Gesellschaft sind. Sie fordern mehr Selbstbestimmung bei Selbstbezeichnungen und Verortungen, sie streben Professionalisierung und Vernetzung an und setzen auf eine Gesellschaftspolitik, die sich – anstelle einer fremdmachenden Integrationspolitik der Bundesregierung – an alle Bevölkerungsgruppen richtet.

zu nutzen. Er kann auch bedeuten, diskursive Denk- und Erfahrungsräume oder auch Strukturen zu erschaffen, um dort die verleugneten, verdrängten und umgedeuteten Biographien für sich neu zu entdecken und dem Einfluss des hegemonialen Wissens entgegenzuwirken.[11]

Die kritischen Antidiskriminierungsbewegungen der letzten Jahrzehnte tragen u. a. dazu bei, dass der Empowerment-Gedanke als ein praktischer Ansatz gegen Entmachtung *(disempowerment)* immer mehr an Bedeutung gewinnt. In der politischen Bildung und Empowerment-Pädagogik folgt er unter anderem dem *Critical-Consciousness-Ansatz* von Paulo Freire,[12] der als ‚Praxis der Befreiung' explizit darauf ausgerichtet ist, Bewusstwerdungsprozesse bei den Unterdrückten zu initiieren, um soziale, politische und wirtschaftliche Dispositionen der Dominanz und Unterdrückung zu begreifen und Gegenmaßnahmen zu initiieren. Hierfür sollen dialogische – hier auch herrschaftsfreie – Diskurs- und Erfahrungsräume etabliert werden, um das Gefühl der Entfremdung und Entmachtung in ein Gefühl der wiedergewonnenen Selbstkontrolle zu verwandeln und den stärkenden Empowerment-Raum dafür zu nutzen, eigene geistige und soziale Integrität wiederherzustellen. Das Ziel ist die Entwicklung eines *kritisch transitiven Bewusstseins* – hier als Kritik der Wirklichkeit im Kopf – und die Initiierung sozialer und politischer Transformationsprozesse. Dazu gehören in erster Linie die Überwindung der erlernten *Sprachlosigkeit*, die kritische Reflexion *unterdrückender Differenz- und Fremdsetzungen* sowie die Planung *widerständiger Aktionen*. Die Aneignung von Macht und Abwehr der Machtlosigkeit sind dabei von zentraler Bedeutung.

Nicht unwesentlich ist die kritische Betrachtung des eigenen Handelns im Kontext der Empowerment-Arbeit. Ein ganz wesentliches Element in der Arbeit *mit* und *zum* Empowerment besteht darin, sich eigener Verstrickungen in vorherrschenden Normmaßstäben und Machtverhältnissen bewusst zu werden und sich mit diesen Wirkungen der sozialen Ordnung aktiv zu befassen. Machtvolle soziale Konstruktionen wie ‚Rasse', Klasse, (Cis-)Gender, Religion, Alter und Ability sind dabei ausschlaggebend. Es geht vor allem darum, die verinnerlichten Dominanzkulturen zu überwinden und das eigene pädagogische Handeln kritisch in den Blick zu nehmen.[13]

Langfristig gesehen kann die Idee der Selbstermächtigung erst dann im vollen Maße ihre Wirksamkeit entfalten, wenn sie ein doppeltes Ziel verfolgt: zum einen auf die hiesigen Dominanzverhältnisse einzuwirken und Bewusstwerdungsprozesse von Mehrheiten in Gang zu setzen, zum anderem Zugänge zu Eigenmacht, Ressourcenwissen und Wissensgemeinschaften für *veranderte* Individuen wie auch Gruppen zu ermöglichen.[14] Die Perspektive derjenigen, die von Fremdmachung, Abwertung und Ausgrenzung unmittelbar adressiert werden, unterscheidet sich in der Regel von der Perspektive derjenigen, die mit solchen Erfahrungsdimensionen nicht konfrontiert werden. Die Perspektiven der Minderheiten werden selten gehört und noch seltener in die politischen und sozialen Verhandlungen einbezogen. Am Beispiel der Beschäftigung mit historischem und aktuellem Antisemitismus wird deutlich, dass die Fixierung auf antisemitische

11 Vgl. Ha: Identität, Repräsentation und Community-Empowerment, S. 32.

12 Paulo Freire: *The Politics of Education: Culture, Power and Liberation*. Santa Barbara: Bergin & Garvey 1985.

13 Chernivsky / Friedrich: Empowerment.

14 Ha: Identität, Repräsentation und Community-Empowerment, S. 32.

Einstellungen die Einbeziehung derer, die von Antisemitismus heute noch getroffen werden, weitgehend überlagert hat. Ein Perspektivwechsel auf die Wirkung des Antisemitismus stellt sich jedoch nicht von selbst ein, sondern bedarf Anregung, politischer und pädagogischer Unterstützung.[15]

Für jüdische Menschen, deren lebensgeschichtlicher Hintergrund oft durch *Veranderung* und Differenzsetzung geprägt ist, bietet der Empowerment-Ansatz eine wichtige Brücke zu selbstinitiierten und eigengesteuerten Prozessen der Identitätsstärkung und Selbstorganisation. Gleichwohl besteht die Vision der Empowerment-Strategie auch darin, *jüdische Perspektivierung* auf Antisemitismus sichtbar zu machen und einen kritischen Diskurs über die Verankerung von Antisemitismus in der *nicht-jüdischen* Mehrheitsgesellschaft in Gang zu setzen.[16]

**15** Astrid Messerschmidt: Vortrag bei der Tagung „Das Gerücht über die Juden" der Evangelischen Akademie Berlin am 05.09.2015.

**16** Ein Beispiel für die politische und pädagogische Umsetzung des Empowerment-Ansatzes ist die Arbeit des 2015 gegründeten Kompetenzzentrums für Prävention und Empowerment der Zentralwohlfahrtsstelle der Juden in Deutschland (ZWST).

# VERSTRICKUNGEN UND VERBINDUNGEN[1]

PASQUALE VIRGINIE ROTTER

**SICH SOLIDARISIEREN**

Juden sollten sich mit deutschen Muslimen solidarisieren
hört man
was Diskriminierung in Deutschland betrifft

Deutsche Muslime sollten sich mit Schwarzen Deutschen solidarisieren
sagt man
was Rassismus in Deutschland betrifft

Schwarze Deutsche sollten sich mit Asiatischen Deutschen solidarisieren
liest man
was kolonialrassistische Darstellungen in Deutschland betrifft

Asiatische Deutsche sollten sich mit Russlanddeutschen solidarisieren
hört man
was die Konstruktion als gute „Ausländer" in Deutschland betrifft

Russlanddeutsche sollten sich mit Refugees solidarisieren
liest man
was die deutsche Asyl- und Migrationspolitik betrifft

1 Dieser Artikel ist in gekürzter Fassung erschienen, siehe Pasquale Virginie Rotter: Sich solidarisieren oder: Ein Wunschkonzert. In: Verein für Demokratische Kultur in Berlin (VDK) e. V. / Recherche- und Informationsstelle Antisemitismus Berlin (RIAS) (Hrsg.): *Wir stehen alleine da. #EveryDayAntisemitism sichtbar machen und Solidarität stärken. Neue Wege der Erfassung antisemitischer Vorfälle – Unterstützungsangebote für die Betroffenen.* https://report-antisemitism.de/Wir-stehen-alleine-da.pdf (Zugriff am 09.02.2017).

Refugees sollten sich mit Frauen solidarisieren
hört man
was die Rechte von Frauen und Queers in Deutschland betrifft

Frauen und Queers sollten sich mit allen solidarisieren
sagt mensch

Alle sollten sich mit Schwarzen Deutschen solidarisieren
liest man
was Racial Profiling in Deutschland betrifft
Schwarze Deutsche sollten sich mit Juden solidarisieren
sagt man
was antisemitische Stimmen in der Kritik an Israel betrifft

Wenn sich alle so solidarisieren könnten, wie sie sollten,
wäre Solidarität nicht mehr notwendig.
August 2014

Welche Möglichkeiten und Anknüpfungspunkte solidarischer Bündnisse zwischen Schwarzen Deutschen bzw. Schwarzen Menschen in Deutschland sowie deutschen Jüdinnen und Juden bzw. Jüdischen Deutschen gibt es? Vermutlich werden wir, je nachdem wen wir fragen und wo sich die Person im politischen Spektrum befindet, sehr unterschiedliche Antworten auf die Frage nach den Möglichkeiten von Solidarisierung bekommen. Da ich nun schon nach wenigen Zeilen verunsichert bin, halte ich mich für den Einstieg an den *Duden*, er beschreibt ‚Solidarität' 1) als (besonders in der Arbeiterbewegung) „unbedingtes Zusammenhalten mit jmd. aufgrund gleicher Anschauungen und Ziele" und 2) als „auf das Zusammengehörigkeitsgefühl u. das Eintreten füreinander sich gründende Unterstützung", sowie ‚solidarisieren' als 1) „für jemanden, etwas eintreten, um gemeinsame Interessen und Ziele zu verfolgen" und 2) „zu solidarischem Verhalten bewegen". Doch auch dem Duden vertraue ich nicht. Denn unter einer kolonialrassistischen Bezeichnung für Schwarze Menschen weist er auf die Auffassung hin, dass diese Bezeichnung „im öffentlichen Sprachgebrauch als stark diskriminierend" gilt und „deshalb vermieden" wird, bietet jedoch als Alternative zugleich die rassistische Bezeichnung „Farbiger, Farbige" an.[2] Das geht ja schon mal gar nicht, doch das ist ein anderes Thema. Obwohl, vielleicht auch nicht. Wie großartig wäre es eigentlich, wenn es auf *duden.de* einen eigenen Eintrag für ‚N-Wort' gäbe? Ein Eintrag, der erklärt, warum so viele (Schwarze) Menschen sich entschieden haben, diese deutsche kolonialrassistische Bezeichnung für Schwarze Menschen nicht auszusprechen und stattdessen abzukürzen? Von diesem Eintrag

2 Zum rassistischen Gehalt des Begriffs siehe: Farbiger, Farbige. In: *Afrika und die deutsche Sprache. Ein kritisches Nachschlagewerk*, hrsg. v. Susan Arndt/Antje Hornscheidt. Münster: Unrast 2004. S. 128–131.

würden Verweise zu den Begriffen ‚(deutscher) Kolonialismus', ‚Sprache', ‚Trauma' und dem ebenso – von mir überarbeiteten – Eintrag zu ‚Political Correctness' führen. Sind Sie zufällig jüdische Hobbyhacker_in und haben Lust auf eine *Revolutionize-the-German-Duden*-Zukunftswerkstatt mit mir? Sie können mich über die *Jalta*-Redaktion kontaktieren.[3]

Eigentlich sind wir schon mitten drin: Wie hilfreich ist eigentlich der Begriff der Solidarität als Ausgangspunkt, um mich auf die Suche nach Verbindungen zwischen Schwarzen und Jüdischen Perspektiven zu machen? Und was ist eigentlich mit Schwarzen deutschen Jüdinnen und Juden, ostdeutschen Schwarzen, migrierten Jüdinnen und Juden, Schwarzen Migrant_innen oder ostdeutschen Jüdinnen und Juden? Oder imaginieren wir auch hier voneinander getrennte Identitäten und Lebensrealitäten und warum eigentlich?

Sich all diesen Fragen zu stellen – als eine am Ende der 1970er Jahre in Genf geborene, in Wien der 1980er und 1990er Jahre sozialisierte und seit den 2000ern in Berlin lebende Schwarze Frau – ist schon fast ein Wagnis. Auch als Schwarze Frau mit meinen biographischen weltgeschichtlichen Verstrickungen sowohl ‚täterlicher-' als auch ‚opferlicherseits' ist es ein Wagnis. Väterlicherseits reichen die Verstrickungen bis zu den Verbrechen König Leopolds von Belgien, der christlich-protestantischen Mission, des CIA und Belgiens zurück. Letztere installierten, nachdem sie den ersten Premierminister des unabhängigen Kongos Patrice Émery Lumumba ermordet hatten, den Diktator Joseph-Desiré Mobutu. Dessen Gier und der Rohstoffhunger der Industrie- und Schwellenländer beuteten das Land massiv aus und waren ursächlich für den opferreichsten Krieg seit dem 2. Weltkrieg, dem Kongo-Krieg, ein Krieg in einem der reichsten Länder Afrikas, der Demokratischen Republik Kongo. Mütterlicherseits reichen die Verstrickungen bis zu den Verbrechen der Wehrmacht und weiterer Institutionen des Nazi-Regimes sowie zu den Kriegsverbrechen der Sowjetischen Streitkräfte während und nach dem 2. Weltkriegs zurück – wobei es kein Zufall ist, dass ich für die Verstrickungen der Familie meiner weißen österreichischen Mutter viel schwerer und deshalb auch viel weniger Worte finde, um sie zusammenzufassen, als für die meines Schwarzen kongolesischen Vaters. Es ist und bleibt also ein Wagnis. Oder eine Chance. Denn schon in der kleinen sozialen Gruppe Familie machen die ineinander verwobenen Verstrickungen es zu einer nahezu unmöglichen Gratwanderung, die Grenzen zwischen Täter_innen und Opfern durchgehend haarscharf zu ziehen. Solidarisierungsprozesse, die auf einer klaren Vorstellung von Gut und Böse, Richtig und Falsch basieren, sind allemal leichter zu gestalten als solche, die ernsthaft versuchen, den Familiengeschichten und den eigenen emotionalen und transgenerational weitergereichten, inkorporierten Traumata mit all ihren absurden Gleichzeitigkeiten und anstrengenden Widersprüchlichkeiten gerecht zu werden.

Wie kann also eine Solidarisierung zwischen Gruppen angeregt werden, die selbst schon unterschiedlichste (Familien-)Geschichten und (traumatische) Erfahrungen in sich tragen. Gruppen und Individuen, die aufgrund von Antisemitismus und/oder Rassismus mitunter innerhalb nur einer Generation wechselnde Erfahrungen von Privilegierung und Deprivilegierung, auch hinsichtlich weiterer sozialer Dimensionen wie Geschlecht, Klasse oder sexueller Orientierung, erfahren haben? Und nicht zuletzt auch unterschiedlichste Wege

3 Die Redaktion ist unter jalta@neofelis-verlag.de erreichbar.

der Bewältigung und Transformation dieser Erfahrungen gewählt haben? Ein Beispiel: Werden von einer Gruppe Menschen in einer empowernden Praxis Selbstbezeichnungen entwickelt, um sich von antisemitischen und/oder rassistischen Fremdbezeichnungen zu befreien – wie beispielsweise Schwarze Deutsche/Schwarze Menschen in Deutschland und deutsche Jüdinnen und Juden/Jüdische Deutsche –, heißt das noch lange nicht, dass alle potentiell Betroffenen dieses Ergebnis auch für sich selbst stimmig finden. Müssen wir deshalb immer wieder mit Begriffen beginnen? Ich möchte stattdessen mit Stationen meines ganz persönlichen Empowermentprozesses, mit Schwarzen Geschichten über Heilung, Transformation und Utopien beginnen. Mit Geschichten über entfernte Verbindungen.[4]

**Wien, Mitte der 1980er** *Mit etwa sechs Jahren bekomme ich mit, dass mit dem Kandidaten für das Amt des Bundespräsidenten der ÖVP (Österreichische Volkspartei) irgendetwas nicht stimmt. Waldheim heißt er. Und auch wenn er auf den Wahlplakaten versucht, freundlich dreinzuschauen, ich finde ihn nicht nur hässlich, sondern auch unheimlich. Kurze Zeit später kommt heraus, dass Waldheim in der Nazi-Zeit bei der SA war.[5] Diese beiden großen Buchstaben hören sich böse an in meinen Ohren und irgendwann stelle ich ihn mir nur mehr auf einem Holzpferd sitzend vor.[6] Meine jüdische Pflegefamilie, bei der ich in dieser Zeit phasenweise untergebracht bin, empört sich am Abendtisch – und reißt Witzchen über Waldheim. Diese Art Witze, bei denen Kindern und Nicht-Juden das Lachen im Halse stecken bleibt. Sie lachen und unter meiner Haut spüre ich ihren Horror flirren.*

Österreich, das seine Fassungs-, Halt- und Hoffnungslosigkeit nach dem Zerfall der glorreichen österreichisch-ungarischen Monarchie in eine ‚Heim-ins-Reich'-Sehnsucht gegossen hatte, hüllte diese 1945 mit der Gründung der 2. Republik in ein tröstliches ‚Erstes Opfer Hitlers'-Narrativ. Noch am 9. November 2000 bekräftigte der österreichische Bundeskanzler Wolfgang Schüssel (ÖVP) in einem Interview mit der *Jerusalem Post* diese Opferdoktrin.[7]

Die sogenannte Waldheim-Affäre war eine jener Episoden,[8] deren öffentliche Auseinandersetzung endlich das zischende Schweigen unzureichender Aufarbeitung der Nazi-Vergangenheit Österreichs aufbrach und den von Antisemitismus und/oder Rassismus betroffenen österreichischen Minderheiten die Fratzen nicht bewältigter Geschichte enthüllte.[9]

---

4 Anlehnung an die Veröffentlichung von Ika Hügel / Chris Lange (Hrsg.): *Entfernte Verbindungen. Rassismus, Antisemitismus, Klassenunterdrückung*. Berlin: Orlanda 1993.

5 Eine Perspektive auf die Waldheim-Affäre von Hans Rauscher: Der Mann, der nur seine Pflicht erfüllt hat. In: *Der Standard*, 10.07.2011. http://derstandard.at/1304554229923/Der-Mann-der-nur-seine-Pflicht-erfuellt-hatte (Zugriff am 14.11.2015).

6 Diese Erinnerung ist auf eine Karikatur des österreichischen Karikaturisten Manfred Deix zurückzuführen, vgl. tk: Ein Pferd für eine Republik: Das Symbol des Waldheim-Streits. In: *Die Presse*, 24.10.2014. http://diepresse.com/home/kultur/kunst/4195346/Ein-Pferd-fur-eine-Republik_Das-Symbol-des-WaldheimStreits (Zugriff am 20.11.2015).

7 Die Chronologie des Opfermythos kann hier nachgelesen werden: Demokratiezentrum Wien: Der Opfermythos in Österreich: Entstehung und Entwicklung. http://www.demokratiezentrum.org/wissen/timelines/der-opfermythos-in-oesterreich-entstehung-und-entwicklung.html (Zugriff am 14.11.2015).

8 Eine andere Episode stellt die heftige Auseinandersetzung um das begehbare Denkmal gegen Krieg und Faschismus in Wien dar, das die Figur ‚Der straßenwaschende Jude' beinhaltet, vgl. Äpflerische Dumpfheit. In: *Der Spiegel* 30/1988. http://www.spiegel.de/spiegel/print/d-13530555.html (Zugriff am 14.11.2015).

9 Zur Analyse der (Nicht-)Aufarbeitung aus einer jüdischen Perspektive vgl. Ari Rath: Österreichs langer Weg der Verdrängung. In: *Der Standard*, 25.04.2015. http://derstandard.at/2000014835485/Das-Erbe-von-1945-heute (Zugriff am 14.11.2015).

Heute denke ich an all jene Episoden und Skandale, die uns Österreicher_innen in regelmäßigen Abständen deutlich machen, dass das Land, das wir möglicherweise Heimat nennen, noch lange nicht bereit ist, sich von der Würdelosigkeit unbearbeiteter Täter_innen-Traumata zu befreien, und deshalb nahezu dazu verdammt ist, immer wieder Opfer[10] zu schaffen und immer wieder den geteilten Horror zum Flirren zu bringen. Meine langjährigen Erfahrungen als Empowerment-Trainerin haben mir gezeigt,[11] dass ich eine Chance habe, mich zu solidarisieren, wenn ich diesen geteilten Horror wahrnehme, anerkenne und nicht versuche, ihn mit meinem zu vergleichen oder gar dazu in Konkurrenz zu setzen – sondern ich mir vielmehr dessen bewusst werde und bin, dass der inkorporierte Horror von Antisemitismus und Rassismus sich mitunter ganz ähnlich anfühlen, ganz ähnlich flirren kann. Wie könnte es auch anders sein? Schließlich haben wir Auswirkungen von Ideologien inkorporiert, deren Kern darin liegt, das Ungleichheitspostulat an unseren Körpern festzumachen. An der Struktur des Haares, der Größe der Nase, der Farbe der Haut, der Kopf- oder der Lippenform. Wenn ich davon ausgehe, dass traumatische Erfahrungen von Entwürdigung auf einer rein physischen Ebene Reaktionen wie Erstarrung, Zusammenziehen und Verhärtung hervorrufen, und damit einhergehende Körperhaltungen und Atemmuster über Generationen weitergegeben werden können, ist ein zentrales Ziel von Empowermentprozessen auch, zu lernen, buchstäblich wieder *weich* zu werden. Es zu wagen, den in den zahlreichen Gewaltsituationen von Antisemitismus und/oder Rassismus immer wieder aktivierten Fight-or-Flight-Modus zu stoppen, Panzer, Rüstungen und auch Raumanzüge[12] abzulegen und es gleichermaßen zu wagen, sich wieder berühren zu lassen. Für die ganz konkrete Gestaltung einer Empowermentpraxis bedeutet das zuallererst auch, dass ich dem Flirren meiner Körperzellen jene Aufmerksamkeit schenke, die es braucht, um schließlich – durch den Lärm, der in unseren Körpern gespeicherten Erfahrungen von Vernichtung(-sbedrohung) und Überleben hindurch – echte Verbindungen schaffen zu können. Verbindungen der Empathie und Offenheit. Des Zuhörens. Des sich *wirklich* Berührenlassens. Mit und ohne Tränen. Mit und ohne Lachen. Mit Worten und ohne Worte. Verbindungen des Nachvollziehens. Mit und ohne Verstehen. Mit und ohne Wissen. Mit und ohne Hinterfragen. Verbindungen des gemeinsamen Flirrens, Zitterns und Schwingens. Tanzende Verbindungen. Musikalische Verbindungen. Schweigende Verbindungen. Verbindungen in Stille, die den ganzen Aufruhr in uns zur Ruhe kommen lassen. Kurz: Ich wünsche uns viel mehr

**10** Ich verwende den Begriff ‚Opfer', während ich mir dessen bewusst bin, dass wir erstens nie *nur* Opfer sind und zweitens Opfer geworden zu sein nicht gleichbedeutend damit ist, sich als Opfer zu *fühlen* oder gar Opfer zu *bleiben*. Und Opfer *bleiben* jedoch oft heißt, Täter_in zu werden.

**11** Zu Empowerment siehe Norbert Herringer: Empowerment-Landkarte. Diskurse, normative Rahmung. http://www.bpb.de/apuz/180866/empowerment-landkarte (Zugriff am 14.11.2015); Sofia Hamaz / Mutlu Ergün: Editorial Dossier Empowerment. In: Heinrich Böll Stiftung (Hrsg.): *Empowerment. MID-Dossier*, 2013. http://heimatkunde.boell.de/2013/05/01/editorial-dossier-empowerment (Zugriff am 14.11.2015).

**12** Die ziemlich großartige Regisseurin, Performerin und Dramaturgin Simone Dede Ayivi hat in ihrer letzten Performance *First Black Woman in Space* auf der Bühne nicht nur einen „Black Power Nap" gemacht, sondern auch festgestellt: „Jeder Raum ist sicherer, wenn du einen Raumanzug trägst" (zit. n. Laura Paetau: Simone Dede Ayivi geht in ihrer aktuellen Performance ins afrofuturistische Weltall, wo wir auch gerne wären. https://missy-magazine.de/2016/11/09/jeder-raum-ist-sicherer-wenn-du-einen-raumanzug-traegst (Zugriff am (15.01.2017).

Begegnungen, die weniger vom Wunsch nach strategischen Bündnissen entlang unserer Anschauungen und Ziele, sondern vom Wunsch nach und dem Mut zu *echten* Verbindungen getragen werden.[13]

***Wien, Ende der 1980er*** *Während meine Mutter im berühmten Wiener Kaffeehaus* Prückel[14] *in Ruhe die Weltnachrichten aus* Le Monde, La Repubblica *und der* Presse *wälzt und sich deshalb nicht meiner Grippe widmen kann, baut mir eine der Bridgespieler_innen, die Tag für Tag einen Hinterraum des Kaffeehauses beleben – eine derjenigen, die immer nett zu mir sind – eine Liege aus Stühlen, deckt mich zu und bestellt mir einen Tee. Eine andere Frau am Nebentisch schaut gehässig auf mich herunter und schnauzt mich an, dass ich mit meinen Viren besser zu Hause geblieben wäre.*

*Meine Lieblingsbridgespielerin weist sie zurecht und sieht mich aufmunternd an. Als ich sie später verschnupft und verletzt frage, warum denn die Dame so gemein zu mir gewesen war, entgegnet sie mir, dass sie eben grantig sei. Das tröstet mich nicht und ich gebe mich mit der Antwort nicht zufrieden. Schließlich raunt sie mir ins Ohr: „Sie ist halt eine Nazi. Die mögen keine N.[15] Doch keine Sorge, ich pass' auf Dich auf." Später als junge Erwachsene – als ich längst begriffen hatte, dass unter den Kartenspieler_innen auch einige Jüdinnen und Juden waren –, frage ich sie, wie es sein konnte, dass sie mit Nazis so friedlich und Tag für Tag Bridge spielen konnte. Sie meinte nur: „Was blieb uns anderes übrig? Die einen haben halt Grüß Gott gesagt, die anderen Guten Tag und das Kartenspielen war unserer Katharsis."*

Diese Episode ist eine meiner ersten Erinnerungen daran, das N-Wort gehört und damit in Verbindung gebracht worden zu sein. Es war meine Sicht- und Erkennbarkeit als Schwarzes Kind, die die hasserfüllte Bridgespielerin offensichtlich dazu veranlasst hatte, mich anzugreifen. Meine Lieblingsbridgespielerin wurde für mich erst als Jüdin sichtbar und somit *erkennbar*, als ich sie als junge Erwachsene indirekt darauf ansprach. Sie hat mich also *gesehen*, bevor ich sie sah. Ich wünschte, ich hätte früher erkannt, dass auch sie existenzieller Bedrohung ausgesetzt war und ist. Denn das fragile Spannungsfeld der gleichzeitigen und auch überraschend (oder beängstigend?) symbiotischen Existenz bedrohter und bedrohender Körper in diesem Hinterzimmer habe ich sowieso aufgesogen. Wie ein Schwamm.[16] Ich habe schon als Kind gespürt, dass es Menschen gibt, die sich die Vernichtung meiner – und nicht nur meiner! – Existenz wünschen. Wir, die wir ja implizit Verbündete waren, hätten uns doch *sichtbar* verbünden können! Und sogleich entfalten sich vor dem inneren Auge meines inneren Kindes heroische Bilder von uns beiden als drehbuchreifen ungleichen Kämpfer_innen – ich schwinge mich mit der rücksichtslosen Behändigkeit eines Kindes von Luster zu Luster, um krachend auf dem Bridgetisch zu landen, sie beherrscht mit der

13 Vgl. Audre Lorde: Foreword to the English Edition of *Farbe bekennen. Afro-deutsche Frauen auf den Spuren ihrer Geschichte*. In: Rudolph B. Byrd/Johnnetta Betsch Cole (Hrsg.): *I Am Your Sister*. New York: Oxford UP 2008, S. 169–176.

14 Wiener Traditionskaffeehaus mit einem breiten Angebot internationaler Tageszeitungen, an einem nach dem Antisemiten Dr. Karl Lueger benannten Platz an der Wiener Ringstraße gelegen.

15 Eine der (kolonial-)rassistischen Bezeichnungen für Schwarze Menschen kürze ich entweder mit ‚N.' oder ‚N-Wort' ab.

16 Umso bemerkenswerter ist für mich im Rückblick, dass sie diesen Raum als einen Raum der Katharsis begriffen hat. Und manchmal frage ich mich, wie viele Generationen in diesem Hinterraum eines Wiener Kaffeehauses miteinander Bridgespielen müssten, bis die Katharsis abgeschlossen ist …

kühlen Präzision alterserworbener Weisheit die Kaffeeuntertassen als zielgenau betäubende Wurfgeschoße –, in denen wir die ‚Nazi-Oma' in einem lärmenden, endlich Rache ermöglichenden und Gerechtigkeit bringenden Showdown, *endgültig* entmachten. Vor allem von ihrer Macht über uns … Doch zurück zur realen Verbindung: Damals war der Kern unserer Verbindung: die in unseren Körpern gespeicherten und transgenerational vermittelten Erfahrungen von Vernichtung oder Vernichtungsbedrohung, gemeinsam mit dem zärtlichen Wunsch nach Fürsorge, Aufeinander-Achtgeben und Füreinander-Eintreten. Ein Wunsch, der bis heute in mir weiterlebt.

***Wien, Mitte der 1990er*** *Ich fahre die Rolltreppe am Schwedenplatz hoch, als mich eine Schwarze Frau meines Alters anspricht, mir einen Flyer in die Hand drückt und von einem Treffen Schwarzer Wiener_innen erzählt, das wöchentlich stattfindet und zu dem sie mich herzlich einladen möchte. Mein Befremden könnte größer nicht sein. Begleitet von einer komischen Berührungsangst besuche ich dennoch das Treffen, das zu diesem Zeitpunkt aus einigen wenigen Schwarzen Frauen besteht. In der Folge treffe ich mich immer öfter mit Schwarzen Österreicher_innen, mal mehr, mal weniger irritiert von ihrer Suche nach einer klaren Schwarzen Positionierung in Österreich und dem Kampf gegen Rassismus, mal mehr, mal weniger eingeschüchtert vom fragilen Selbstbewusstsein dieser Frauen. Vieles davon erscheint mir zu übertrieben, zu ausschließend, zu* radikal *und trotzdem habe ich tief in mir drinnen das Gefühl, dass es eigentlich kein Zurück mehr gibt … Und für eine kurze Weile finde ich eine kleine Heimat in einer Schwarzen Frauengruppe. Meiner Erinnerung nach verlasse ich die Gruppe wegen meiner damaligen Ungeübtheit, Konflikte auszuhalten …*

1997 begann die Geschichte der von Araba Evelyn Johnston-Arthur mitgegründeten Initiative „Pamoja – Bewegung der jungen Afrikanischen Diaspora in Österreich".[17] Dort hörte ich zum ersten Mal die Selbstbezeichnung ‚Afro-Österreicherin', die ich dankbar aufnahm und je nach Kontext noch heute verwende. Das anfängliche Unbehagen im Zusammensein mit anderen Afro-Österreicher_innen, diese scheinbar plötzliche aber immerhin *selbst gewählte Sichtbarkeit*, waren der Beginn eines schmerzhaften, doch auch stärkenden und heilsamen Prozesses der Politisierung als Schwarze Österreicherin. Schmerzhaft deshalb, weil ich all die gewaltvollen Momente erkannte, die ich bis dahin nicht als das benennen konnte, was sie gewesen waren: Rassismus. Schmerzhaft, weil all diese Momente bei uns allen Spuren in Form nicht geheilter Verletzungen und massiver Schutzmauern hinterlassen hatten, die in diesen Zusammenhängen irgendwann einmal konflikthaft aufeinandertrafen. Stärkend und heilsam u. a. deshalb, weil sie mir ein Ausbrechen aus der Isolation erlaubten, ich endlich nicht mehr *die Einzige* war und im Austausch mit anderen lernte, Worte für meine Erfahrungen zu finden.

Auch in Deutschland fanden schon seit den frühen 1980er Jahren mehr und mehr nachhaltige Begegnungen statt. Nach dem Fall der Mauer und der darauffolgenden Wiedervereinigung sowie unter dem Eindruck der extrem zunehmenden antisemitischen und rassistischen Übergriffe dieser Zeit, kommt es zu einer verstärkten Zusammenarbeit von Migrant_innen, Schwarzen und Jüdischen Frauen. Diese Zusammenarbeit wird sogar

17 Vgl. das Interview Araba Evelyn Johnston-Arthur / Christian Gratzer: „Aus der Isolation ausbrechen: ". In: *Südwind Magazin*, 03/1999. http://www.suedwind-magazin.at/aus-der-isolation-ausbrechen (Zugriff am 14.11.2015).

als einzige „ausgeprägte politische Koalition zwischen diesen Gruppen ›Anderer‹" und „nur im feministischen Bereich"[18] verortet. Von der Tagung *Frauen und Rassismus* wird berichtet:

> *Und plötzlich waren ‚Wir' viele, nicht mehr allein und voneinander isoliert, sondern sehr wütend. ‚Wir' sagten laut was ‚Wir' für rassistisch und antisemitisch hielten. ‚Wir' stellten alle Fettnäpfchen auf in diesen Tagen, und jedes Mal, wenn eine weiße, deutsche Frau mit christlichen Hintergrund hineintrat, schrien ‚Wir' auf und benannten, was ‚Wir' erlebten.*[19]

Gleichzeitig wird klar, dass dieses ‚Wir' ein fragiles und zeitlich gebundenes ist.[20] Nach dem Vortrag und Gespräch von Laura Radosh und Elaine Großman mit dem Titel „Leben im post NS-Deutschland [*sic*]"[21] im Rahmen der *Tagung von/für ethnische und afro-deutsche Minderheiten* im Jahr 1990 entspann sich eine heftige Diskussion zur Frage, ob und inwiefern Jüdische Frauen als weiß und deshalb nicht als Koalitionspartner_innen für Schwarze und immigrierte Frauen gelten müssen oder ob und wie Antisemitismus und Rassismus in Deutschland so eng miteinander verknüpft seien, dass es dringend notwendig sei, mit weißen Jüdischen Frauen zusammenzuarbeiten.[22] Der 1991 stattfindende *Zweite bundesweite Kongreß von und für Immigrantinnen, Schwarze deutsche, jüdische und im Exil lebende Frauen*, schloss Jüdische Frauen explizit mit ein.[23] Auch bei der 1997 anlässlich des Europäischen Jahres gegen Rassismus durchgeführten Tagung *Marginale Brüche: Kulturelle Produktionen von Migrantinnen, Schwarzen und jüdischen Frauen*, führte die Zusammensetzung der Besucher_innen aus „jüdischen, migrierten, Schwarzen und der Dominanzkultur zugehörigen Teilnehmer_innen"[24] zu Unbehagen, Spannungen und Irritationen.[25]

Die Existenz Schwarzer Menschen in den Gebieten des heutigen Österreichs und Deutschlands ist seit vielen Jahrhunderten dokumentiert, auch wenn die dazugehörige(n) Geschichte(n) erst in den letzten Jahrzehnten umfassender erforscht wurde(n).[26] Für

18 Cathy S. Gelbin: Die Jüdische Thematik im (multi)kulturellen Diskurs der Bundesrepublik. In: Dies. / Kader Konuk / Peggy Piesche (Hrsg.): *AufBrüche. Kulturelle Produktionen von Migrantinnen, Schwarzen und jüdischen Frauen in Deutschland*. Königstein i. Ts.: Helmer 1999, S. 87–111, hier S. 97 (Herv. i. Orig.).

19 Maria Baader: Zum Abschied. Über den Versuch, als jüdische Feministin in der Berliner Frauenszene einen Platz zu finden. In: Hügel / Lange (Hrsg.): *Entfernte Verbindungen*, S. 90–95, hier S. 90. Bemerkenswert an der Schilderung dieser Episode ist der diesem Zitat folgende Satz „Die ‚Schwarzen' Frauen tobten, und die anderen brachen unter Tränen zusammen". Für mich bleibt ungeklärt, ob die Autorin* hier in die Falle der stereotypen Beschreibung der ‚Angry Black Women' getappt ist oder die Formulierung der Entwicklung geschuldet ist, dass Anfang der 1990er Jahre „das Konzept des Schwarzseins als übergreifende Kategorie für alle ethnisch minorisierten Frauen" galt (die jedoch auch nicht folgenlos für die Selbstverortung weißer Jüdischer Frauen war). Vgl. Gelbin: Die Jüdische Thematik, S. 97.

20 Vgl. ebd., S. 90–95, hier S. 93.

21 Vgl. die Dokumentation zur Tagung von May Ayim / Nivedita Prasad (Hrsg.): *Wege zu Bündnissen. Dokumentation*. Berlin: FU Berlin 1992.

22 Vgl. Laura Radosh / Elaine Großmann: Jüdische Identität und Heimat. In: Ebd., S. 26–35, hier S. 31–33.

23 Vgl. Gelbin: Die Jüdische Thematik, S. 98.

24 Cathy S. Gelbin / Kader Konuk / Piesche, Peggy: Vorwort der Herausgeberinnen. In: Dies. (Hrsg.): *AufBrüche*, S. 10–15, hier , S. 11.

25 Vgl. außerdem: Ani Ekpengyong: Brüche. In: Ebd., S. 76–85; Gelbin: Die Jüdische Thematik, bes. S. 99–102.

26 Vgl. hierzu Katharina Oguntoye / May Opitz (Hrsg.): *Farbe bekennen. Afro-deutsche Frauen auf den Spuren ihrer Geschichte*. Berlin: Orlanda 1986; Paulette Reed Anderson (Hrsg.): *Berlin und die afrikanische Diaspora*. Berlin: Die Ausländerbeauftragte des Senats 2010; Initiative Schwarze Menschen in Deutschland e. V. (Hrsg.): *Homestory Deutschland. Schwarze Biografien in Geschichte und Gegenwart*. Ausstellungskatalog zur Wanderausstellung. Frankfurt am Main: Selbstverlag 2010; Wien Museum (Hrsg.): *Angelo Soliman. Ein Afrikaner in Wien*. Wien: Selbstverlag 2011; Oumar Diallo / Joachim Zeller (Hrsg.): *Black Berlin. Die deutsche Metropole und ihre afrikanische Diaspora in Geschichte und Gegenwart*. Berlin: Metropol 2013.

Schwarze Menschen war es meistens keine Option, sich *nicht* als ‚Andere' zu erkennen zu geben. Es gab und gibt Schwarze Menschen die ‚passen', die also von der weißen Dominanzgesellschaft nicht als ‚Andere' markiert werden, sondern als weiß gelesen werden. Ihr Umgang damit reicht von einer frühen und ausdrücklichen Positionierung zum eigenen Schwarz-Sein, bis hin zum strategischen Einsatz dieses Privilegs zu ‚passen'.[27] Begleitet werden diese Prozesse u. a. von Gefühlen wie Angst vor Enthüllung oder Scham.[28] Weiße Juden und Jüdinnen werden auch fortwährend markiert, haben jedoch mitunter die Option, sich nicht als rassifizierte Andere zu erkennen zu geben. Sie werden ebenso begleitet von Gefühlen wie der Angst vor Entlarvung oder auch Scham. Für viele Schwarze Menschen in Deutschland mündet die Entscheidung für Sichtbarkeit, die bewusste und selbstgewählte Positionierung als Schwarz, die aktive Suche nach selbstbestimmten afrikanischen Bezügen, der ebenso sichtbare Bezug auf afro-diasporische Wissensbestände und das Benennen von Rassismus nicht nur in einen fruchtbaren Identitätsbildungsprozess und schafft kraftvolle Instrumente des Widerstands gegen ihre Konstruktion als rassifizierte Andere. Sie führt auch zu wiederholten, vermehrten und bewusster wahrgenommenen rassistischen Gewalterfahrungen. Nämlich immer dann, wenn eine weiße deutsche Mehrheit eine selbstbewusste Schwarze Sichtbarkeit als Provokation oder gar als Bedrohung erlebt und entsprechend gewaltvoll darauf reagiert.

Aus einer jüdischen Perspektive beschreibt Maria Baader ähnlich anstrengende Erfahrungen im Zuge der Sichtbarwerdung des Zusammenschlusses Jüdischer Feministinnen und Jüdischer Lesben mit dem „Shabbeskreis" ab Mitte der 1980er Jahre in der Westberliner Frauenszene:

> *Vor allem aber stellten wir fest, daß allein unsere Anwesenheit und unser Wunsch, als jüdische Frauen wahrgenommen zu werden, schon eine Provokation waren. Wir erdreisteten uns, uns für etwas Besonderes zu halten, die Einheitlichkeit und Harmonie unter Frauen und Lesben zu stören, indem wir auf Unterschiede, ja auf Machtverhältnisse hinwiesen.*[29]

In der Folge werden die vielfältigen Themen des Shabbeskreises von einer aufgedrängten Auseinandersetzung mit weißen und in diesem Fall feministischen Abwehrmechanismen verdrängt.[30] Auch nachdem sich der Shabbeskreis 1989 aus unterschiedlichsten Gründen aufgelöst hatte, blieben viele der in diesem Kontext entstandenen Verbindungen bis heute erhalten.[31] Für mich als Schwarze Frau Ende 30, die im Jahr 2015 bis 2017 einen Rückblick auf die 1980er und 1990er Jahre in Deutschland wagt, die ich nicht selbst erlebt habe, ist es

27 Vgl. Aisha Ahmed: „Na ja, irgendwie hat man das ja gesehen". Passing in Deutschland – Überlegungen zu Repräsentation und Differenz. In: Maureen M. Eggers / Grada Kilomba (Hrsg.): *Mythen, Masken und Subjekte. Kritische Weißseinsforschung in Deutschland*. Münster: Unrast 2005, S. 270–282.

28 Vgl. Dileta Fernandes Sequeira: *Gefangen in der Gesellschaft. Alltagsrassismus in Deutschland. Rassismuskritisches Denken und Handeln in der Psychologie*. Marburg: Tectum 2015, S. 139.

29 Maria Baader: Zum Abschied. Über den Versuch, als jüdische Feministin in der Berliner Frauenszene einen Platz zu finden. In: Hügel / Lange (Hrsg.): *Entfernte Verbindungen*, S. 84–87, hier S. 84.

30 Vgl. ebd., S. 84–87.

31 Vgl. Debora Antmann: Vom Vergessen und Erinnern. Ein Portrait der AG „Frauen gegen Antisemitismus". In: Iman Attia / Swantje Köbsell (Hrsg.): *Dominanzkultur reloaded. Neue Texte zu gesellschaftlichen Machtverhältnissen und ihren Wechselwirkungen*. Bielefeld: Transcript 2015, S. 101–112.

bemerkenswert, wie viel schon gedacht, gesagt und, ja, gefühlt wurde. Bemerkenswert ist auch, dass sämtliche Analysen zu Fragen von der Solidarisierung zwischen von Schwarzen Deutschen und Jüdinnen und Juden von marginalisierten feministischen Frauen und Lesben kommen, die ihrerseits selbst die weiße Frauenbewegung und ihr Dominanzgebaren herausgefordert haben.

Für alle weiteren individuellen und kollektiven Empowermentprozesse wünsche ich uns, dass wir mehr aus den Erfahrungen jener Generation an mutigen Schwarzen und Jüdischen feministischen Frauen und Lesben lernen, die schon vor uns den Mut gezeigt haben, sich zu verbünden. Ich wünsche uns sowohl mehr Besinnung auf selbstbestimmte Empowermenträume als auch die Klarheit darüber, dass „Herrschaft zum einen immer brüchig ist und längst nicht so unveränderlich scheint, wie wir oft annehmen[,] und zum anderen das Wissen, dass Herrschaft mit dem ‚Einverständnis' der Beherrschten funktioniert."[32] Nicht zuletzt deshalb wünsche ich uns also auch immer und immer wiederkehrenden Mut, die Dynamik der Rassifizierung zu verlassen, das Einverständnis mit der uns zugewiesenen Position (des Überempfindlich-Seins, des Erklärens, des Verteidigens, des Verstummens) aufzukündigen, das Kreisen unserer Energien und Gedanken um die weiße/nicht-jüdische Dominanzperspektive auf uns zu stoppen und stattdessen uns selbst und unsere Bedürfnisse ins Zentrum unserer Aufmerksamkeit zu stellen.

**Wien, Ende der 1990er** *Am 1. Mai 1999 stirbt der Asylbewerber Marcus Omufuma auf seinem Abschiebeflug, nachdem die drei anwesenden Polizisten ihn mit Klebeband an den Flugzeugsitz geschnürt und ihm den Mund verklebt hatten. Wenig später treffe ich Araba Evelyn Johnston-Arthur in der U-Bahn. Sie hat eine A4-Kopie des bekanntesten Bildes von Marcus Omofuma vorne auf ihre Brust geklebt. Ich freue mich, sie zu sehen. Und zugleich habe ich Angst, ich habe Angst wegen ihrer, wegen unserer Sichtbarkeit. Und ich schäme mich für ihre, für unsere Sichtbarkeit, die so laut und kompromisslos diesen Mord anklagt. Und ich erschrecke darüber, dass ich mich schäme. Ein Jahr später verklebe ich mir den Mund und finde mich in einer Masse von Menschen und zwischen rhythmisch-euphorischen „Frrreundschafft, Frrreundschafft"-Rufen bei der 1.-Mai-Feier der SPÖ am Rathausplatz direkt vor der Rednertribüne wieder. Während der neu gewählte Parteivorsitzende Alfred Gusenbauer mühsam und hölzern die ersten Worte seiner Antrittsrede an die Genossinnen und Genossen richtet, rufe ich kaum verständlich durch das Klebeband hindurch „Was ist mit Marcus Omofuma? Was ist mit Marcus Omufuma?". Ich sehe nur die Hand des neben Gusenbauer stehenden damaligen Wiener Bürgermeisters und bald stellvertretenden Bundesparteivorsitzenden Michael Häupl. Sie mahnt uns zur Ruhe und im nächsten Moment scheucht sie uns weg. Ich blicke in sein Gesicht, ein Ausdruck genervten und abfälligen Widerwillens. Wir stören ganz offensichtlich irgendeinen über den Platz ausgebreiteten diffusen Konsens. In meinen Ohren beginnt es zu flirren. Es ist das gleiche Flirren, das ich kenne, seitdem mich meine Mutter 1988 zur Uraufführung von Thomas Bernhards* Heldenplatz *ins Wiener Burgtheater mitnahm und das mir seitdem immer wieder als das Echo des Echos des Heldenplatzes bis in meine Träume folgt.*[33]

32 Katja Kinder: Das Eingehen von Bündnissen ist eine bedeutende Investition! http://streit-wert.boellblog.org/2011/10/12/katja-kinder (Zugriff am 14.11.2015) (Herv. i. Orig.).

33 Die Reaktionen der österreichischen Öffentlichkeit auf das Stück selbst lassen sich nachlesen bei Martin Huber: Der Heldenplatz-Skandal. http://www.thomasbernhard.at/index.php?id=190 (Zugriff am 14.11.2015).

Ironischerweise wurde der gleiche Gusenbauer, dessen Antrittsrede ich (wenigstens ein bisschen) versaut habe, wenig später auch Oppositionsführer gegen die rechtskonservative Koalition aus ÖVP und FPÖ (Freiheitliche Partei Österreichs). Doch nach dem Tod von Marcus Omufuma hatte es keinerlei politische Konsequenzen gegeben. Zwar kam es erstmals und bundesweit zu Bündnissen zwischen (Schwarzen) Migrant_innen und antirassistischen Initiativen, doch auch die wurden schon bald nachhaltig geschwächt, – im Nachspiel der größten kriminalpolizeilichen Aktion in Österreich, der sogenannten „Operation Spring", in der Hunderte Schwarze Migrant_innen als vermeintliche Angehörige eines ‚nigerianischen Drogenrings' festgenommen wurden, und der begleitenden rassistischen und rechtspopulistischen Medienkampagne des mächtigen Boulevardblattes *Kronen Zeitung*, in der alle (nigerianischen) Asylbewerber_innen pauschal als ‚Drogendealer' diffamiert wurden, nachhaltig geschwächt. Bei gleichzeitigem Ohnmachtsgefühl gegenüber diesen Entwicklungen, holte ich damals am Rathausplatz jene Sicht- und Hörbarkeit nach, der ich jahrelang aus dem Weg gegangen war, und störte jenen Konsens, der mir wohl am wenigsten bedrohlich erschien. Was sollte mir schon passieren während eines Volksfestes sozialdemokratischer Selbstversicherung? Nachher habe ich trotzdem gezittert.

Araba war mir ein Beispiel gewesen. Sie hatte sich als politisches Subjekt exponiert, indem sie Unrecht sichtbar und ihr Gedenken an Marcus Omofuma öffentlich machte. Und das in einem Raum, der U-Bahn der Wiener Linien, den ich seit jeher als einen Raum empfunden hatte, in dem ich so unsichtbar wie möglich sein muss, um niemanden allein mit meiner Existenz zu provozieren. Doch die Erinnerung an diesen Moment ist für mich *das* Beispiel für Entfremdung von mir selbst. Denn wie entfremdet von meinem unantastbaren, würdevollen Schwarzen Körper und seiner selbstverständlichen Existenzberechtigung konnte ich denn sein, dass ich Scham dabei empfand, einem anderen Schwarzen Körper zu begegnen, der öffentlich daran erinnerte, dass die Würde eines anderen Schwarzen Körpers mit Klebeband bis zum Tode traktiert wurde? Wie entfremdet von mir selbst konnte ich sein, dass ich in der Begegnung mit einem anderen Schwarzen Körper, der öffentlich seine Würde wiederherstellte, Scham empfand?

***Wien, Anfang der 2000er*** *Ich bewege mich durch Wien mit der statistischen Gewissheit, dass rund jede zweite Person, die mir auf der Straße begegnet, entweder Österreichische Volkspartei (ÖVP) oder die Freiheitliche Partei Österreichs (FPÖ) unter dem Parteivorsitzenden Jörg Haider gewählt haben muss. Und mir damit potentiell mein Existenzrecht abspricht, mich potentiell überall anders sehen möchte, nur nicht in Österreich. Es ist ein Spießrutenlauf. Das Wahlergebnis war absehbar gewesen und schon während des Wahlkampfs kamen wir in meinem Milieu zu dem Schluss, „Wenn Schwarz-Blau kommt, müss' 'ma eigentlich das Land verlass'n." Kurz nachdem es dann soweit ist und die ÖVP unter der Leitung von Bundeskanzler Schüssel, der sieben Monate später das österreichische Opfermärchen wiedererzählt, mit 26,91 % der Stimmen eine Koalitionsregierung mit der FPÖ mit ebenfalls 26,91 % der Stimmen bildet, zeigen sich in Medien und im Alltag weitere Fratzen der österreichischen Volksseele in Form rassistischer Sprache und in Windeseile durchgepeitschter rückwärtsgewandter Gesetzgebungen. Unter dem Motto „Wir gehen, bis ihr geht!" etablieren sich donnerstägliche Demonstrationen und ich sehe zum ersten Mal in meinem Leben schwer bewaffnete Elitepolizeieinheiten auf Bürger_innen einprügeln.*

*Israel zieht seinen Botschafter aus Österreich ab, ich tröste mich verbittert damit, dass Österreich einfach die einzige Regierung bekommt, die es knapp 45 Jahre nach Unterzeichnung des Staatsvertrags verdient, und verlasse nach einem Jahr des Demonstrierens das Land Richtung deutscher Hauptstadt.*

Nach Berlin zu gehen, war eine klassische Schnapsidee, nur ohne Schnaps und mit der Umsetzung in die Tat. Auf dem Weg zurück von einem Tagesausflug mit Freund_innen kamen wir wieder auf die während des Wahlkampfs leichthin formulierte Aussage zu sprechen: „... das Land verlass'n." zu sprechen. Dieses *Müssen* basierte weniger auf einem realen Bedrohungsgefühl dieses weiß-österreichischen, politisch interessiert bis engagierten, gut gebildeten und in vielerlei Hinsicht sehr privilegierten Freundeskreises, in dem ich mich überwiegend und wie in einem Wattebausch bewegte, sondern mehr auf dem Wunsch, mit dem Weggehen einer peinlichen politischen Affäre entkommen zu können. Einer Affäre, die so gar nicht zum Selbstbild dieses Milieus passte. Außerdem auf einer gewissen Arroganz, in so einem rückständigen Land eigentlich nicht mehr leben zu wollen, dem Privileg, diese Entscheidung im Falle des Falles auch tatsächlich ohne große Hindernisse umsetzen zu können, und nicht zuletzt auf einer Donnerstagsdemo-Ermüdung. Irgendwann kamen wir von der Frage ‚Wohin?' über den Ausruf „Nach Berlin!" und landeten bei „Wir gehen einfach nach Berlin." Einen Monat, ein Berlin-Wochenende, drei Bewerbungsgespräche und zwei Wohnungsbesichtigungen später war es soweit: Berlin schillerte und die nächtliche Ankunft im VW-Kombi durch die herrschaftlich erleuchtete Straße des 17. Juni direkt auf die strahlende Goldelse zu, war einfach nur prachtvoll. Ich hatte das Gefühl, in einem komplett neuen Leben anzukommen, und es glitzerte verheißungsvoll. Berlin schien so viel größer zu sein, so viel freier, so viel mehr Platz zu haben für alle, die einfach nur sein wollten, wie sie sind. Ich gab mich dieser Illusion hin und allein schon das subjektive Gefühl, nicht täglich meinen imaginierten zukünftigen österreichischen Mörder_innen zu begegnen, ließ mich viele der verinnerlichten Rassismen, diese subtilen selbstzerstörerischen Selbstentwürdigungen, abstreifen. Das Grauen schien so fern! Das erinnert mich an zahlreiche, im Rückblick unverständlich erscheinende Geschichten von Migration, die Außenstehenden wie ein Weg vom Regen in die Traufe erscheinen mögen – wie eben von Wien nach Berlin –, die jedoch für die Migrierten einige Jahre der gefühlten ‚Befreiung' bereithalten können. Selbstredend holte mich das Grauen bald ein. Zu dieser Zeit erfuhr ich erstmals vom Genozid der Kolonialmacht Deutschlands an Nama und Herero in der ehemaligen Kolonie Deutsch-Südwestafrika Anfang des 19. Jahrhunderts[34] sowie von den dort errichteten Konzentrationslagern. Der Gedanke, dass Schwarze Menschen schon Anfang des Jahrhunderts in deutschen Konzentrationslagern interniert waren und diese Praxis also nicht ausschließlich mit dem Genozid an den Jüdinnen und Juden durch Hitler-Deutschland und -Österreich verknüpft ist, ließ nicht nur mich nachdenklich werden. Tatsächlich ist die Frage danach, ob die Verbrechen in Deutsch-Südwestafrika als Vorstufe des Holocaust, völlig losgelöst davon zu betrachten sind oder gar ein linearer Weg

34 Im Mai 2016 haben Opfervertretungen von Herero und Nama vor dem Internationalen Gerichtshof in Den Haag gegenüber der Bundesrepublik Klage eingereicht, vgl. hierzu http://isdonline.de/herero-und-nama-reichen-klage-gegen-deutschland-in-den-haag-ein/ (Zugriff am 19.11.2016).

„von Windhuk nach Ausschwitz"[35] führt, unter Historiker_innen umstritten.[36]

Doch auch ohne dies auch nur annähernd beantworten zu können – denn auch hier frage ich mich sofort durchaus ernsthaft: „Was nützt eigentlich wem welche Antwort?" – weiß ich, was ich mir wünsche. Ich wünsche uns mehr Sichtbarkeit und Anerkennung vielfältiger, möglicherweise ungeahnter biografischer Narrative und Bezüge, um darin die individuellen Erfahrungen von Empowerment zu erkennen. Ich wünsche uns generell mehr Möglichkeiten, die Widersprüchlichkeiten von Entscheidungen, die in einem Leben getroffen werden, überhaupt formulieren zu können, am besten in Räumen biografischen Erzählens oder Schreibens. Ich wünsche uns mehr Sichtbarkeit und Anerkennung füreinander. Ich wünsche uns die Anerkennung unterschiedlicher Opfererfahrungen aus Kolonial- und Nazideutschland sowie die Transformation singulär geprägter Opferidentifikationen durch das Zulassen vielfältiger Opfernarrative. Denn ich denke, was die meisten Menschen teilen, die fliehen, bleiben, weggehen, kommen und überleben, ist der schlichte Wunsch nach Erhalt oder Wiederherstellung der eigenen Würde.

**Berlin, Mitte 2012** *Ich bin bei einer eigens für Pädagog_innen gedachten Filmvorführung des Films* Kaddisch für einen Freund *von Leo Khasin. Der Film erzählt die komplexe Geschichte einer Annäherung und Versöhnung zwischen dem alten Juden Alexander und dem jungen Palästinenser Ali, die beide traumatische biografische Bezüge zum Nahost-Konflikt zwischen Israel und Palästina haben. Alexander durch den Tod seines Sohnes als israelischer Soldat einer Invasion in den Südlibanon, Ali durch sein Aufwachsen in einem palästinensischen Flüchtlingslager. Die Geschichte ist ungemein berührend und mir stehen am Ende des Films die Tränen in den Augen. Eine Szene jedoch löst etwas anderes aus: Alis Freunde, die alle Attribute einer stereotypen Darstellung arabischer Jugendlicher aufweisen, bedrohen und bedrängen auf der Straße ein deutsches und zu allem Überfluss auch noch blondes Mädchen. Diese Szene erinnert mich an die Darstellung der Bedrohung und Bedrängung des ‚deutschen blonden Mädels' durch ‚den Juden' in der nationalsozialistischen Propaganda. Mir wird schlecht. In dem anschließenden Publikumsgespräch spreche ich mein Unbehagen an, die Reaktionen des Moderators und des Filmregisseurs sind zurückhaltend, relativierend bis ablehnend. Diese Situation kommt mir bekannt vor, nur aus ganz anderen Kontexten. Ich kämpfe mit den Tränen, schaue mich hilfesuchend um, nehme ältere Frauen und Männer wahr, die mich ansehen, als würden sie zum ersten Mal eine Schwarze Frau sehen. Noch dazu eine, die Kritik an einem Film eines Jüdischen Filmemachers äußert. Ich merke, wie ich beginne zu zittern vor Wut und Enttäuschung über dieses Unverständnis gegenüber meiner Kritik, die mir auf der Hand zu liegen scheint. Ich erlebe es als Ignoranz. Nachdem mich die Tränen zuerst weicher haben werden lassen, gehe ich nach dieser Erfahrung eher härter aus der Filmvorführung.*

Filme, die im besten Sinne des Wortes herzerweichend auf mich wirken, gibt es wirklich wenige. Und neben dieser transformativen und sehr körperlichen Wirkung schafft es

35 Vgl. Jürgen Zimmerer: *Von Windhuk nach Auschwitz? Beiträge zum Verhältnis von Kolonialismus und Holocaust* Münster: Lit 2011.

36 Siehe hierzu Christa Staas: Deutsche Kolonialverbrechen. „Aufräumen, aufhängen, niederknallen". In: *Zeit Geschichte*, 4/2010. http://www.zeit.de/zeit-geschichte/2010/04/Kolonialismus (Zugriff am 09.02.2017); Jonas Kreienbaum: Konzentrationslager im Kolonialismus. Täler der Verzweiflung. In: *taz*, 16.07.2015. http://www.taz.de/!5212447 (Zugriff am 14.11.2015).

*Kaddisch für einen Freund* tatsächlich in vielerlei Hinsicht, die Komplexität biografischer Verstrickungen, transgenerationaler Traumata und fehlgeleiteter Bewältigungsergebnisse wie Hass und Menschenverachtung vielschichtig zu thematisieren. Und das, ohne dabei die Möglichkeit individueller Entscheidungsmacht *für* oder *gegen* das heilsame Aufnehmen und mitunter riskante Zulassen von Verbindungen und damit der Transformation von Verhältnissen aus den Augen zu verlieren. Zugleich fand ich es schwer zu ertragen, dass „muslimische/arabische männliche Jugendliche" in so vielen Szenen stereotyp als aggressiv und in der beschriebenen Szene darüber hinaus als sexuell bedrohlich konstruiert werden.[37] Ich kenne das gut, denn die Stereotypisierung meiner Schwarzen Brüder fühlt sich ähnlich an und basiert auf jahrhundertealter Abwertung, Sexualisierung, Überhöhung und Dämonisierung Schwarzer Männlichkeit. Es bleibt ein fahler Nachgeschmack. Und die Befürchtung, dass rassistische Stereotype tiefer in uns verankert sind, als wir es uns wünschen. Nun, ich warte auf den Tag, an dem Schwarze, Jüdische und migrantische männlich sozialisierte Menschen sich zusammentun und sich in Empowermenträumen mit jenen gewaltvollen Erfahrungen auseinandersetzen, die die Rassifizierung männlicher Körper in einer patriarchalen und sexistischen Gesellschaft mit sich bringen.

Bis dahin wünsche ich mir eine ehrliche Auseinandersetzung damit, wie tief rassistische Ressentiments in unseren verschiedenen Communities verankert und/oder internalisiert sind. Diese Auseinandersetzung muss auch spezifische rassistische Prägungen von Jüdischen Einwanderer_innen und ihren Kinder aus den Ländern der ehemaligen Sowjetunion berücksichtigen, egal ob sie Filmemacher_innen sind oder nicht. Ich wünsche mir, dass wir genau überprüfen, inwieweit wir uns selbst – wir alle – im hartnäckigen Kontinuum der rassistischen Konstruktion ‚der Anderen' befinden, indem wir laufend Stereotype abrufen und wiederholen. Und wie wir aus diesem Kontinuum, das sich niemand von uns ausgesucht hat, heraustreten können. Die Reaktion des Publikums, des Moderators und des Regisseurs vor Augen, wünsche ich mir auch mehr kritische Analysen von Weißsein.[38] Wer bin ich, dass ich sagen könnte, Jüdinnen und Juden in Deutschland seien weiß? Zugleich haben sich die Reaktionen aus in dem Kinosaal ganz ähnlich angefühlt wie die mir aus anderen Kontexten wohlbekannten weißen Abwehr- und Delegitimierungsstrategien, sobald ich mein Unbehagen gegenüber rassistischen Worten, Handlungen oder Bildern benenne. Deshalb spreche ich hier von einem Weißsein im Sinne einer Haltung, in der wir selbst genau jenes Dominanz- und Unterdrückungsverhalten (Relativieren, Nicht-Anerkennen, Bagatellisieren etc.) reproduzieren, das wir sonst nur von unreflektierten Angehörigen der weißen/deutschen Mehrheitsgesellschaft kennen. Wenn wir nämlich auf die Benennung von Antisemitismus und/oder Rassismus nur mehr

37 Eines von vielen weiteren Beispielen für die stereotype Konstruktion muslimischer/arabischer Männlichkeit ist der Leitartikel der Verbandszeitschrift des Philologenverbands Sachsen-Anhalt, der bundesweit für Empörung gesorgt hat. Vgl. Benedikt Peters: Philologenverband hetzt gegen Flüchtlinge. In: *Süddeutsche Zeitung*, 06.11.2015. http://www.sueddeutsche.de/politik/sachsen-anhalt-philologenverband-hetzt-gegen-fluechtlinge-1.2726844 (Zugriff am 14.11.2015).

38 Vgl. Interview mit Peggy Piesche: Kritisches Weißsein ist eine Überlebensstrategie. http://anschlaege.at/feminismus/2013/11/kritisches-weissein-ist-eine-uberlebensstrategie (Zugriff am 14.11.2015).

reagieren und nicht mehr zuhören können. Auch ich bin nicht frei von diesen Automatismen. In diesem Sinne wünsche ich mir mehr kritische Analysen von Weißsein, auch *unseres eigenen Weißseins*. Sowohl aus Jüdischer als auch aus Schwarzer Perspektive.

Wenn ich mir vor Augen führe, wie sich der Israel-Palästina-Konflikt – der im Film lediglich als ferne Kulisse dient – auf Begegnungen und Interaktionen zwischen Menschen hier in Deutschland schiebt, wünsche ich mir Heilung. Wenn ich mir Heilung wünsche, wünsche ich mir auch, dass sich Jüdische Communities verstärkt für die zwischen Vereinnahmung und Abwehr marginalisierten Stimmen kritischer Jüdinnen und Juden innerhalb der eigenen Community öffnen. Ich wünsche mir mehr (gemeinsame) Räume für Auseinandersetzungen und Diskussionen in verschiedenen Communities, um klare Einsichten hinsichtlich der Unterscheidung von Antisemitismus und einer Kritik an der Regierung Israels, sogenannter Israelkritik, zu entwickeln. Wobei bemerkenswerterweise in der deutschen Sprache an keinen weiteren Ländernamen so leicht von der Zunge gehend ‚-kritik' angehängt wird. Und der Begriff nach wie vor bei vielem, was darunter verstanden oder verhandelt wird, als Deckmantel für Antisemitismus fungiert. Ich wünsche mir, dass in diesen Auseinandersetzungsräumen Antisemitismus innerhalb Schwarzer und migrantischer Communities und Rassismus innerhalb Jüdischer Communities deutlich benannt werden können und Stimmen rassismuskritischer Jüdinnen und Juden innerhalb Deutschlands selbstverständlicher Teil davon sind. Das wünsche ich mir, damit mögliche Verbindungen und Bündnisse nicht auf Kosten weiterer rassifizierter Anderer, wie (möglicherweise muslimischer) Geflüchteter gehen. Denn auch sie sind auf einer alltäglichen Ebene gleichermaßen vom Horror (nicht nur) in sogenannten Angsträumen[39] betroffen.

Irgendwo in Berlin sah ich einmal einen Urban-Art-Aufkleber auf dem stand: „Der Diskurs ist eine rasende Maus." Ich wünsche mir, dass wir öfter eine Pause machen und spüren, was eigentlich wirklich in uns vorgeht. Meistens reicht schon ein gemeinsamer tiefer Atemzug.

Ich wünsche uns, dass unsere Perspektiven noch klarer werden, unsere Analysen noch schärfer, unser Blick auf uns selbst noch ehrlicher, die Auseinandersetzung mit unserem Schmerz noch tiefer, der Wunsch nach Verbindung noch größer. Ich wünsche uns, dass wir wieder weicher werden.

39 Vgl. hierzu Simone Rafael: Angsträume in Berlin. http://www.netz-gegen-nazis.de/artikel/angstraeume-berlin (Zugriff am 14.11.2015).

# THE INTERFACE BETWEEN BRITISH CONTEMPORARY BLACK AND JEWISH CULTURES

DAVID BRAUNER / RUTH GILBERT

On 4th November 2016 a symposium on "The Interface between British Contemporary Black and Jewish Cultures" was held at the University of Reading. The event was sponsored by the "British Jewish: Contemporary Cultures" AHRC network and the "Identities" research group at Reading. It also marked the launch of a large interdisciplinary research project based at Reading, entitled "Towards a British 'Black-Jewish Imaginary': The Interface Between British Black and Jewish Literature, Art and Culture 1945–2015", which seeks to address issues of multiculturalism, race relations and community cohesion in the context of the recent resurgence of antisemitism and spike in hate crime following the Brexit referendum vote. The symposium was divided into four sessions: panels on "Contemporary Fiction", "Shifting Identities" and Zadie Smith, and finally a talk by the playwright, theatre director and academic, Julia Pascal.

The symposium kicked off with three papers from members of the Department of English at Reading – Nicola Abram, David Brauner and Nicole King – and one from Izabella Penier, the Marie Sklodowska Curie Fellow at the Institute for Black Atlantic Research at the University of Central Lancashire. Abram's paper offered a reading of Helen Oyeyemi's novel *The Opposite House*, emphasizing the ways in which the Jewishness of the Black Cuban protagonist's partner is represented as unspeakable and in which Blackness and Jewishness are aligned – and rearticulated – in the figure of their unborn child. Brauner's paper argued that the relationships between Black and Jewish characters in Zoe Heller's third novel, *The Believers*, can be read allegorically in the context of post-war Black/Jewish relations and as a reflection on the transatlantic issues of identity politics. King's paper discussed the ways in which Karen Schwabach represents Black/Jewish alliances in her young adult novel *A Pickpocket's Tale* and interrogated the elision of these alliances in the reception and marketing of the novel. Penier's paper revisited the critical discourse on Caryl Phillips, in particular the reception of his *The Nature of Blood*, in the context of distinctions between metaphorical and metonymic interpretative paradigms.

Drawing from cultural theory, literary readings, historical contextualization, political discourse and creative-critical reflection, the interdisciplinary dimension of the symposium was apparent in the "Shifting Identities" panel. The session opened with Bryan Cheyette's (University of Reading) paper on "The Black-Jewish Ghetto and Beyond". Cheyette's question, "Is the memory and experience of the ghetto a worthwhile concept for understanding the history of racialized minorities and the inequalities of the contemporary world or is it a form of stigmatization?", set out some key points about the ways in which different ghetto histories and cultures are in dialogue with each other. Arguments about imbricated and dialogic identifications were developed in Ruth Gilbert's (University of Winchester) discussion of some of the myths and metaphors about intersecting migratory identities that recur in reflections on the East End of London, often itself figured as a kind of ghetto. Drawing from a conception of the 'East End imaginary', Gilbert's paper considered the ways in which some imaginings of the area, circulating within a metaphorical register of migratory flow and flux, perhaps elide more jagged interfaces.

Madge Dresser's (University of the West of England) paper outlined some charged debates and raised important questions about how the Jewish role in slavery is perceived by Black Britons, by British Jews and its implications for contemporary cultural and political relations. Dresser's perspective, as an academic historian (who has published on both slavery and its legacy in Britain and on ethnic identity) and as a public historian who has worked closely with both museums and Black and Jewish communities and history groups in Britain, signaled the necessity for bringing nuance into these debates, acknowledging that some Jews did own and trade in slaves but rejecting the antisemitic polemics of Louis Farrakhan and Tony Martin.

Dresser's paper was followed by the filmmaker and cultural theorist Ruth Novaczek's reflections on Hannah Black's *Dark Pool Party*. Black's text is a provocative and opaque meditation on shifting identifications and Novaczek's creative-critical perspective provided a welcome introduction to this suggestive piece. This presentation was followed by a screening of Rachel Garfield's (University of Reading) thought-provoking film *So You Think You Can Tell* which explores ideas of identity-formation, in particular the interface between Black and Jewish ethno-racial identities, through interviews with two women whose experiences complicate conventional categorization.

The final two academic papers of the day focused on Zadie Smith's *The Autograph Man*, a text that is rich in its enquiry into the dynamics of various interfaces and intersections. Britta Koelle (University of Oldenburg) presented a paper on the "Hybridity and Precarious Religious Identity in Zadie Smith's *The Autograph Man*". Her paper, which focused on multi-ethnicity and hybridity, and the encounter of Jewishness with non-whiteness, explored the ways in which the interface between Black and Jewish cultures, in Smith's fiction, is underlined by questions regarding both hybridity and authenticity. Following on from this, Karen Skinazi's (University of Birmingham) paper, '"What Happened to that Fat Weird Freak Black Jew Kid?': Black-Jewish Identity in American and British Fiction", looked at what the embodied crossroads of Black-Jewish identity means in and for Smith's novel, and read this in relation to the hybridization of Jewish and racialized identities found in contemporary American fiction.

Finally, proceedings were brought to a close by Julia Pascal, who talked about the concerns of her play *St. Joan* whose Black/Jewish protagonist travels back in time to try to prevent the atrocities of slavery and the Shoah, with accompanying clips from a powerful production of the play in Edinburgh 2014.

The responses to presentations throughout the day were full and energetic. Debates underscored the importance of attending to the subtleties of different perspectives and experiences of Jewish and Black interfaces in today's Britain. As well as connecting scholars working within a range of disciplines and institutions, the symposium generated questions, conversations and connections that undoubtedly signal considerable potential for further exploration. There are already plans for a collection of essays based on the proceedings to be published in a special issue of a journal and for a large follow-up international conference to be held at Reading in 2019.

# „АХ, КАКАЯ КРАСИВАЯ КОСИЧКА!“

EVGENIA GOSTRER

„Ach, was für ein schöner Zopf!“ – Diesen Satz habe ich bis zu meinem 23. Geburtstag sehr oft gehört. In den ersten 15 Jahren war er meist gar nicht an mich gerichtet, sondern an meine Mutter. Der Zopf, manchmal waren es auch zwei, war ordentlich geflochten, denn die Haare durften nicht kraus, also ungeordnet wirken. So etwas ließ Rückschlüsse auf die familiären Verhältnisse zu, oder noch schlimmer, es hätte Ungleichmäßigkeiten und eine gewisse Unangepasstheit vermuten lassen können. Und das wollte keiner – weder ich noch meine Eltern. Das offensichtlich ‚jüdische Aussehen‘ war schon auffällig genug. Also erwiderte ich brav: „Спасибо!“ („Danke!“), und stand täglich die gleiche, nicht ganz schmerzfreie Prozedur durch – früh aufstehen, damit ein schöner Zopf geflochten werden konnte. Keine Sekunde habe ich diesen Vorgang hinterfragt.

Ich habe es auch nicht hinterfragt, als Mitte der 1990er Jahre beschlossen wurde, dass unsere Familie die graue Millionenstadt im Südwesten Russlands alsbald verlassen sollte. Denn ich zweifelte nicht daran, dass an einem neuen Ort, im Süden Deutschlands, alles genauso weitergehen würde wie bisher: morgens aufstehen, sich waschen, frühstücken, ankleiden und zur Schule gehen. Davor aber den Zopf flechten lassen. Von Mama. Manchmal von Papa. Weil sie wussten, was richtig ist. Und wie es weitergehen würde. Und wir kamen an einen Ort, an dem es so viele Ämter und Behörden gab. Zumindest diese mussten doch wissen, wie es richtig mit uns weitergehen sollte. Also ging es weiter. Der Zopf sah jeden Tag tadellos aus. Und doch veränderte sich mit einem Schlag etwas. Alles.

Heute bin ich in der Lage, das, was vor 20 Jahren mit mir und meiner ganzen Familie geschah, präziser in Worte zu fassen. Die Zusammenhänge zwischen den äußeren und inneren Vorgängen herzustellen, diese mit sozio-ethnografischen Fakten und wissenschaftlichen Studien zu belegen, die Unterschiede zwischen den Generationen von Immigrant*innen hervorzuheben und das widersprüchliche Verhältnis der Zugewanderten zu und mit der Aufnahmegesellschaft zu erklären. Auch würde ich mich an die Ambivalenzen in der Definition von Religion und Nationalität herantrauen.

Das Bild wäre aber nicht vollständig, wenn ich nur bei den Tatsachen bliebe. Um etwas wirklich zu verstehen, muss man es spüren. Es ist wie mit dem Zopfflechten – um ihn mir eines Tages selbst machen zu können, musste ich mir die Technik zeigen lassen: wie die Haare in drei gleich große Stränge geteilt werden müssen, dann eine Seite über die Mitte gelegt wird, dann die andere, wie die Strähnen mit dem Daumen fixiert und die Seiten abwechselnd über die Mitte gelegt werden müssen. Flechten, ohne zu sehen, was man tut, ohne zu wissen, ob alles richtig ist, ob der Zopf gut aussieht. Mit allen Sinnen erfahren, wie groß eine Kleinigkeit sein kann, um dann, ein paar Jahre später, den Zopf einfach abzuschneiden.

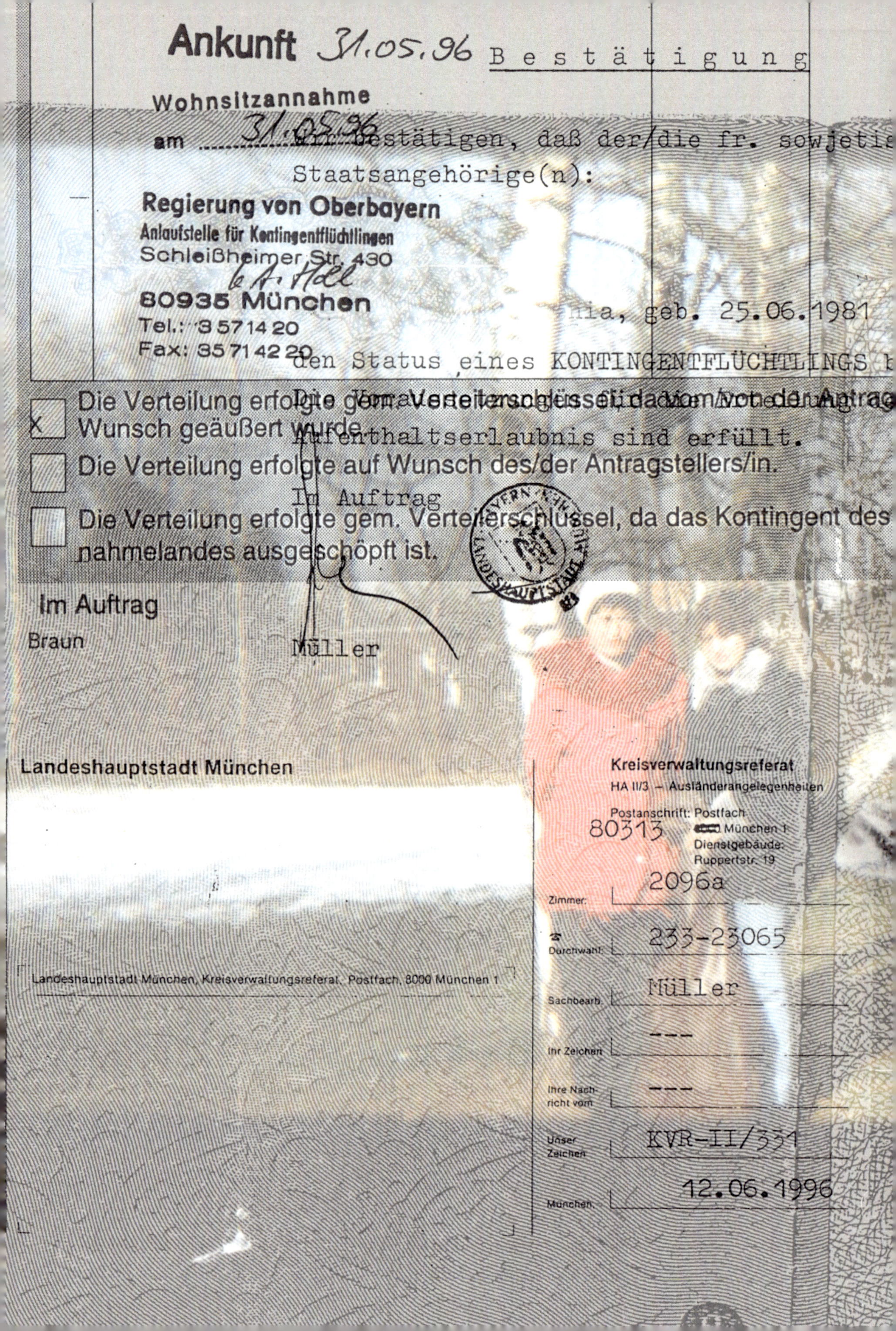

**Ankunft** 31.05.96

**Wohnsitzannahme**

**am** 31.05.96

**Regierung von Oberbayern**
Anlaufstelle für Kontingentflüchtlingen
Schleißheimer Str. 430
80935 München
Tel.: 3 57 14 20
Fax: 35 71 42 20

- [x] Die Verteilung erfolgte gem. Verteilerschlüssel, da vom/von der Antragsteller/in kein Wunsch geäußert wurde.
- [ ] Die Verteilung erfolgte auf Wunsch des/der Antragstellers/in.
- [ ] Die Verteilung erfolgte gem. Verteilerschlüssel, da das Kontingent des Aufnahmelandes ausgeschöpft ist.

Im Auftrag
Braun

Bestätigung

Wir bestätigen, daß der/die fr. sowjetis[che]
Staatsangehörige(n):

...nia, geb. 25.06.1981

den Status eines KONTINGENTFLÜCHTLINGS b...

Die Voraussetzungen für die Erteilung der
Aufenthaltserlaubnis sind erfüllt.

Im Auftrag

Müller

Landeshauptstadt München

Landeshauptstadt München, Kreisverwaltungsreferat, Postfach, 8000 München 1

Kreisverwaltungsreferat
HA II/3 – Ausländerangelegenheiten

Postanschrift: Postfach
80313 München 1
Dienstgebäude:
Ruppertstr. 19

Zimmer: 2096a

Durchwahl: 233-23065

Sachbearb.: Müller

Ihr Zeichen: ---

Ihre Nachricht vom: ---

Unser Zeichen: KVR-II/331

München: 12.06.1996

/besitzen.
keine
chten Auf-
VERWALTUNGSAMT
rwaltungsamt, 50728 Köln
auftragte des Freistaates Bayern
Durchgangsstelle für Aussiedler
Straße 37 - 39
Nürnberg
Durchgangsstelle f
Aussiedler Nürnbe
Eing. 06. DEZ. 1994
EDV erf.
Bundesland
Bayern
6523-3/76
ichen, Ihre Nachricht vom
Meine Zeichen, meine Nachricht vom
III 4 - K 0021696
(02 21) 7 58-
1226
Köln
28.11.
nahme jüdischer Emigranten aus der Sowjetunion
er Bundesrepublik Deutschland
nlage übersende ich den Antrag/die Anträge auf Erteilung einer Aufenthaltserlaubnis mit der Bitte
der Aufnahmezusage/n für die folgende/n Person/en:
Name, Vorname
Geburtsdatum
Geburtsort

# „ABER DIE LÜCKE IST NICHT LEER!“

## *Sarah Nemtsov im Gespräch über die Aneignung von Räumen*

ANNA SCHAPIRO

Das Projekt *Mekomot* ist eine Konzertreihe, die 2015 und 2016 in deutschen und polnischen (ehemaligen) Synagogen stattgefunden hat. Nach dem vorerst letzten der 17 Konzerte am 6. November 2016 in Görlitz trafen sich Sarah Nemtsov, die Initiatorin und künstlerische Leiterin, und Anna Schapiro in Berlin, um über das Projekt *Mekomot* und Selbstermächtigung zu sprechen.

**ANNA SCHAPIRO:** Die zentrale Idee von *Mekomot*, das auf Hebräisch *Orte* bedeutet, ist es, neue jüdische Musik und Gesänge aus dem Gottesdienst in ehemalige Synagogen zu bringen. Im Einleitungsessay zu *Mekomot* schreibt Asmus Trautsch, der mit dir zusammen die Dramaturgie der Konzerte erarbeitete: „Musik gelingt es, Gegenwart zu schaffen.“ Ihr, die Musiker, Dirigenten, Dramaturgen und Organisatoren, macht Euch auf den Weg zu vergangenen Orten, Orten, die in der Gegenwart vergessen zu sein scheinen. Für die Dauer des Konzerts schafft ihr eine Gegenwart, in die die Hörenden einsteigen können. Dann verklingt die Musik und auch ihr zieht weiter. Dieses Bild, von der Intensität der Musik und ihrem Verklingen, von einer Fülle und Leere des Ortes, ist mir nach eurem Konzert in Görlitz in Erinnerung geblieben.

Du hast für das Projekt zeitgenössische jüdische Komponisten angefragt, ein Stück für ehemalige Synagogen zu schreiben. Wie kamst du zu der Idee, gerade zeitgenössische jüdische Kompositionen an diese Orte zu bringen? Wie hast du die Komponisten gefunden und wie haben sie auf deine Anfrage reagiert?

**SARAH NEMTSOV:** Als ich damals diese Idee hatte, habe ich viel recherchiert und bestimmte jüdische Komponisten, die ich kannte, wie Eres Holz und Amir Shpilman, angefragt. Ich wusste von ihnen, dass die jüdische Thematik sie in irgendeiner Weise bewegt, durchaus auch mit einem großen Konflikt, und gleichzeitig, dass sie in Deutschland leben. Ich kannte alle schon einige Zeit als Komponisten und habe ihre musikalische Entwicklung verfolgt und fand, dass sie total unterschiedliche Positionen einnehmen, die ich alle sehr schätze.

Amit Gilutz hat mich auf Bnaya Halperin-Kaddari aufmerksam gemacht. Ich habe dann Sachen von ihm gehört und war total überwältigt, er ist [geb. 1988, Anm. d. Red.] der jüngste in der Gruppe, wahnsinnig begabt, eine ganz eigene Stimme und hat eine interessante Geschichte. Es war ein Zufall, dass alle aus Israel kommen. Jeder von ihnen hat seinen ganz eigenen Weg, so dass man gerade nicht sagen kann: Okay, vier Israelis. Nein, es sind vier Individuen mit ganz unterschiedlichen Geschichten und Lebenswegen.

AS: Und wie haben die vier auf deine Anfrage reagiert?

SN: Ich habe sie lustigerweise am 24. Dezember vor drei Jahren zum Abendessen eingeladen. Es ist ein Tag, an dem, wenn man nicht Weihnachten feiert, alle Zeit haben und an dem zumindest in Deutschland sonst nichts los ist. Wir haben zusammen gegessen und über die Möglichkeit dieses Projekts gesprochen. Ich hatte den Gedanken, einen Kantor und ein Instrumentalensemble zusammenzubringen. Als Kantor schwebte mir gleich Assaf Levitin vor. Ich hatte schon mal mit ihm zusammengearbeitet. Er hatte in meiner Oper gesungen und ich wusste, dass er in der Kantorenausbildung am Abraham-Geiger-Kolleg war und hatte auch schon seine liturgischen Sachen gehört. Bei unserem Treffen ging es auch ganz pragmatisch darum, welche Instrumente gespielt werden sollten. Mein Vorschlag war eine Art Übersetzung biblischer Instrumente. Dann brachte noch jemand eine Flöte ein, die auch in der Bibel vorkommt. Und so ist es gewachsen. Assaf Levitin hat später vorgeschlagen, ob wir uns nicht eine Art imaginären Gottesdienst vorstellen wollen, als Mincha.

AS: Die Instrumente, die ihr ausgewählt habt, sind eine Flöte, eine Harfe, eine Gitarre, eine Oboe, ein Schlagzeug, eine Trompete und das Schofar.

SN: Ja, Trompete mit Schofar. Die Idee für *Mekomot* ist ursprünglich zu Chanukka entstanden, als ich meinen Kindern das Fest erklärt habe und was die Zerstörung des Tempels bedeutete. Unter anderem führte die Zerstörung des Tempels dazu, dass die Musikinstrumente aus dem jüdischen Gottesdienst verbannt wurden. Das ist im orthodoxen Judentum bis heute so. Erst wenn der Messias kommt, können die Instrumente, die in der Bibel erwähnt sind, wieder wie damals beim Gottesdienst im Tempel genutzt werden. Und erst dann kann Instrumentalmusik, wie es sie damals gegeben hat, wieder Teil des Gottesdiensts sein. Im liberalen Judentum gibt es ja durchaus Instrumente im Gottesdienst, aber eben in der Orthodoxie nicht.

Eine weitere Spannung, die für mich einfach interessant war: Was würden diese Instrumente von damals heute sein? Beim Instrument von König David zum

Beispiel denkt man immer an eine Harfe, aber die Harfe steht nicht dafür. Was er hatte, war noch ein anderes Zupfinstrument, das wohl eher gitarrenähnlich war. Oder eine Art Laute.

AS: Die bei euch zu einer E-Gitarre wird.

SN: Genau, die dann bei uns zu einer E-Gitarre wird. Das ist modern. Dann gab es noch ein Schalmei-Instrument, das ist dann die moderne Oboe. Außerdem das Schofar, das einzige Instrument, das aus biblischen Zeiten überlebt hat. Und das ist bei uns die moderne Trompete mit Ventilen. Das Schofar kommt trotzdem auch in einigen Stücken vor, als einziges Signal. Es ist das einzige Instrument, das auch im Gottesdienst erklingt – aber als Ritual, nicht im Sinne von Musik. Es hat nur einen Ton und klingt eigentlich ziemlich furchtbar, aber es hat etwas sehr archaisches, sehr starkes. Und so wie Bnaya es in seinem Stück einsetzt und verfremdet, ist es natürlich irre. Da kommen so viele Klänge raus, die zugleich, das finde ich so faszinierend, ganz archaisch und ganz modern sind.

AS: Was Banya Halperin-Kaddari macht, könnte man ein präpariertes Schofar nennen? Präpariert durch eine Art verlängerten Hals in Form eines Luftballons.

NS: Genau. Und das gibt es einfach (noch) nicht. Das hat Bnaya sich für dieses Projekt ausgedacht und es ist ein großes Glück, dass das Projekt mit diesem Stück beschenkt wurde.

AS: Im Vorfeld der Touren hattet ihr eine Probenwoche mit allen Komponisten und Musikern. Wahrscheinlich war es auch sehr wichtig, dass die Komponisten dabei waren, um überhaupt in die neuen Instrumente einführen zu können, oder?

SN: Genau. Das ist natürlich oft bei neuer Musik so, dass man schon eine gemeinsame Probezeit braucht. Aber hier mussten in der Probenwoche nicht nur die üblichen Sachen besprochen werden, sondern zum Beispiel besprachen wir auch den Ritus, den Assaf eingeführt hat. Er wollte, dass wir das erste *Ashrei* zusammen singen. Das musste erstmal in der Gruppe diskutiert werden. Sollen wir eine Kippa aufsetzen, ja oder nein? Manche hatten ein Problem damit und für mich war dann immer wieder wichtig in der Entscheidung zu sagen: Offenheit. Wer sich danach fühlt, kann eine Kippa aufsetzen, und wer keine Lust, der nicht; es sei denn, an manchen Orten wurde es vorgeschrieben, eine Kippa zu tragen, weil es aktive Synagogen waren – in Dresden und in Warschau beispielsweise.

Worauf das Projekt hinzielt, ist eine Öffnung, ein Zeichen für Toleranz, und das mussten wir auch in der kleinen Gruppe üben. Es gab durchaus Konflikte und wir mussten diese lösen, indem wir uns für die Perspektive des Anderen geöffnet haben. Das zuzulassen war für mich eine der wichtigsten Erfahrungen –

diese menschliche Erfahrung, in der Gruppe und dann auch an den Orten. Das Projekt war kein Durchschnittsprojekt für mich und so ging es sicherlich allen. Es war ein sehr besonderes Projekt, das auch sehr viel abverlangt hat. Denn alle Orte, mit ganz wenigen Ausnahmen wie Köln, waren nicht für Konzerte ausgerichtet. Das heißt, wir hatten immer mit irgendwelchen Schwierigkeiten zu kämpfen. Aber das war auch Teil des Projekts und wäre ohne Josefa Hose, Paul Zöllner und Bettina Lehmann nicht möglich gewesen.

AS: Bei den Kompositionen sind alle sehr unterschiedlich vorgegangen. Eres Holz bezieht sich in seinem Stück auf das Gedicht *Kaddisch*, das Allen Ginsberg für seine Mutter Naomi nach deren Tod schrieb, und dabei das Gebet Kaddisch eigentlich schon komplett umgeht. Amit Gilutz nimmt Teile aus einer Rede von Angela Merkel auf.

SN: Die Stücke sind sehr unterschiedlich: Eres' Stück, das *Kaddisch* nach Allen Ginsberg, das Auszüge aus diesem großen Text vertont und hochkomplex und hochemotional ist, betrifft ganz verschiedene Aspekte: das Judentum, den Verlust der Mutter, die Homosexualität. Es gibt in dem Stück einen großen Höhepunkt, an dem es heißt: „blessed, blessed, blessed!“, also ‚gelobt‘, wie man es aus den jüdischen Gebeten kennt. In diese Stelle hat Eres einen ohrenbetäubenden Lärm mit den Becken geschrieben, der an jedem Ort nochmal anders krass klang. Es gab Orte, wo das wirklich so schrill klang, da bebte dann sozusagen alles.

Sehr berührend finde ich auch das Stück *Resisim* von Amir Shpilman, weil es für mich etwas Lichtes in sich hat. Es hat sehr viel Hoffnung. Es geht einerseits um Scherben, um das Zersplittern von Glas, was er in verschiedenen Tempi darstellt. Unter Zeitlupe, schnell, das tatsächliche Tempo oder in einem mittleren Tempo, und dann gibt es, er nennt das „modale Wolken“, Stellen, an denen er den liturgischen Gesang – nicht nur vom Kantor, sondern dieses Murmeln in der Synagoge – aufgreift. Das klingt dann, als würden mehrere Menschen ähnlich eine Melodie singen und doch nicht gleich. Mehr für sich als miteinander. Es ist kein Choral, sondern ein leicht verschwommenes Durcheinander, das eine bestimmte Poesie hat. Das finde ich auch immer sehr faszinierend in der Synagoge.

Das hat Amir auch in das Stück aufgenommen und für ihn sind die Resisim, die eine Doppelbedeutung haben, zum einen die Scherben und zum anderen der Tau des Morgens. Das ist etwas, das immer wiederkommt, das, was *nach* der Nacht da ist, und positiv ist. Die Musiker benutzen auch Plexiglas, das ein besonderes Geräusch erzeugt. Da gibt es für das Publikum immer viel zu erleben und ich habe das Gefühl, nach diesem durchaus düsteren Ende von Amits Stück, auf das im Programm Amirs Stück folgt, ist es dann so, dass auch wieder eine Lebendigkeit kommt, das ist genau wie der Tau.

Amit driftet in seinem Stück von Gustav Mahlers *O Mensch, gib Acht!* in einen Text von Angela Merkel. Mahler ist tonal, das lässt die Leute sich erstmal zuhause fühlen: Ach, schön jetzt sind wir in der Tonalität, nach den ganzen Dissonanzen und sonderbaren Klängen. Und dann geht das aber schnell davon weg und dieser Merkeltext, den Amit aus dem Interview mit dem palästinensisch-libanesischem Flüchtlingsmädchen entnommen hat,[1] taucht auf. Die Sätze, die Angela Merkel noch einige Monate, bevor diese sogenannte Flüchtlingskrise wirklich entstand, noch gesagt hatte: „Wir können euch ja nicht alle aufnehmen." Am Ende lässt Amit dann die Musiker mit rassistischen Gesten dazu agieren, um auf den Rassismus hinzuweisen, der in jedem von uns in gewisser Hinsicht auch schlummert.

Das Interessante ist, dass Angela Merkel ein paar Monate später sagt: „Wir schaffen das." Ihre Politik hat sich auch nochmal völlig verändert.

AS: Jetzt zu deinem Stück, dem *Ashrei*: Es erklingt ganz am Schluss des Konzerts, es folgt auch kein Gesang. Dein Stück beschäftigt sich mit dem hebräischen Buchstaben Nun, der im Ashrei fehlt.

SN: Genau, es ist eine Vertonung des Textes von Ashrei, Davids Psalm 145. Es ist das erste Gebet des Mincha-Gottesdienstes und geht alphabetisch durch. Bloß fehlt eben ein Buchstabe. Und für mich war diese Lücke so symbolhaft, weil das ja im Prinzip das Thema ist: Diese Lücke, der Verlust, etwas ist verloren gegangen oder wurde ausgelöscht. Bei dem Gebet wird immer noch darüber debattiert, ob der Vers verloren gegangen ist. Diese Lücke ist auch der Jetzt-Zustand. Diese Orte zeigen diese Lücke auf, sie zeigen auf, dass etwas da war, das nicht mehr da ist.

AS: Musikalisch gibt es in dem Stück einen Moment, in dem man die Resonanz, das eigene Echo der E-Gitarre hört, das normalerweise ein Störgeräusch ist.

SN: Ja, das Feedback. Das war für mich die Frage: Was bedeutet Lücke, auch in der Musik? Man kann dabei natürlich an eine Pause denken, aber die Lücke ist nicht leer. Da ist ja etwas. Und auch an diesen Orten ist etwas – es ist nur nicht mehr das, was da mal war. Und da fand ich den Moment interessant, in dem die E-Gitarre bewusst ein Feedback erzeugt. Das hat auch etwas Unberechenbares, da jeder Raum anders auf dieses Feedback reagiert. Es klang manchmal ganz schrill, manchmal eher wie ein dunkler Schrei.

AS: Waren die Konzerte vor allem Erinnerungsveranstaltungen? Wie unterschieden sich die Konzerte für dich? Was war an welchen Orten besonders?

SN: Es gibt ja so wahnsinnig viele Erinnerungsveranstaltungen, natürlich ging es auch bei *Mekomot* darum, zu erinnern. Es war an jedem Ort total spannend, die

1 https://www.youtube.com/watch?v=iWPZuZU5t44 (Zugriff am 31.01.2017).

Geschichte des Ortes rauszufinden, zuletzt in Görlitz – was für eine spannende Geschichte einer Gemeinde, die vor 100 Jahren 800 Mitglieder hatte. Und du hast ja diese große Synagoge gesehen, die von 1909 bis 1911 gebaut wurde, und wo man dann denkt: Die haben das damals alles selber finanziert, die haben das doch nicht nur für 20, 30 Jahre gebaut – die wollten da bleiben! Ich finde das sehr bewegend. Und jetzt ist da keiner mehr übrig.

Dann ist es auch interessant, die Leute zu sehen, die da sind und die sich darum kümmern, dass dieser Ort angemessen genutzt wird. Und es ist ja auch so: Wir sind ja jetzt da! Du auch. Wir sind Juden in Deutschland, wir arbeiten hier, wir machen hier Kunst, es geht weiter und es gibt auch eine Zukunft und es gibt auch ein Nach-vorne-schauen!

Ich habe das Projekt als eines mit einer positiven Kraft nach vorne empfunden, auch wenn es Momente des Trauerns und des Betrauerns und des Schmerzes gibt. Es war auch für die Komponisten zum Teil sehr emotional: Jemand wie Amir, dessen Familie ursprünglich aus Polen kam und der mit dem *Mekomot*-Projekt das erste Mal und als erster seiner Familie wieder in Polen war. Das sind sehr emotionale Momente gewesen.

AS: Wenn du von der Lücke sprichst, da gibt es einen Moment in deinem Stück, in dem die Tür geknallt wird. Ist das eigentlich ein Moment von Wut? Welche Bedeutung hat das Türknallen für dich?

SN: Beides, also es gibt diesen Moment im Text „Poteach et jadecha“, „öffne deine Hand“. Und ja, es hat schon was Zorniges, mit der Tür zu knallen. Andererseits ist es aber eine Öffnung. Die Tür wird aufgemacht. Der Schofarspieler, der Flötist, spielt in meinem Stück nicht und sitzt hinten oder wo auch immer die Tür ist, und man hat ihn eigentlich vergessen mit seinem Schofar. Erst ganz am Ende kommt das und plötzlich, bei dieser Zeile „poteach“, „öffne“, wird die Tür aufgemacht und er spielt Schofar. Das steht für mich dafür, dass es nicht geht, eine Zukunft zu haben ohne Vergangenheit. Dass er Schofar spielt, steht für dieses Archaische, dass er die Tür öffnet, raus, weiter, es geht weiter, die Öffnung ist etwas Positives. Öffnet euch! Seid nicht so zu Menschen! Öffnet euch für das, was ihr nicht kennt! Das war für mich wirklich so eine Art Herzenssache – die Tür zu öffnen.

Und das war an jedem Ort anders: In Dresden haben wir gar keine richtige Tür gefunden, weil da nur diese Vorhänge sind. Am schönsten war die Tür am allerersten Ort, in Stavenhagen, da war das so eine kleine Dorfsynagoge und die Tür ging einfach wirklich nach draußen auf. Das heißt, der Flötist hat die aufgemacht und dann hat er wirklich draußen im Oktoberwetter gespielt. Es gab dort eine alte Holztür, da hat das Ganze mitgeklungen. Diese Tür mochte ich am meisten. Es gab auch an anderen Orten interessante Türen – die in Görlitz mit Hakenkreuzornamentik.

Das fand ich total krass, aber damals, 1909, war es einfach dieses indische Symbol, ein Modeornament. Völlig unschuldig. Noch. Aber das kann man natürlich so kaum mehr erleben.

AS: Vielleicht ist es auch so, dass du durch die Tür auch den ganzen Raum noch mal aktivierst? In Görlitz hatte ich das Gefühl, dass die Wände die Musik kennen. Und dass der ganze Ort mitmacht, weil es ihm bekannt ist.

SN: Ja, da gab es auch für mich immer wieder so bewegende Momente. Zum Beispiel waren wir in Essen, wo ja eine riesige Synagoge ist. Da war alles Marmor und total hallig. Da hat Assaf das *Avinu Malkeinu* als letzten liturgischen Gesang gesungen. Und dann plötzlich, weil dieser riesige Hall da war, hat er in der letzten Strophe eine Pause gemacht. Du hast diesen Hall gehört und da hast du gemerkt, da hätte eigentlich eine Gemeinde antworten können. Die war aber nicht da. Es gab nur dieses Echo in diesem Raum. Und dann hat er *Malkeinu* nochmal gesungen, weil genau das passierte, was Du beschrieben hast: Dass die Wände und alles mit reagiert hat. Das war nicht immer für jedes Stück die vorteilhafteste Akustik, aber es hat jedes Mal etwas Neues erzählt.

AS: In einem Text beschreibst du, dass *Mekomot* für dich auch mit der Wiederbegründung der Oldenburger Gemeinde zusammenhängt. Du bist dort als Kind aufgewachsen. Kannst du den Zusammenhang erklären?

SN: Ja, absolut. Ich weiß nicht, wie die Situation jetzt aktuell in Oldenburg ist, weil ich schon viele Jahre nicht dort gewesen bin. Aber tatsächlich war es für mich eine prägende Erfahrung, als Kind dort aufzuwachsen und mit der Wiederbegründung der Gemeinde groß zu werden: Sara-Ruth Schumann, die das alles mit so viel Energie und Liebe und Engagement aufgebaut hat. Auch meine Mutter war Gründungsmitglied der Gemeinde. Erst waren wir in der Kirche. Wir haben dort sozusagen Unterschlupf bekommen für unseren Schabbat. Da ist Rabbiner Brandt, der damals noch in Hannover war, zu uns gekommen und hat mit uns gelernt. Denn wir waren eine versprengte Gruppe. Das war noch bevor die russisch-jüdische Einwanderung begann. Da waren ein paar Leute aus Israel, ein paar aus Südamerika. Meine Mutter war ja auch eher zufällig in Oldenburg gelandet. Es waren viele, die an das Judentum wieder anknüpfen wollten, aber nicht wussten, was das bedeutet. Alles musste eigentlich wieder neu anfangen.

Und dann gab es noch ein paar Oldenburger, die aus Oldenburg geflüchtet waren und wiedergekommen sind. Eine der Frauen, ich muss immer wieder und jetzt auch bei dem Projekt an sie zurückdenken, war Charlotte Seligmann. Sie ist 2000 mit über neunzig Jahren gestorben. In Oldenburg gab es jedes Jahr am 10. November den Erinnerungsgang an die Nacht vom 9. November 1938. In dieser Nacht wurden fast alle jüdischen Männer Oldenburgs zusammengepfercht und durch die Straßen zum Gefängnishof getrieben, von wo aus sie in die Konzentrationslager geschickt wurden. Das haben die Oldenburger gesehen, da hat keiner was gemacht. Charlotte Seligmann hat es damals erlebt. Und ich bin den Erinnerungsgang mehrfach mit ihr zusammen gelaufen, sie war ja schon alt, sie lief gestützt, untergehakt, das war ganz bewegend. Zugleich: Charlotte Seligmann war dann in der Stadt und bei der Gemeindewiederbegründung dabei. Und wenn ich das richtig weiß, hat sie damals tatsächlich etwas aus der Synagoge gerettet, eine Chanukkia, die sie dann der Gemeinde zurückgegeben hat.

Und das ist eben das Andere: Auch das ganze Positive, wie diese Gemeinde aufgeblüht ist und wie sie immer größer wurde. Und ich finde auch, dass die Probleme mit der russisch-jüdischen Einwanderung, die man von vielen anderen Gemeinden gehört hat – dass das in Oldenburg viel besser mit der Integration geklappt hat. Bestimmt gab es da auch Probleme, aber da ist doch ein ziemliches Gefühl von Gemeinsamkeit entstanden.

Ich erinnere mich auch an das, was Sara-Ruth Schumann alles bewirkt hat. Sie hat es ja geschafft, dass die Gemeinde wieder ein eigenes Gebäude bekommen konnte. 1995 gab es dann wieder eine Synagoge. Dann wurde sie um das Nebenhaus erweitert, dann kam eine Mikwe dazu. Und sie holte Bea Wyler, eine Rabbinerin, die erste Rabbinerin in Deutschland. Ich fand das sehr interessant, denn wir waren von der Liturgie her konservativ. Der Ablauf war eigentlich fast orthodox. Aber zugleich waren Frauen total gleichberechtigt. Das war dort auch so, weil die Frauen einfach alles gemacht haben. Vielleicht ist es jetzt anders, aber damals, in den ersten Jahren, war das dort wirklich so eine Frauenpower.

Von daher habe ich dieses Gefühl: Man spürt die Lücke und man spürt, was alles nicht da ist, diese andauernde Unselbstverständlichkeit. Man spürt, dass diese Geschichte besonders ist, man spürt, dass man eine Minderheit ist. Andererseits aber gibt es dieses Gefühl des Aufbaus und des Weitergehens. Und ich glaube, diese Spannung ist schon etwas, das dieses Projekt prägt. Es kommt aus meiner Kindheit und Jugend heraus, aber eben mit so einem positiven Gefühl am Ende.

AS: Hat *Mekomot* in deinen Augen auch etwas mit Selbstermächtigung zu tun? Ihr geht alle da hin und macht das, was ihr auch sonst macht, ihr komponiert, ihr spielt Musik und tut das mit großem Selbstbewusstsein.

SN: Ja, hat es natürlich schon. Also ich habe manchmal gedacht: Gewissermaßen hat das auch eine Chuzpe, dass man mit so viel neuer Musik an diese Orte geht und die Leute damit konfrontiert. Ich habe eigentlich zum Teil mit Protest oder Ablehnung gerechnet und war überrascht, dass die Leute so bewegt und so offen reagierten. Es ist eine Form von Selbstermächtigung, auch aus dieser Rolle des Bedauertwerdens herauszukommen und zu sagen: Nein, wir sind hier. Hallo.

# # BABEL 21

*Eine ELES-Kollegreihe zu Migration*

Ein Schwerpunkt der ideellen Förderung des Ernst Ludwig Ehrlich Studienwerks lag 2016 auf dem Thema Migration. Dieser bildete sich in der dreiteiligen Kollegreihe *# Babel 21* ab, die im September 2017 in eine Ausstellung überführt wird. Die Ausstellung soll am 12. September 2017 eröffnen und von einem eintägigen öffentlichen Workshop über „Migration und Zukunft der jüdischen Gemeinschaft" am Tag zuvor eingeleitet werden. Das Ernst Ludwig Ehrlich Studienwerk ist das jüdische Begabtenförderwerk der 13 vom Bundesministerium für Bildung und Forschung geförderten Werke. Viele seiner Veranstaltungen, z. B. das Programm *Dialogperspektiven*, richten sich an Stipendiat*innen aller Förderwerke oder an die Öffentlichkeit. Die *ELES-Geflüchteten-Initiative* ist ein von Stipendiat*innen initiiertes Projekt, bei dem sich Engagierte über ihre Arbeit austauschen und dabei unterstützt werden. Das Besondere an der Reihe *# Babel 21* war, dass die Veranstaltungen bewusst als geschützte Räume konzipiert wurden, d.h., dass sie sich ausschließlich an Stipendiat*innen des Studienwerks richtete. Jeweils etwa 20 Stipendiat*innen bekamen dadurch die Möglichkeit, sich über ihre persönlichen Erfahrungen auszutauschen.

Der erste Teil der Kollegreihe mit dem Thema „ARCHIV: Familiengeschichten als jüdische Geschichten" fand vom 1. bis 3. März 2016 in der Alten Synagoge Essen statt. Beispielhaft für die verschiedenen Gruppen, aus denen die jüdische Gemeinschaft sich heute zusammensetzt, standen eine israelische, eine postsowjetische, eine bundesrepublikanische sowie eine Konversionsgeschichte der Stipendiat*innen im Mittelpunkt des Kollegs. Sie wurden in Hauptvorträgen präsentiert. Der Fokus lag darauf, anhand der Geschichten ein tieferes Verständnis jener Migrationsgruppen zu erlangen sowie die geographischen Bewegungen der Familie oder der Person nachzuvollziehen, aber auch den

Raum für schmerzvolle Fragen und Auseinandersetzungen zu (er)öffnen. Zwei Fragen waren dabei zentral: Was hat die Migration mit dir oder deiner Familie gemacht? Und: Welchen Vorurteilen bist du oder/und ist deine Familie durch die Migration innerhalb und außerhalb der jüdischen Gemeinschaft begegnet? Da sich viele der Stipendiat*innen aktiv in der sich verändernden deutschen Gesellschaft engagieren, spielte die Frage, welche Perspektiven aus den individuellen Erfahrungen auf die heutige jüdische Gemeinschaft und auch auf die deutsche Gesellschaft allgemein entstehen, eine zentrale Rolle. Diese bildeten, neben dem Blick auf die Geschichten der einzelnen Teilnehmer*innen, den Abschluss.

Der zweite Teil der Kollegreihe zum Thema „MATRIX. Juden als ‚Geschenk' oder Verwalten von Emotionen" fand vom 19. bis 21. Juli 2016 in Nürnberg statt. Ein Besuch der jüdischen Abteilung des Bundesamts für Migration ermöglichte einen Einblick in die Qualifizierung und bürokratische Verwaltung der Minderheiten in Deutschland. Die Referentinnen Dr. Karen Körber und Dr. Yael Almog lieferten durch ihre Vorträge den wissenschaftlichen Hintergrund zur Einwanderung aus der ehemaligen Sowjetunion und der aktuellen israelischen Einwanderung. Beherbergt wurde die Gruppe von der Israelitischen Kultusgemeinde Nürnberg, die Einblicke in das heutige jüdische Leben der Stadt gewährte. In den folgenden beiden Beiträgen reflektieren die Stipendiat*innen Greta Zelener in Bezug auf ihre Familiengeschichte und Niels Hölmer vor dem Hintergrund seiner Arbeit in der Geflüchtetenhilfe ihre Erfahrungen während dieses Kollegs.

Der dritte Teil der Kollegreihe mit dem Titel „‚Unser Flug nach Tel Aviv geht nächsten Mittwoch': Europas Juden und ihr Israel heute" fand vom 27. bis 29. September 2016 in der Synagoge Pestalozzistraße, Berlin, statt. Hier wurde ein Blick auf Israel und die verschiedenen in der jüdischen Gemeinschaft in Deutschland vorherrschenden Israelbilder geworfen. Die Referenten Yakov Hadas-Handelsman, Botschafter Israels in Deutschland, sowie die Historiker Avi Blumenfeld und Dr. Jannis Panagiotidis nahmen dabei unterschiedliche Perspektiven auf den Staat Israel ein. Stipendiat*innen erzählten von ihren persönlichen (manchmal gescheiterten) Migrationsgeschichten nach Israel. Auch die Frage des israelischen Umgangs mit Geflüchteten wurde dort kritisch reflektiert und auf die in Deutschland geführten Debatten bezogen.

Ein wesentlicher Programmteil aller drei Kollegs war den Perspektiven der Stipendiat*innen vorbehalten: Zu jedem der drei Themen waren die Teilnehmer*innen gebeten worden, kurze Präsentationen ihres ganz persönlichen Bezugs zu dem jeweiligen Thema vorzustellen. Ihre unterschiedlichen Perspektiven spiegelten sowohl Brüche als auch verbindende Momente der Geschichten wider; das führte zu einer respektvollen Gruppenatmosphäre. Man begegnete sich mit großer Achtsamkeit. Dies bot Raum für Geschichten, die trotz großer Unterschiede und Widersprüche nebeneinander wahrgenommen werden konnten.

Die Reihe wurde von dem ELES-Referenten Dr. Dmitrij Belkin konzipiert und gemeinsam mit Anna Schapiro, der Autorin, die sie kuratorisch begleitete, sowie Claudia Goldbach, die die Reihe praktisch organisierte, geleitet.

ANNA SCHAPIRO

## VERWALTEN VON EMOTIONEN ODER EIN AUSFLUG DER ABSURDEN DUALITÄT

Als ich in Nürnberg ankomme, weiß ich noch nicht viel über die Stadt. Ich erwarte mittelalterliche Gassen, mächtige Bürgerhäuser und gotische Kirchen. Und – für mich als Jüdin wenig verwunderlich - verbinde ich mit der Stadt die Nürnberger Prozesse. Von *Wikipedia* weiß ich, dass es sich mit einer halben Million Einwohner*innen um die zweitgrößte Stadt Bayerns handelt und dass das ehemalige Reichsparteitagsgelände eines der wichtigsten Sehenswürdigkeiten ist. Die historische Bedeutung der Stadt ist mir zum gegebenen Zeitpunkt emotional noch fern. Das Wetter spielt mit und taucht die teilweise wenig einladenden Gebäude, die für mich nach kalten Albert-Speer-Bauten aussehen, in ein warmes Goldgelb. Der Zufall, dass die Straße, die mich zu unserem Hotel führt, „Von-Führer" heißt, lässt mich kurz schmunzeln.

Wenige Stunden später stehen wir Teilnehmer*innen des Kollegs im Foyer des Hotels. Wir kennen uns noch nicht. Noch ahnen wir nicht, wie nah und fern zugleich unsere Geschichten einander sind, wie ähnlich und unterschiedlich unsere Perspektiven.

Am nächsten Tag besuchen wir das Bundesamt für Migration und Flüchtlinge. Das BAMF-Gebäude ist fast schon erdrückend groß. Es strahlt etwas Herrisches aus. In mir kommen das erste Mal zweideutige Gefühle hoch. Seit nun mehr als einem Jahr vergeht kaum ein Tag, an dem man diesen vier Buchstaben in sämtlichen Schlagzeilen nicht begegnet. Es ist fast so, als würde man einen Prominenten treffen, den man sonst nur aus der fernen Welt der Medien kennt. Ein recht trauriger Star, zugegebenermaßen.

Wir werden freundlich in Empfang genommen, in einen Konferenzraum geführt und die beiden Damen vom BAMF beginnen ihre Präsentation zum Thema „Kontingentflüchtlinge 1991 bis heute". Sie berichten, dass nach Angaben des Bundesverwaltungsamtes und des Bundesamtes für Migration und Flüchtlinge zwischen 1991 und 2004 insgesamt um die 220.000 jüdische Zuwanderer und Zuwanderinnen nach Deutschland kamen. 2004 wanderten weitere 12.000 jüdische Zuwanderer ein, Trend abnehmend. Wir besprechen die strikteren Einwanderungshürden seit 2005 und die Abgrenzung zu anderen Minderheiten, etwa zu russischen Spätaussiedler*innen. Die Mitarbeiter*innen liefern zahlreiche Details und Fakten, beantworten unsere Fragen. Sie sprechen über unsere Vergangenheit. Ich bin zu Anfang darum bemüht, meine Rolle als Stipendiatin zu erfüllen, nämlich darauf bedacht, eine gewisse wissenschaftliche Distanz zu der Thematik aufrechtzuerhalten. Es gelingt mir nicht. Die beschriebenen bürokratischen Vorgänge, die kalten Zahlen, lassen mich nicht vergessen, dass dahinter Menschen mit ihren Erfahrungen und Geschichten, ihren individuellen Schicksalen stehen. Es sind keine Akten, es sind meist Familien.

Ich verlasse für einen Moment den Raum und laufe die grauen Gänge entlang. Plakate an den Wänden erzählen von der Geschichte des Baus: Mit der Bestimmung Nürnbergs zur ‚Stadt der Reichsparteitage' wurde 1933 auch die Entscheidung gefällt, einen Kasernenneubau als Herberge der SS-Truppen für den Aufenthalt während jener Reichsparteitage zu errichten. Diesen Zweck erfüllte die Kaserne jedoch nie. Sie wurde vielmehr als Einrichtung der Waffen-SS genutzt. Teilweise sind noch Reichsadler über den Türen zu erkennen. Mich überfällt ein beklemmendes Gefühl. Genau hinter diesen Türen wurde vor zwanzig Jahren darüber entschieden, wo meine Familie leben und ich aufwachsen sollte. Knapp fünfzig Jahre nach der Shoah entschieden hier Deutsche wieder darüber, wer jüdisch ist und wer nicht – wer also als sogenannter Kontingentflüchtling nach Deutschland kommen durfte. Der Ausflug endet beim gemeinsamen Essen mit Coq au Vin in der BAMF-Kantine – man ist um Vielfalt und Weltoffenheit bemüht, auch im kulinarischen Sinne.

Abends sitzen wir in gemütlicher Runde. Nach dem theoretischen Input am Vormittag wird es nun persönlich. Ich beginne die Geschichte meines Vaters zu erzählen. Auch er war 1996 einer von vielen in den Warteschlangen vor der Deutschen Botschaft in Kiew. In Odessa am Schwarzen Meer geboren und aufgewachsen, entschieden meine Eltern 1993 der Familie meines Vaters nach Berlin zu folgen. Meine Mutter suchte damals den Rat eines Rabbiners, um sich in ihrem Vorhaben zu stärken. Als Antwort bekam sie jedoch: „Was wollt ihr dort? Auf den Skeletten eurer Vorfahren tanzen?"

Vor Beginn der Reise telefoniere ich mit meinem Vater. Es ist tatsächlich das erste Mal, dass ich so ausführlich mit ihm über die Vorgänge und Gefühle von damals spreche. Er erzählt mir, dass es meist friedlich und geregelt ablief. Er habe kein Chaos erlebt, wie man es normalerweise in der bürokratischen Welt der Ukraine erwartet hätte. Die Wartenden hätten sich gegenseitig beigestanden, man sprach über Erwartungen und die Hoffnung auf ein besseres Leben in Deutschland, aber auch über alltägliche Ängste vor der andersartigen Mentalität und Sprache. Es ist mir ganz und gar nicht fremd, was er damit meint, wenn er von „deutscher Ordnung" spricht, war ich doch als Kind von Migrant*innen unzählige Male bei den Behördengängen dabei. Jedes Mal, wenn ich ihm während unseres Telefonats eine neue Frage zu dem verwaltenden Ablauf stellen möchte, beantwortet er sie sehr knapp. Es ist ihm wichtig, von anderen Dingen zu sprechen. So manch eine Enttäuschung sitzt noch tief und so manch eine Behandlung wird bis heute als falsch empfunden. Er beklagt beispielsweise, dass seine Universitätsdiplome nicht anerkannt wurden. So empfindet er zwischen sich und Russlanddeutschen, deren Abschlüsse in Deutschland anerkannt wurden und die sofort die deutsche Staatsbürgerschaft erhielten, keinen Unterschied. Mir drängen sich Fragen auf: Wie werden Minderheiten konzipiert? Existiert eine Art Hierarchie oder ‚bevorzugte' Einwanderung?

Mit dem Gespräch im Hintergrund denke ich über unseren Besuch beim BAMF nach. Wir haben nur die Abteilung für Angelegenheiten der jüdischen Einwanderung besucht, haben nur über jüdische „Kontingentflüchtlinge" gesprochen, während ein paar Räume weiter die „Tische brennen", beladen mit aktuellen „Schicksalen". Und obwohl wir uns in unserer „jüdischen Blase" aufgehalten haben, fühle ich mich jetzt in der Lage, mit meinem neu gewonnenen Wissen um die eigene Vergangenheit, die Rolle der heutigen Geflüchteten besser zu verstehen und eine Nähe zu ihren Geschichten zu empfinden.

Diese Exkursion zu überdenken und auf Papier zu bringen stärkt mich. Im Prozess des Schreibens erkenne ich bei meinem eigenen Vorgehen genau die beiden Komponenten, die mir zunächst als absurde Dualität erschienen: Das ‚kalte' bürokratisch Verwaltende einerseits und die persönlichen Geschichten andererseits, die dem Geschehen etwas ‚warmes' Emotionales hinzufügen. Ich reflektiere den Besuch beim BAMF und verbinde ihn mit meiner eigenen Migrationsgeschichte. Ich strukturiere sie, systematisch, rational. Gleichzeitig bringe ich meine Geschichte und damit einen Teil meiner Identität auf Papier. Es berührt etwas in mir. Ich merke: Ratio und Herz sind im Prozess einer Aus- und Einwanderung für mich nicht zu trennen.

Ein Abend des Kollegs endet mit der Erzählung von Lina, einer Mitstipendiatin (Name zum Schutz der Privatsphäre geändert). Sie bettet ihre ersten Eindrücke und Erlebnisse in Deutschland in eine Aufzählung von Leckereien: Raffaello war für uns Kinder der Sowjetunion so etwas wie eine magische weiße Kugel, Bifi hingegen etwas befremdlich. Wir lachen und ich empfinde diese Situation als ermächtigend. Trotz unserer individuellen Geschichten und Perspektiven teilen wir viele Ereignisse und Erfahrungen. Ich bin mit meinen Gefühlen nicht allein. Zu spüren, dass man einer Gruppe angehört, die ein gemeinsames Schicksal teilt – das schafft Halt und ich merke, wie nah ich mich diesen Menschen fühle, auch wenn wir vollkommen verstreut in Deutschland aufgewachsen sind und uns erst seit wenigen Tagen kennen.

GRETA ZELENER

**PERSPEKTIVWECHSEL: „JUDEN ALS GESCHENK" ODER DIALOG ALS MITTEL DER SELBSTERMÄCHTIGUNG?** Migration ist kein neues Phänomen und wir alle sind auf die eine oder andere Art und Weise damit konfrontiert. Wer kennt nicht die zahlreichen Bilder von restlos überladenen Booten auf dem Mittelmeer, von Menschen, die verzweifelt versuchen, die meterhohen Zäune von Ceuta und Melilla zu überwinden und die nicht enden wollenden Schlangen Geflüchteter vor der Berliner Erstaufnahmestelle im Sommer 2015? Und dennoch wissen wir viel zu wenig über diejenigen, die davon betroffen sind. Während meiner Arbeit für eine Menschenrechtsorganisation auf Sizilien und Lampedusa habe ich viele Menschen getroffen, die ihre Heimat unfreiwillig verlassen mussten – gestrandet an der europäischen Mittelmeerküste, auf ihrem Weg nach Frankreich, Großbritannien, Schweden oder Deutschland. Fluchtgeschichten, die sich nicht mehr vergessen lassen.

Wie fühlt es sich wohl an zu migrieren? Die Heimat zu verlassen, sich ein neues Leben aufzubauen? Ich kenne dieses Gefühl nicht. Ich bin in Berlin aufgewachsen, in Deutschland sozialisiert. Ich spreche aus der Perspektive der deutschen Mehrheitsgesellschaft. Vieles von dem, was Migrant*innen und post-migrantische Generationen in Deutschland erleben, bleibt für mich unverständlich. Nicht weil ich meine Augen verschließen oder mich wegdrehen möchte, sondern weil mein persönlicher Erfahrungshorizont es nicht zulässt, individuelle Flucht- und Migrationserfahrungen in ihrem vollen Umfang nachzuvollziehen. Und dennoch, der Dialog und die Auseinandersetzung mit der Lebensrealität der ‚Anderen', so denke ich, steht in direkter Beziehung zu einem gleichberechtigten und respektvollen Umgang innerhalb einer demokratischen und vielfältigen Gesellschaft.

Das Phänomen Migration hat viele Gesichter. Viele davon bleiben in unserer Gesellschaft zu oft unbeachtet. Im Rahmen des ELES-Kollegs „Matrix: Juden als ‚Geschenk' oder Verwalten von Emotionen" hatte ich die Gelegenheit, mich mit einer für mich neuen Perspektive auf das Thema auseinanderzusetzen. Natürlich wusste ich, dass jüdisches Leben in Deutschland, so wie es heute existiert, ohne die Zuwanderung aus den Staaten der ehemaligen Sowjetunion seit den 1990er Jahren kaum denkbar wäre. Der Begriff des ‚Kontingentflüchtlings' wiederum erschien mir immer schon recht merkwürdig.

1991 wurde von der Ständigen Konferenz der Innenminister hinter verschlossenen Türen die Aufnahme jüdischer Zugewanderter aus der ehemaligen Sowjetunion in die Bundesrepublik beschlossen. Erst kurz vor dem Kolleg in Nürnberg hatte ich gelesen, dass der damalige Innenminister Wolfgang Schäuble es als Geschenk für Deutschland bezeichnet hatte, dass nach dem Holocaust wieder jüdisches Leben in Deutschland wachse. Diese objektivierte Darstellung von Migrant*innen als ‚Geschenk' erschien mir recht merkwürdig, sprach sie ihnen doch die Möglichkeit ab, den Grund und die Bedeutung des Migrationsaktes selbst zu definieren. Ging es hierbei womöglich vielmehr um die Gewissensbisse der Deutschen, als um Jüdinnen und Juden, die auf der Suche nach einer besseren Zukunft nach Deutschland kamen? Ebenso warf die sprachliche Verbindung bürokratischer Maßnahmen und gesetzlicher Regelungen mit emotionalen Aspekten für mich viele Fragen auf: Ein Verwaltungsakt als vermeintlich gutmütige Geste der ‚Wiedergutmachung'? Oder vielmehr ein Geschenk der Deutschen an sich selbst? Die Pille gegen das schlechte Gewissen?

Ein lebendiges Mahnmal, dass uns wieder einmal das eigene (aufgearbeitete?) Verhältnis zur deutschen Vergangenheit vor Augen führt? Wenn jüdische Zuwanderung als Geschenk für Deutschland bezeichnet wird, geht es dann nicht vielmehr um ‚uns' als um die ‚Anderen'?

Ich fühlte mich an die aktuellen Debatten um die Aufnahme von Geflüchteten erinnert. Wieder ist von Kontingenten die Rede. Wieder stehen bürokratische Verfahren im Mittelpunkt. Wer darf bleiben, wer muss gehen? Nur die Begrifflichkeiten haben sich geändert: ‚Flüchtlingskrise', ‚Migrationsansturm', ‚Menschenströme'. Ein mediales Spektakel, das kaum Raum für die Auseinandersetzung mit individuellen Migrationserfahrungen lässt. Angstszenarien als Ausdruck der Hierarchisierung von Migrant*innen?

Umso bereichernder war es für mich, während des Kollegs in Nürnberg mehr über die sehr persönlichen Migrationsgeschichten der anderen Stipendiat*innen zu erfahren. Ich hatte das Gefühl, dass das Kolleg vielen der Teilnehmer*innen die Möglichkeit bot, sich in einem geschützten Raum mit den eigenen Erfahrungen und Positionen auseinanderzusetzen. Nicht nur durch Erzählen, sondern auch durch Fragen. Fragen nach den Erlebnissen der Anderen, aber auch nach der Vergangenheit der eigenen Familien. Einige der Kollegteilnehmer*innen hatten sich zum ersten Mal ausführlicher mit der eigenen Familiengeschichte auseinandergesetzt. Sprache ist Macht und das Wort zu ergreifen kann durchaus ein Mittel der Selbstermächtigung sein. Obwohl ich viel zu sagen hatte, erschien es mir wichtiger, erst einmal zuzuhören. Mehr noch als der Besuch beim BAMF waren es der enge Austausch und die neuen Freundschaften, die es mir ermöglicht haben, innerjüdische Diskurse um jüdisches Leben in Deutschland besser zu verstehen – wie unterschiedlich die Migrationserfahrung von den Teilnehmer*innen wahrgenommen wurde, was es bedeutet, sich als jüdische*r Migrant*in innerhalb der nicht-jüdischen Mehrheitsgesellschaft zu bewegen, und nicht zuletzt, wie wichtig es ist, Räume zu schaffen, in denen Juden und Jüdinnen selbstbestimmt über ihre Positionen und ihre Rollen innerhalb der Gesellschaft verhandeln können.

Ich möchte nicht falsch verstanden werden – ich möchte nicht, dass jüdisches und nicht-jüdisches Leben in Deutschland getrennt voneinander gedacht werden. Ganz im Gegenteil, der enge Austausch und die intensive Auseinandersetzung mit unterschiedlichen Erfahrungswerten ist die Grundlage für die Überwindung von Ressentiments und Vorurteilen. Ein Diskurs jüdischer Selbstermächtigung ist jedoch erst einmal ein jüdischer. Die Auseinandersetzung mit der eigenen jüdischen (Migrations-)Geschichte sollte in einem Rahmen erfolgen können, der es ermöglicht, die vorherrschenden Definitionen jüdischen Lebens in Deutschland durch die ‚deutsche Vergangenheit' kritisch zu hinterfragen. Nicht durch die Sinngebung und Deutung jüdischen Lebens von außen, als ‚Geschenk', sondern durch die bewusste Positionierung innerhalb der Gesellschaft können Jüdinnen und Juden diese im eigenen Sinne mitgestalten.

Solch ein Diskurs darf dennoch nicht auf die jüdische Gemeinschaft beschränkt bleiben, denn er betrifft die ganze Gesellschaft. Die Mittel aller Anderen bestehen in der Solidarisierung mit jüdischen Positionen und darin, innerhalb der Mehrheitsgesellschaft Sensibilität für diese Anliegen zu schaffen. Hierzu ist es unumgänglich, dass sich auch nichtjüdische Akteurinnen intensiver mit den Umständen und Folgen von Migration, mit den individuellen Lebenserfahrungen Geflüchteter und vor allem mit den Ursachen und Konsequenzen von Ausgrenzung und Diskriminierung befassen. Gerade die jüngere Generation, ob jüdisch oder nicht, hat die Chance, durch gegenseitiges Fragen und Verstehen bestehende Barrieren zu überwinden.

Es ist an der Zeit, dass sich auch die deutsche Mehrheitsgesellschaft intensiver mit jüdischen Positionen zur Gegenwart auseinandersetzt. Doch dazu müssen wir den Mantel der statischen Gedenkkultur, der Juden und Jüdinnen auf ihre Funktion als Opfer und Mahner reduziert, abstreifen und uns auf anderen Ebenen annähern. Gerade das Wissen um die Vielfältigkeit von Migrationserfahrungen ist sicherlich ein guter Anfang, um neue Zugänge und Anknüpfungspunkte sowohl für das Verständnis von jüdischem Leben als auch von Flucht- und Migrationsgeschichten zu schaffen.

NIELS HÖLMER

# *WATCH ME, DADDY*

## *Auszug aus dem unveröffentlichten Theaterstück* VERSTEHEN SIE DEN DSCHIHADISMUS IN ACHT SCHRITTEN!

SASHA MARIANNA SALZMANN

*Uraufführung im Frühjahr 2017 am Maxim Gorki Theater Berlin*

Lieber Papa, sie sagen, ich habe nach dir gesucht, aber das stimmt nicht. Als ich abgehauen bin von zuhause, immer und immer wieder, *du* hast nach mir gesucht, nicht andersrum, und ich habe nie Sehnsucht nach dir gehabt oder danach, gefunden zu werden.

Du fandst mich im Feld, liegend zwischen den vor sich hin grasenden Stuten, ich lag mit dem Gesicht im Gras, Abdrücke der Halme auf der Wange, sie juckte, du hast mich weggezerrt, mich ins Auto gezwungen, ich weiß, du hast dir Sorgen gemacht, deine Augen waren gerötet, du schnaubtest, du hast eine nach der anderen geraucht, obwohl die ganze Welt weiß, dass du es hasst. Dass du Nichtraucher bist. Und versuchst der Welt etwas zu beweisen. Aber es ist ihr egal, Papa, es geht ihr am Arsch vorbei.

Ich habe gezittert, das weiß ich noch. Es war so kalt, es ist immer so kalt in dem Land, in das du mich reingezwungen hast, man kann nicht mal richtig weglaufen, man erfriert. Ich schaute dich an. Dir war auch kalt, du hattest nur ein Hemd an und eine rote Nase. Und du hast eine Sprache gesprochen, eine andere, deine. Die, die aus dir rauskommt, wenn du stolperst. Wenn dir jemand fast vor den Wagen rennt.

Papa, als du ein Hippie-Ausländer in diesem Land warst und blonde Frauen bei Demonstrationen von den Grünen dir die Haare entlaust haben, hättest du gedacht, dass du einmal dieser jemand sein wirst, von dem die Leute sagen:

„Siehst du *ihn*? Da ist er. Wenn du dich gut mit ihm stellst, hilft er dir vielleicht."

Vielleicht hilft *er, er* mag es zu helfen. *Er* hat Geld. Geld. Geld. Geld. Ja! Und wie viel!

Du ließest uns wissen, wie viel. Man konnte es an dir riechen.

Noch bevor das Geld da war, trugst du schon diese Anzüge und diese Uhr und plötzlich hatten wir einen Fahrer und andere Fernseher und haben anderen Urlaub gemacht und haben anders gegessen und ich hatte dieses Gefühl, seit ich denken kann, seit ich dich kenne, dieses Gefühl tief in mir, in meinem Magen, noch bevor du mir gegen meinen Willen Geldscheine in die Tasche gesteckt hast. Das Gefühl: So will ich nicht sein.

Du hast versucht, mich zu erziehen, aus mir einen Mann zu machen, jemanden, der reinpasst, der nicht weiß, was hinter ihm liegt, einer, der nach vorne blickt. Einer, der seinen Kopf oben hält, obwohl ihn die Fünfhundert-Euro-Kopfhörer runterdrücken.

Du wolltest *dein* Bestes, indem du mein Bestes wolltest, und ich bin kein Vorzeigeobjekt deiner zu erfüllenden Träume.

Ich sollte glänzen, aber nicht hochnäsig sein, ein Streber, aber es niemandem sagen. Ich sollte nicht auffallen in deinem Koordinatensystem von Zeit, Raum und Ordnung. Du sagtest, du willst ein leichtes Leben für mich. Keine Probleme.

Du sagtest, jeder von uns ist ein Platzhalter, unsere ganze Sippe. So, wie sie auf mich schauen, schauen sie auf uns alle.

Und du bist nicht drauf gekommen, dass daran vielleicht etwas nicht richtig sein könnte. Es war einfach so.

Du hast dir deinen Akzent so hart abtrainiert, deinen Bart wegrasiert, mit dem Trinken aufgehört, all diese Parfüms aufgelegt, sogar deinen Gang geändert. Du sagtest, das alles ist für mich. Meine Zukunft. In die bist du gelaufen mit deinem Gang, deinem neuen Gang, mit dem Gang eines wichtigen Mannes bist du in meine Zukunft gelaufen und hast mich hinterher gerufen.

Und als ich sagte, dass ich schreiben will, hast du gelacht.

Du fragtest mich, warum ich meine Freundinnen nicht mit nach Hause bringe, sei doch genug Platz für alle, oder bin ich etwa schwul?

Ich hatte Angst meine Freundin nachhause zu bringen, Papa, ich hatte Angst eine Freundin zu haben, eine Frau anzufassen und so zu werden wie du.

Ich habe gesehen, wie du deiner Freundin, die kaum älter war als ich, Schlaftabletten gabst. Hast die Hand ausgestreckt und ihr gesagt, sie soll schlucken.

Weil sie nicht schlafen konnte.

„Das ist gut für dich."

Und als sie sie einmal nicht nehmen wollte, nicht freiwillig, hast du ihr die Tabletten in den Drink gemischt, für den sie viel zu jung war.

Glaubst du, ich habe das nicht gesehen oder wolltest du, dass ich es sehe?

Alle deine Freundinnen sahen aus wie die Frau aus der Werbung für den Rasierschaum, den du benutztest. Mit langen dicken Locken, sie alle zeigten ihren Bauchnabel, genauso wie die Frau in dem Werbespot, ich musste mir ihre Nabel anschauen und stellte mir vor, wie ich durch sie durchsteche und sie verpuffen, wie Luftballons, die zu einem falschen Anlass aufgeblasen worden sind an einem falschen Ort.

Du hast dir so viel Mühe gegeben, ein Bild zu sein. Das Bild eines Mannes, dessen Anzüge sitzen, dessen Initialen in den Kragen des Hemdes eingenäht sind, dessen mit Kinderhänden gerollte Zigarren frisch von den Inseln geliefert sind, obwohl er nicht raucht, obwohl er es hasst wie die Pest, aber gerne nuckelt.

Das Bild eines Mannes, der nie die Kontrolle verliert, aber schreit, wenn ich bei Rot über die Straße gehe, wenn ich nicht ausreichend gute Noten nachhause bringe, wenn die Lehrer sich beschweren, dass ich im Unterricht provoziere, dass ich *destruktiv* bin. Das stimmt nicht, Papa, ich habe die Lehrerin etwas gefragt und sie konnte mir nicht antworten und als ich ihr das sagte, dass sie keine Antworten parat hat auf die wichtigen Fragen, auf die eigentlichen Fragen des Lebens, ist sie ausgerastet, und du wolltest noch nicht mal wissen, was ich sie gefragt hatte.

Du warst zu sehr damit beschäftigt ein Mann zu sein, der dem Polizisten, der seinen Sohn nachhause bringt, ruhig die Hand schüttelt und ihr euch verständigt, dass es bei einer Verwarnung bleibt. Beim ersten Mal. Beim fünften konntest nicht mal du die Anzeige abwenden, aber es sind ja Kleinigkeiten, kleine Delikte. Ich habe mich gefragt, ob du enttäuscht warst, dass der Grad meiner Vergehen so klein war, nie wirklich was Größeres, nie wirklich mit Sinn.

Warst du enttäuscht?

Ich glaube nicht, dass es je eine größere Enttäuschung für dich gegeben hat, als die Tatsache meiner Geburt. Der Rest waren Details. Du hast es mich spüren lassen.

Aber das ist ok, weil ich so nie vorspielen musste, dass wir uns mögen. Ich musste nicht so tun, als hätten wir uns etwas zu sagen. Und wir lebten aneinander vorbei, ohne dass es eine Berührung gab, die ich vermissen musste.

Papa, ich habe dich nicht gesucht und du hast mich nicht im Stich gelassen, für all das warst du nie wichtig genug. Und ich dir auch nicht. Wir waren uns Geister. Wir konnten uns nicht mal schlagen, wenn wir böse aufeinander waren. Griffen durch den anderen hindurch.

Es war lustig. Lustig, wenn du manchmal anfingst einen Vater zu spielen. So wie du dir einen Vater vorgestellt hattest. Woher hattest du das? Aus Serien? Hast du dir das bei deinen Freunden abgeguckt? Mich in dein Büro zitiert, wo Mama mich von der Wand anschauen konnte, während du, Papa, die Hände gefaltet auf dem Rücken, auf und ab gingst und dich gebärdetest wie es sich gehört für einen Mann, wie du einer bist. Deine Stirn pochte und wurde fettig, wenn du mir die Leviten gelesen hast.

So hast du es selber genannt: die Leviten lesen.

Ein echter Mann gebärdet sich und liest seinem Sohn die Leviten.

Wenn du dann dort, in deinem Büro, mit Mama an der Wand hängend, versuchtest ein Vater zu sein, eine Autorität. Ich musste mich zusammenreißen, um nicht zu lachen.

Deine Wände hängen voll mit Kunst, die du nicht verstehst, aber du weißt, es sind Raubschätze von Leuten, die in KZs umgekommen sind. Und es ist dir egal. Sie sind eine gute Kapitalanlage. Und Mama hängt irgendwo dazwischen.

Du mit deinen gefalteten Händen auf dem Rücken, hältst dir selber die Hand.

Du mit dieser Miene, steinhart, steinalt, du hast angefangen, dir die Haare zu färben, wie du angefangen hast, regelmäßig zur Maniküre zu gehen, und Pediküre und Massagen und was nicht noch alles, weil du dir selber nicht die Fingernägel schneiden kannst und nicht deine Füße anfassen und nicht den Rest.

Du auf deinem Laufband ins Nichts, während du checkst, wie deine Aktien stehen. Sie stehen gut. Und du rennst. Auf deinem Laufband. Du investierst in Firmen, die Massengräber füllen, in Ländern weit weg, du rennst auf der Stelle, achtest darauf, keine Plauze zu bekommen im Alter.

Du in deinem einwandfrei sitzenden Anzug mit den Initialen und Make-Up-Resten im Kragen, ich fragte mich, ob sie von deiner fast volljährigen Freundin sind oder hast du angefangen dich zu schminken?

Rohes Fleisch, in kochend heißem Fett gebrüht, durch den Fleischwolf gepresst, in dicken, wunden Würmern, kriecht dir in den Mund, fließt dir in den Mund und ich kann es sehen, wie du dir die Lippen ableckst, die Finger ableckst nach mehr.

Du fandst es lächerlich, dass ich kein Schweinefleisch essen wollte, obwohl das niemand von mir verlangt hatte und unsere heiligen Schriften nichts Ähnliches sagen, aber es tut gut sich an Regeln zu halten, die man sich selber auferlegt hat, Papa. Es tut gut, ein eigenes Koordinatensystem zu zeichnen. Eines, wo *ich* bestimme, welche die Achsen sind und wo die Grenzen verlaufen. Es muss für *mich* Sinn machen und nicht für irgendein Arschloch, dass mir weiß machen will, mit Penicillin und Antidepressiva vollgepumpte Leichen zu fressen, sei in Ordnung. Und du zucktest mit den Schultern.

Dieses Zucken, ich konnte es nicht mehr sehen, du tatst so, als wäre es Gleichgültigkeit, dabei waren es deine zuckenden Nerven.

Ich fragte dich, warum wir in dieser Wohnung leben dürfen, mit der Nazi Kunst und allem, während in der gesamten Stadt und in dem gesamten Land Geflüchtete nicht genug Wohnraum haben, und du sagtest, du würdest am Liebsten den Leuten, die zu uns kommen, *dort vor Ort* helfen. Deine Filialen *dort* aufmachen, *sobald es ruhiger wird*.

Den Leuten etwas von *deinem Traum* geben, sagtest du.

Du fandst keine Argumente dafür, warum wir nicht Geflüchtete bei uns in der Wohnung aufnehmen. Es gab doch „genug Platz für alle"? Oder nur für die Frauen, die ich mit nachhause bringen sollte? Warum du dein Geld nicht spendest in eines der Länder, in das du Drohnen schickst, um deine Aktien steigen zu lassen, oder einfach Leute einstellst, die keine Einstellung bekommen, weil ihre Sprache noch nicht da ist, so wie deine lange nicht da war, du tust so, als hättest du es vergessen, aber ich weiß, das hast du nicht. Das kann man nicht.

*Man hätte dir nichts geschenkt, warum solltest du jetzt verschenken*, sagtest du, aber das war nicht meine Frage.

Du hast keine Antworten für mich, du hast nichts für mich. So wie die Lehrerin. Und bevor du mich aus deinem Unterricht rauswerfen konntest, bin ich selber gegangen.

Entweder man entscheidet sich zu leben mit faulen Kompromissen oder gar nicht zu leben. Und ich bin ausgestiegen, statt auf deinem Markt meine Chancen auszurechnen.

Ich habe einen alternativen Markt gefunden, Papa. Es gibt eine alternative Welt zu deiner und sie hält Wort. Sie hat Antworten. Sie riecht nicht nach Schweinefleisch und Make-Up.

Zuerst wollte ich einfach nur wissen, warum diese Leute machen, was sie machen. Sie schaffen etwas, was ich nie geschafft habe: Sie machen dir Angst. Sie beschäftigen dich. Und ich war neidisch.

Ich meldete mich bei Facebook an und folgte dem Algorithmus. Man kann alles nachlesen. Wie es geht, wie der Algorithmus funktioniert. Man muss nur bestimmte Schlagworte eingeben über ein halbes Jahr verteilt und dann bekommt man einen konkreten Rekrutierungsantrag. Und bis dahin habe ich recherchiert und recherchiert, habe gedacht, ich kann das irgendeiner Zeitung verkaufen, irgendeinem Theater oder vielleicht sogar ein Buch schreiben, wenn das Sitzfleisch reicht. Meine Gedanken vertiefen und ihnen einen Wert geben, einen Wert zum Anfassen. Vielleicht klatscht ja auch mal jemand.

Ich habe Statistiken gelesen, die die Elternhäuser dieser Menschen analysierten. Ihren Werdegang in der Schule, ihre sexuellen Fantasien. Ich habe so lange nachgeforscht, bis mir klar wurde, ich finde das Angebot, das diese Leute einem machen, einleuchtender als alle deine Angebote, die du mir je gemacht hast.

Ich kenne ihre Methoden einen reinzuziehen. Ich kenne ihre Ideologie. Ja, sie ist durchschaubar. Sie ist einfach. Aber Papa, obwohl ich das alles weiß, hat mich der Algorithmus eines sozialen Netzwerks mehr überzeugt als du.

Es ist eine Dusche. Eine befreiende Dusche von all dem Gestank, von all dem Ekel. Von den roten Würmern Fleisch, die aus deinem Mund kriechen. Deinen gefärbten Haaren, deinen parfümierten Hemden, dem Geld in meiner Hosentasche, den Schlaftabletten in den Drinks junger Mädchen.

Ich traf die Leute persönlich, wollte selber hören, was sie zu sagen haben. Du würdest das nie tun, ich weiß, du hörst nie jemandem zu, der dein Koordinatensystem durcheinanderbringen könnte. Du hältst nur Monologe mit auf dem Rücken verschränkten Armen und achtest darauf, keine Pausen zu lassen in deiner perfekt sitzenden Sprache, die du dir geklaut hast von Leuten, die dir früher ins Gesicht gespuckt haben.

Ich bekomme hier 400 Euro monatlich und habe einen klaren Auftrag. Ich besitze nichts, nicht mal meine Waffe gehört mir, du hast mehr Waffen als ich, Papa, du warst schon immer besser bewaffnet. Aber ich bin frei, Papa. Ein Gefühl, das du niemals kanntest und niemals kennen wirst, weil du hängen geblieben bist.

Du bist zu einem geklauten Bild geworden, das du dir selber an die Wand gehängt hast.

Du, in deinem Größenwahn, dass dein Koordinatensystem für alle gültig ist.

Ich betrete es nur ab und zu.

Es ist ein Schiffeversenken.

# *NEAR CONSCIOUS*

NOGA SHTAINER

Die Fotografin Noga Shtainer geht in ihrer Arbeit *Near Conscious* zurück in ihre Familie und rekonstruiert ihre (Kindheits-)Erinnerungen. Doch die Inszenierungen – vor allem ihrer jüngeren Schwester – folgen nicht nur Nogas Erinnerungen, sondern auch ihrem neugewonnenen Blick auf ihre Familie. Die Kamera ermöglicht Noga, sich ihrer Vergangenheit zu bemächtigen und ihre Perspektiven sichtbar werden zu lassen. Sie wiederholt in den Bildern Momente ihrer Kindheit – nun nicht mehr in der Position des Kindes, sondern in der einer selbstbestimmten Erwachsenen.

LEA WOHL VON HASELBERG

# PARALLELE WELTEN ODER EINE VIELFÄLTIGE GEMEINSCHAFT?

## *Organisationen und Initiativen jüdischer junger Erwachsener in Deutschland*

ANASTASSIA PLETOUKHINA

In Medien und Fachdiskursen wird wieder häufiger vom Aussterben der jüdischen Gemeinden in Deutschland gesprochen. Denn das Durchschnittsalter von knapp 60 % der Mitglieder liegt bei über 50 Jahren.[1] Einige Expert*innen und manch populistische Stimme prophezeien das Verschwinden der jüdischen Gemeinden in kleineren Städten Deutschlands in den nächsten 10 bis 20 Jahren.[2] Gleichzeitig beobachte ich wie in den vergangenen fünf Jahren über 40 unabhängige jüdische Vereine, Organisationen und Initiativen mit unterschiedlichen Schwerpunkten entstanden sind, die sich an junge Jüdinnen und Juden im Alter zwischen 18 und 35 Jahren richten. Hinzu kommt eine große Anzahl jüdischer Organisationen aus dem Ausland, die sich in Deutschland engagieren wollen und Teilnehmer*innen im Umfeld der Gemeinden suchen. Ihre Ziele liegen vor allem darin, jüdischen Menschen geschützte Räume zu bieten, in denen sie ihre sowohl jüdischen als auch andere Identitäten auf vielfältige Art und Weise finden und ausleben können.

Neben den Gemeinden gibt es eine Vielzahl Auseinandersetzungen über Identität und alternative Formen des Jüdischseins. Nur etwa die Hälfte aller Juden und Jüdinnen in Deutschland – ca. 100.000 – gehört jüdischen Gemeinden an.[3] Eine große Anzahl der Juden und Jüdinnen fühlt sich den Gemeinden und deren Umfeldern nicht zugehörig oder pflegt ein kritisches und distanziertes Verhältnis zu ihnen bzw. kann beispielsweise auf Grund der patrilinearen Zugehörigkeit zur jüdischen Gemeinschaft nicht die Mitgliedschaft in einer Gemeinde erlangen. Ihre Kritik an den jüdischen

1 Heide Sobotka: Hauptproblem Armut. Die Gemeinden überaltern, die Mitgliederzahlen sinken, die Bedürftigkeit nimmt zu. In: *Jüdische Allgemeine*, 24.12.2015. http://www.juedische-allgemeine.de/article/view/id/24237 (Zugriff am 06.02.2017).

2 Judith Neuwald-Tasbach / David Seldner: Haben kleine Gemeinden Zukunft? Zwei Positionen zur Debatte. In: *Jüdische Allgemeine*, 21.07.2016. http://www.juedische-allgemeine.de/article/view/id/26117/highlight/kleine&Gemeinden&Zukunft (Zugriff am 08.02.2017).

3 http://www.zentralratdjuden.de/de/topic/5.mitglieder.html (Zugriff am 20.01.2017).

Gemeinden, ihren sozialen Netzwerken und heterogenen Zugängen zum Judentum umfassend zu betrachten, wäre Gegenstand eines eigenen Artikels. Dieser Beitrag konzentriert sich auf das Generationenverhältnis in den Organisationen, die außerhalb der jüdischen Gemeinden entstanden sind und reflektiert, wie sich jene auf die jüdischen Gemeinden beziehen.

Im Angesicht der Entwicklungen im Umfeld der jüdischen Gemeinden stellen sich also folgende Fragen: In welcher Situation befinden sich die jüdischen Gemeinden heute, in welcher die jüdische Gemeinschaft? Welche sind die Themen, die junge jüdische Menschen in Deutschland über die jüdischen Gemeinden hinaus bewegen und wo befinden sich die Räume, um diese auszuhandeln und jüdische Zugehörigkeiten auszuleben?[4] In welchem Verhältnis stehen die Generationen hierbei zueinander?

Im Rahmen meiner Dissertation zum Thema *Netzwerke der jüdischen jungen Erwachsenenarbeit in Deutschland* gehe ich diesen Fragen nach. Ich interviewe junge jüdische Organisator*innen sowie Teilnehmer*innen von jüdischen Initiativen und Vereinen zu angebotenen Aktivitäten und betrachte die Entwicklung der Netzwerke junger jüdischer Erwachsener seit 2012. Darüber hinaus bin ich selbst Aktivistin und engagiere mich in vielen jüdischen Projekten – insbesondere bei Studentim e. V. in Berlin. Meine Ehrenämter sind zum Beruf geworden: Ich bin freie Bildungsreferentin bei der Jewish Agency for Israel, der Europäischen Janusz Korczak Akademie und dem Kompetenzzentrum der Zentralen Wohlfahrtsstelle der Juden in Deutschland (ZWST). Die Befunde dieses Artikels beruhen sowohl auf meinem Forschungsprojekt als auch auf meinen eigenen Erfahrungen in der Arbeit mit jungen jüdischen Erwachsenen.[5] Ich gebe im Folgenden einen Überblick über die neu gegründeten Organisationen, und zeige auf, wie sie die Leerstellen der Angebote für junge jüdische Erwachsene in den jüdischen Gemeinden füllen und welche Möglichkeiten des Engagements sich ergeben.[6] Auf eine kritische Einordnung, etwa vor welchem Hintergrund die Jewish Agency for Israel und andere Organisationen aus dem Ausland ein Interesse daran haben, die Leerstellen in den Angeboten für die junge jüdische Erwachsenengeneration in Deutschland zu füllen, verzichte ich hier, um einen besonderen Fokus auf die Perspektiven der jungen Menschen zu legen, die davon profitieren.

---

4 Die Fragen nach ihrer jüdischen Identität sind für viele meiner Befragten von großer Wichtigkeit. Dabei geht es zum einen um eine Verortung in der nichtjüdischen deutschen Gesellschaft. Zum anderen geht es auch oft um eine Neu- oder Wiederentdeckung des Judentums in den Familien, die aus der ehemaligen Sowjetunion in den 1990er Jahren nach Deutschland kamen und deren Religion bis dahin keine Rolle spielen durfte. Mit der Identitätsbildung der heute jungen jüdischen Erwachsenen beschäftigt sich tiefergehend z. B. Olga Goldenberg: *Neubeginn in der Fremde. Lebenssituation und Identitätskonstruktionen jüdischer Migranten aus der ehemaligen UdSSR*. Stuttgart: Ibidem 2011. Für diese Identitätsbildungen sind Räume, in denen verschiedene Möglichkeiten der Zugehörigkeit zum Judentum thematisiert werden, von großer Bedeutung.

5 Die Befunde in diesem Artikel beruhen auf meinen laufenden Forschungen im Rahmen meiner Dissertation mit dem Titel *Netzwerke der jüdischen jungen Erwachsenenarbeit in Deutschland*. Ich führe hier Interviews mit Aktivist*innen durch und gehe insbesondere der Frage nach, wie sich die Netzwerke jüdischer junger Erwachsener seit 2012 entwickeln.

6 Darüber hinaus gibt es noch eine Reihe anderer Initiativen, die unabhängig entstanden sind und sich häufig bewusst von den Gemeinden und gemeindeähnlichen Strukturen distanzieren. Diese stehen nicht im Mittelpunkt des Artikels. (Anm. d. Red.: Viele andere Artikel in dieser Ausgabe von *Jalta* beschäftigen sich mit Initiativen, die (bewusst) unabhängig von einer Dachorganisation oder den jüdischen Gemeinden entstanden sind.)

**PARALLELE WELTEN DER GENERATIONEN?** Die jüdischen Gemeinden in Deutschland heute sind aus meiner Erfahrung von historischen Prozessen, politischen Entscheidungen, inneren Konflikten und innerpolitischen Spaltungen geprägt.[7] Es gibt u. a. Auseinandersetzungen und Kämpfe zwischen den ‚Alteingesessenen' und ‚Neuzugewanderten', die zunächst die Rolle von Außenseiter*innen[8] annehmen mussten, nun aber das Gemeindeleben maßgeblich gestalten.[9] In den jüdischen Gemeinden werden Diskussionen um die Denominationen innerhalb des Judentums geführt und darüber diskutiert, ob ein eher orthodoxes oder liberales Judentum besser in das Bild des deutschen Judentums im 21. Jahrhundert passe. Machtverhältnisse, Normen und Zugehörigkeiten werden stets aufs Neue ausgehandelt.[10] Ich stelle immer wieder fest, dass trotz deutschlandweiter Diskurse innerhalb der Gemeinden kaum miteinander gesprochen wird. Wenn ich genauer betrachte, welche Position(en) die Vertreter*innen der jungen Generation in den Gesprächen innehaben, stelle ich fest, dass häufig *über* sie geredet wird. Diese Gespräche sind unmittelbar an bestimmte Erwartungen und Forderungen der Generation der (Groß-)Väter und Mütter gekoppelt. Zu selten werden aus meiner Perspektive die Realitäten der jungen Erwachsenen wahrgenommen und es wird wenig Interesse gezeigt, junge Juden und Jüdinnen zu integrieren.

Die meisten 18 bis 35-Jährigen, für die die Gemeinden heute eine wichtige Rolle spielen, sind als kleine Kinder mit ihren Eltern aus den Gebieten der ehemaligen Sowjetunion nach Deutschland gekommen oder bereits in Deutschland geboren. Viele sind Gemeindemitglieder, haben regelmäßig die Ferienfreizeit der ZWST besucht und sind u. a. dadurch in ein dichtes deutschlandweites Organisationsnetzwerk eingebunden. Doch häufig sind sie auch Kinder von ‚nicht-jüdisch-jüdischen' Eltern und dadurch ‚nur' patrilinear jüdisch. Dies schränkt ihren Zugang zu jüdischen Bildungs- und Freizeitbeschäftigungen erheblich ein, obwohl sie sich ebenfalls mit der jüdischen Gemeinschaft identifizieren. Jener Umstand hat zur Folge, dass sie ohne einen mehrjährigen religiösen Übertrittsprozess die Mitgliedschaft einer jüdischen Gemeinde nicht erhalten könnten. Somit muss eine große Gruppe der Generation der 18- bis 35-jährigen jüdischer Herkunft ihre jüdischen und anderen Zugehörigkeiten neu aushandeln, formulieren und Räume schaffen, in denen sie gelebt werden können.

In diesem Text betrachte ich die Perspektiven junger Erwachsener, die mit Bezügen zu jüdischen Gemeinden, z. B. deren Jugendzentren, aufgewachsen sind, und derjenigen, die mit jungen Juden und Jüdinnen Kontakte pflegen möchten, die sich von den Gemeinden aus verschiedenen Gründen distanzieren und nach alternativen jüdischen Räumen suchen, in denen sie verschieden sein können. Es könnte der Eindruck entstehen, dass es sich bei den von mir als junge Erwachsenengeneration

7 Toby Axelrod zeigt die Entwicklung der jüdischen Gemeinschaft und der jüdischen Gemeinden in Deutschland seit dem Ende der Sowjetunion im Detail auf und deckt sich mit vielen meiner Beobachtungen (Toby Axelrod: *Jewish Life in Germany. Achievements, Challenges and Priorities since the Collapse of Communism* (= JPR Report, November 2013). http://www.bjpa.org/Publications/details.cfm?PublicationID=18817 (Zugriff am 08.02.2017)).

8 Siehe auch Norbert Elias/John L. Scotson: *Etablierte und Außenseiter*. Frankfurt am Main: Suhrkamp 1993.

9 Karen Körber: Die Aufsteiger. Jung, europäisch säkular. Eine Studie über das Selbstverständnis der zweiten Zuwanderergeneration aus der Ex-Sowjetunion. In: *Jüdische Allgemeine*, 29.12.2014. http://www.juedische-allgemeine.de/article/view/id/21080 (Zugriff am 08.02.2017).

10 Vgl. Sveta Roberman: *Sweet Burdens: Welfare and Communality among Russian Jews in Germany*. New York: SUNY Press 2015.

bezeichneten Menschen um eine homogene Gruppe handelt. Hinter dem Begriff verbergen sich aber unterschiedliche Menschen mit vielfältigen Hintergründen, die das Interesse eint, Strukturen und Netzwerke aufzubauen, die zunächst einen innerjüdischen Dialog ermöglichen. Im Folgenden erhebe ich keinen Anspruch auf Vollständigkeit, sondern greife einige Projekte heraus, die in erster Linie darauf ausgerichtet sind, soziale jüdische Räume zu schaffen.

**ANGEBOTE VON UND FÜR JUNGE JÜDISCHE ERWACHSENE** Meine folgenden Überlegungen basieren auf den geführten Interviews sowie persönlichen Beobachtungen und sind vor dem Hintergrund zu betrachten, dass sich die jüdische Bevölkerung in Deutschland in den letzten Jahrzehnten sowohl in quantitativer Hinsicht als auch in Hinblick auf ihre Heterogenität durch Einwanderung stark verändert hat. Sie befindet sich in einem fortlaufenden Wandel.[11] Die teilweise sehr kleinen jüdischen Gemeinden müssen viele unterschiedliche Aufgaben in sozialen, religiösen, politischen und seelsorgerischen Bereichen übernehmen.

Betrachtet man die Angebote der etablierten Gemeinden, so stellt man fest, dass diese nur ein beschränktes Angebot für Menschen aufweisen, die für ein Jugendzentrum bereits zu alt und für einen Seniorenclub zu jung sind. Dabei gibt es durchaus eine Menge junger jüdischer Menschen, die in ihrer Kindheit an zahlreichen Freizeitaktivitäten der jüdischen Gemeinden teilgenommen haben und sich nun selbst gern engagieren möchten. Die meisten jungen Menschen, die sich engagieren und Projekte für und von jungen Erwachsenen aufbauen möchten, berichten darüber, dass eine etablierte Gemeinde ihre erste Anlaufstation auf dem Weg der Entwicklung von Aktivitäten für junge Erwachsene gewesen sei, sie aber leider auf Widerstände und bürokratische Hürden gestoßen seien. Denn nur wenige Gemeinden haben das Misstrauen und die Angst gegenüber den ‚Studenten', ein gängiger Sammelbegriff für alle jüngeren Menschen im Alter zwischen 18 und 35 Jahren, den ich in den Gemeinden immer wieder höre und von dem meine Befragten berichten, überwunden. Dass dieses Misstrauen besteht, liegt auch an den äußeren Zwängen. Die kleineren bis mittelgroßen Gemeinden, die auch vor vielen anderen Herausforderungen stehen, verfügen über ein geringes Budget und müssen abwägen, wie sie die vorhandenen Mittel verteilen. Das führt zu einer mangelnden Bereitschaft, neue und noch nicht erprobte Formate für Freizeit- und Bildungsangebote zu unterstützen, die von jungen Menschen durchgeführt werden. Der Grund für die Bedenken besteht unter anderem darin, dass in Zeiten hoher Mobilität junge Menschen aufgrund eines neuen Jobs oder Studienplatzes in eine andere Stadt ziehen müssen.[12] So halten die Gemeinden die emotionale, logistische und finanzielle Investition in solche Projekte für nicht lohnenswert.

Die Wahrnehmung vieler Menschen der jüngeren Generation hingegen besteht zurzeit darin, dass sie sich als die neuen ‚Außenseiter*innen' fühlen. Sie müssen sich dem Regelwerk ihrer (Groß-) Eltern, das sich in der Struktur der ‚etablierten' Gemeinde manifestiert, unterordnen, um dazu zu gehören.

---

11 Dies bestätigt auch Alina Gromova: *Generation „koscher light". Urbane Räume und Praxen russischsprachiger Juden in Berlin.* Berlin: Transcript 2013. Die Studie basiert auf Interviews mit jungen Juden und Jüdinnen, die nach ihrer Migration aus der ehemaligen Sowjetunion in Deutschland ihre (jüdischen) Räume finden.

12 Siehe auch Dmitrij Belkin: *Germanija. Wie ich in Deutschland jüdisch und erwachsen wurde.* Frankfurt am Main: Campus 2016, S. 168–169.

Vor diesem Hintergrund stellen sich mir folgende Fragen: Wonach suchen junge jüdische Erwachsene in ihrem Leben und was hat das mit den Gemeinden zu tun? Mit Blick auf neu entstehende Initiativen, auf die ich weiter unten eingehen werde, stehen für die Generation der 18- bis 35-Jährigen folgende Themen im Mittelpunkt: Sie suchen Vernetzungsmöglichkeiten im professionellen, intellektuellen wie privaten Bereich. Sie suchen Orte für kulturelle Veranstaltungen, sozial-politische Auseinandersetzungen wie z. B. Demokratieprojekte – aber vor allem Räume, in denen sie ihre mehrfachen Zugehörigkeiten ausleben und ihre eigene jüdische Identität, die ebenfalls vielfältig ist, stärker mit den pluralen Lebenswelten der heutigen Gesellschaft verknüpfen können.

Zu den bedeutendsten und wirkmächtigsten Akteuren im Bereich der jungen Erwachsenenarbeit in Deutschland, die diese Räume bereitstellen und prägend gestalten, gehören überwiegend große Organisationen und Verbände wie zum Beispiel die ZWST und der Zentralrat der Juden in Deutschland. Auch andere Organisationen, etwa JuBuK e. V. („Jüdische Bildung und Kultur e. V."), das Ernst Ludwig Ehrlich Studienwerk (ELES) in Kooperation mit Hillel Deutschland, Limmud e. V. und die international tätige Jewish Agency for Israel bieten jeweils eine Plattform für deutschlandweite junge jüdische Erwachsenenarbeit. Desweiteren existieren lokal tätige Vereine und Initiativen sowie kleinere internationale Organisationen, die Angebote für junge jüdische Erwachsene gestalten. Die Mehrzahl der Angebote der ZWST und des Zentralrats der Juden in Deutschland richtet sich in erster Linie an Mitarbeiter*innen der Gemeinden, ältere Gemeindemitglieder und Kinder und Jugendliche. Die Anzahl der Angebote für junge Erwachsene nimmt in letzter Zeit zu, insgesamt sind es bis jetzt aber meistens jährliche Events und Wochenendseminare, die punktuell stattfinden.

Das fehlende Angebot der Gemeinden und die nur punktuell stattfindenden Veranstaltungen größerer Dachorganisationen wurden in den von mir geführten Gesprächen häufig als Gründe für die Neugründung eigener unabhängiger Gruppen angegeben. Meiner Meinung nach steht die Gründung von mehr als 40 regionalen Organisationen und Initiativen von und für junge jüdische Erwachsene in den vergangenen fünf Jahren in einem unmittelbaren Zusammenhang mit der Leerstelle in den Gemeinden in Deutschland. Bei diesen Initiativen handelt es sich um so genannte Basisbewegungen (Grassroots), die aus Teilen der jüngeren jüdischen Generation entstehen und unabhängig von großen Dachorganisationen arbeiten. Die Initiativen sprechen diejenigen an, die aus ihrer Sicht nur sehr eingeschränkt oder gar kein Angebot zur Partizipation an Projekten jüdischer Gemeinden erhalten. Dies betrifft insbesondere junge Erwachsene im Alter zwischen 18 und 35 Jahren, Studierende und Berufsanfänger*innen (Young Professionals). Wie meine Beobachtungen und Umfragen zeigen, suchen die Angehörigen dieser Gruppen nach Möglichkeiten, ihre Freizeit zu gestalten, sich fortzubilden, soziale Kontakte zu knüpfen und sich auszutauschen.

Die Bandbreite der Initiativen erstreckt sich von Koch- und Tanzkursen mit geschichtlichem und interkulturellem Hintergrund wie *Gefilte-fisch-Stories*[13] und *Beteivon*[14] über Videoblogs

13 http://www.facebook.com/GefileFishStories/?fref=ts (Zugriff am 22.01.2017).

14 http://www.facebook.com/events/1581209213315 13/ (Zugriff am 22.01.2017).

wie *The Motivator*[15], das Geschichten des gelingenden Ankommens jüdischer Menschen mit Migrationshintergrund in Deutschland thematisiert. Eine Gruppe hat sich zum Ziel gesetzt, den medialen Antisemitismus zu bekämpfen. *EJKA Media Watch* spürt Artikel antisemitischen Inhalts in den Medien auf, die sich z. B. auf Basis antisemitischer Klischees gegen Israel richten, und reagiert darauf mit Leserbriefen und Gegenartikeln. Das Projekt mit dem provokativen Namen *Rent a Jew* ermöglicht Nichtjüdinnen und Nichtjuden die Begegnung mit jüdischen Menschen auf einer persönlichen Ebene, mit dem Ziel, bestehenden Vorurteilen und Vorbehalten entgegenzuwirken. In den letzten Jahren haben sich auch mehrere studentische Organisationen wie STUDENTIM (Jüdische Studierendeninitiative Berlin e. V.) oder der Jüdische Studierendenverband Franken e. V. gegründet. Die studentischen Gruppen streben vor allem kulturellen, wissenschaftlichen und politischen Austausch untereinander sowie mit Nichtjüdinnen und Nichtjuden an. Weitere Ziele bestehen darin, einen akademischen Dialog über Themen, die für religiöse und kulturelle Minderheiten auf nationaler, internationaler und globaler Ebene relevant sind, anzuregen und darüber mit Nichtjüdinnen und Nichtjuden ins Gespräch zu kommen. So kommt es in vielen deutschen Städten z. B. zu gemeinsamen Veranstaltungen und zum Austausch mit muslimischen und christlichen sowie mit Sinti und Roma-Verbänden. Das gemeinsame Begehen jüdischer Feiertagen sowie Schabbat-Abende und Thora-Lerngruppen wie z. B. der *Thora-Lesekreis* und *Thora on Tour* von Hillel[16] gehören ebenfalls zum stetigen Angebot der neugegründeten Initiativen.

Nicht zuletzt wurden die zahlreichen Neugründungen durch das Programm *Nevatim* möglich. Das Programm der Jewish Agency for Israel ermöglicht seit 2012 jungen Organisator*innen sich im Bereich des jüdischen Sozialprojektmanagements auszubilden. Sie erhalten eine Förderung, um die eigenen Vorhaben zu realisieren, die über das Microfunding hinausgeht. Hier zeigt sich, dass Dachorganisationen aus dem Ausland Nischen für ihre Tätigkeit in der jüdischen Gemeinschaft Deutschlands erkannt haben. Sie sehen darin die Chance, junge jüdische Erwachsene zu unterstützen. In diesem Artikel kann ich nicht im Detail auf die Motivationen der ausländischen Dachorganisationen eingehen. Es ist aber wichtig, die neuen Entwicklungen mit einem wachen Auge zu verfolgen.

Meiner Erfahrung nach und nach Auskunft vieler Befragter schaffen die neuen Organisationen für viele junge jüdische Erwachsene einen Kontext, in dem sie neue Formen der Anerkennung, des Vertrauens und der Autonomie erleben. Ihre Anliegen werden ernstgenommen und ihren Ideen wird auf Augenhöhe begegnet. Außerdem ergibt sich ein Austausch, der über das persönliche ,Networking' hinausgeht und einen professionellen Kontext schafft. Viele erleben zum ersten Mal jüdische Räume, in denen nicht davon ausgegangen wird, dass sie sich vor allem treffen, um eine neue Partnerschaft fürs Leben zu finden – eine Erwartung, die auf Veranstaltungen der größeren Organisationen ab einem gewissen Alter mindestens implizit an sie herangetragen wird, wie viele jungen Jüdinnen und Juden mir berichtet haben.[17]

15 http://www.youtube.com/channel/UCzFRSo-KNXPjcL-qa82VKoYw (Zugriff am 22.01.2017).

16 http://www.facebook.com/events/675470735948091/ (Zugriff am 20.01.2017).

17 Diese Erwartung wird meist mündlich und häufig implizit kommuniziert und lässt sich daher schwer

Wenn ich sehe, wie schnell die Organisationen sich entwickelten, wird für mich sichtbar, wie groß die Motivation und der Wille junger Menschen ist, die jüdische Gemeinschaft in Deutschland mitzuprägen – als eine Gemeinschaft, in der sie sich wiederfinden und welche auf ihre Bedürfnisse und Fragen Antworten liefert. Die Organisationen bilden in diesem Zusammenhang ein stetig größer werdendes Netzwerk, das in der Gegenwart immer mehr zum interregionalen Wissens- und Erfahrungsaustausch unter den jungen Menschen genutzt wird. Für viele junge jüdische Erwachsene entsteht dadurch das Gefühl einer Verbindung, die einen empowernden Charakter hat. Viele, die bisher Einzelkämpfe in ihren Gemeinden ausgetragen hatten, um nur ein wenig Mitspracherecht zu erhalten, kommen zusammen und arbeiten gemeinsam daran, neue Räume zu erschließen, die ihnen in den Gemeinden verwehrt bleiben. Sie setzen neue Akzente und suchen nach alternativen Zugängen – ein deutliches Zeichen dafür, dass die Gemeinden nicht einfach aussterben, weil die jungen Menschen sie verlassen, sondern dass jüdisches Leben sich auf viele verschiedene Orte verteilt.

**AUF DEM WEG IN EINE VIELFÄLTIGE GEMEINSCHAFT?** Die oben aufgeführten Beispiele zeigen das Bestreben junger Jüdinnen und Juden, an der Gestaltung jüdischen Lebens in Deutschland in seinen vielfältigen Facetten zu partizipieren und es entscheidend mitzuprägen. Sie tun eigentlich genau das, wovon die Elterngeneration in den Gemeinden nur träumen konnte. Doch wie ich im Zuge der Umfrage im Rahmen meiner Dissertation zum Thema *Netzwerke der jüdischen jungen Erwachsenenarbeit in Deutschland* bis jetzt erforscht und in diesem Artikel dargestellt habe, erfahren sie innerhalb der Gemeinden wenig Unterstützung und haben immer wieder mit Widerständen zu kämpfen. Die Folge ist die Vielzahl von Eigeninitiativen und der strukturelle Aufbau *außerhalb*, aber im Umfeld der Gemeinden.

Dadurch kann der Eindruck entstehen, als wollte sich die junge Generation von den Gemeindestrukturen loslösen. Meine These ist jedoch eine andere: Die junge Generation sehnt sich ebenfalls nach einem Gemeinschaftsgefühl, für das Gemeindestrukturen durchaus den Rahmen bieten können. Dafür müsste sie sich in den Gemeinden aber stärker willkommen fühlen können, ohne sich den bestehenden Strukturen der älteren Generation komplett zu unterwerfen. Es lässt sich beobachten, dass einige Projekte, die als Grassroots angefangen haben, mit der Zeit von den Gemeinden ins Standardprogramm aufgenommen wurden, da sie sich als erfolgreich, seriös und nachhaltig erwiesen haben. Doch das ist immer noch eher eine Ausnahme.

Die Praxis zeigt: Jüdisches Leben geht derzeit für junge Juden und Jüdinnen über die etablierten Gemeinden hinaus. Die junge Generation organisiert sich in eigenen Strukturen und gestaltet sie zukunftsweisend. Dabei ist Unabhängigkeit und die Erschaffung einer parallelen jüdischen Welt in Deutschland nicht das Ziel dieser jungen Juden und Jüdinnen von heute, sondern der Status Quo – mit dem sie sich nicht arrangieren können oder wollen –

---

nachweisen. Viele der Befragten haben mir von diesen Situationen berichtet. Einen Hinweis darauf gibt Gabriel Goldberg: Mehr als nur eine Heiratsbörse. Am Wochenende findet der Jugendkongress statt. Ein schönes Signal für die Zukunft. In: *Jüdische Allgemeine*, 24.11.2011. http://www.juedische-allgemeine.de/article/view/id/11727/highlight/heiratsbörse (Zugriff am 06.02.2017). Siehe auch Ekaterina Supyan: *„Brautschau" auf Russisch-Jüdisch-Deutsch*. Ein- und Ausgrenzungsprozesse des Netzwerks russisch(sprachig)er Juden in Deutschland. Berlin: Logos 2014.

er ist das Ergebnis starrer und wenig offener Strukturen der etablierten jüdischen Gemeinden. An der Vielfalt der alternativen Initiativen, die sowohl aus dem Umfeld gemeindesozialisierter junger Jüdinnen und Juden als auch systematisch Ausgeschlossener entstanden ist, lässt sich das große Bedürfnis ablesen, Raum für die eigenen Ideen, Anliegen und Bedürfnisse zu finden. Diese jungen jüdischen Erwachsenen zeigen, dass sie die Zukunft der jüdischen Gemeinschaft mitgestalten können und wollen. Wie sich dies in den Gemeinden hingegen widerspiegeln wird, mag erst die Zeit zeigen. Es zeigt sich in jedem Fall, dass jüdisches Leben in Deutschland weit über die Strukturen der jüdischen Gemeinden hinausreicht.

# DESINTEGRATION

*Ein Manifest*

MAX CZOLLEK

Wer kann von einer jüdisch-christlichen Tradition sprechen? Wer baut sich selbst ein Mahnmal, das an eine Gaskammer erinnern soll? Wer fordert ein Recht darauf, endlich wieder die Deutschlandfahne rauszuhängen, im Gesicht zu tragen oder auf dem Toastbrot zu essen? Wer kann diskutieren, ob es nun langsam reicht mit der Erinnerung oder nicht? Wer macht einen Film über die Nazizeit und nennt ihn *Unsere Mütter, unsere Väter*[1]?

In all diesen Beispielen äußert sich die Definitionsmacht einer deutschen Dominanzkultur. Und wir Juden leisten einen wesentlichen Beitrag, dieses post-nationalsozialistische, deutsche Selbstverständnis zu stabilisieren. Indem wir all die *born-again*-Deutschen ihrer eigenen Läuterung versichern, gibt es uns heute vor allem als Juden für Deutsche. Der kanadisch-deutsche Wissenschaftler Y. Michal Bodemann beschreibt diese deutsch-jüdische Interaktion als „Gedächtnistheater"[2].

Minderheit ist, wer auf Fragen antwortet. Kennt ihr die hier: Hast Du schon einmal Antisemitismus erlebt? Fühlst Du Dich wohl in Deutschland? Hast Du Familie in Israel? Wann gehst Du zurück? Was hältst Du vom Holocaustmahnmal? Findest Du nicht auch, dass es langsam mal reicht mit der deutschen Schuld? Zwischen Antisemitismus, Shoah und Israel entsteht jenes Koordinatenfeld, innerhalb dessen sich eine Diskursposition für eine jüdische Perspektive überhaupt erst formieren kann.

Für unsere bereitwillige Übernahme der Judenrollen im Gedächtnistheater zahlen wir den Preis der Nicht-Repräsentierbarkeit jüdischer Vielfalt. Unsichtbar die sowjetischen Juden, deren Familien nicht aus Auschwitz befreit wurden, sondern die Auschwitz befreit haben. Unsichtbar jene mizrachischen Juden, die keine familiäre Verbindung zum Holocaust vorweisen können. Wir

1 *Unsere Mütter, unsere Väter* (D 2013, R: Philipp Kadelbach).
2 Y. Michal Bodemann: *Gedächtnistheater*. Hamburg: Rotbuch 1996.

sind jüdische Opfer, Mitbürger jüdischen Glaubens, blasse Thoraschüler mit Pejes, mosaische Religionsangehörige, Israeliten, Muskeljuden oder Holocaustüberlebende.

Genau hier setzt die Desintegration an. Desintegration bedeutet, den *deutschen* Blick und das *deutsche* Begehren sichtbar zu machen. Desintegration bedeutet, zu sagen: Wenn wir Eure Juden sind, dann seid Ihr auch unsere Kartoffeln. Desintegration bedeutet, sich nicht gebrauchen zu lassen, wenn Deutsche eine jüdisch-christliche Tradition erfinden (welche genau?) und dabei meinen, der Islam hat in Deutschland nichts zu suchen. Desintegration bedeutet die Intervention und den Befreiungsschlag.

Desintegration bedeutet die Annahme der Zuschreibung, gegen die ich mich anschließend verteidige: als Jude gegen Deutsche. Sie bedeutet die Umarbeitung dieser Zuschreibung. Sie geht aus von Hannah Arendt, die sagt: „Wenn man als Jude angegriffen ist, muss man sich als Jude verteidigen."[3] Dies bedeutet auch, dass wir nicht mehr weiter bloß den Regeln des Gedächtnistheaters unterworfen sind, sondern sie aktiv gestalten. Deutsche, kommt raus zum Spielen!

Desintegration ist auch das Scharnier zwischen dem Begriff der Integration (in was? von wem?) und *radical Diversity* als einem politischen Konzept[4]. Desintegration ist eine Praxis. Desintegration ist kein Zustand. Sie ist der Angriff, die Ironie, die Kunst, die Verschiebung. Sie ist die Arbeit am Anderen und die Arbeit am Selbst.

Was kann Desintegration als ästhetisch-politische Strategie bedeuten? Eine Reihe möglicher Antworten. Erstens, dem eigenen Klischee entrinnen. Lasst uns in Kneipen sitzen, Bier trinken und Eisbein essen. In Zügen fahren, ohne einen Gedanken an Viehwaggons. Den Kopf schütteln über die Bewachung der Synagogen. Einen Film mit Überlebenden drehen, in dem sie von ihren Enkeln erzählen und uns Vorwürfe machen, dass unsere Haare so lang sind und unsere Leben so richtungslos. In Polen Urlaub machen und sagen: Also die Natur war wirklich schön.

Zweitens, Wut! Lasst uns wütend sein über die Selbstgerechtigkeit, mit der Deutsche das Ende ihrer Erinnerungswilligkeit verkünden. Über den ungehemmten Narzissmus, mit dem sie sich noch in ihrem Tätersein inszenieren. Wütend sein über diese scheiß Fahne, die seit 2006 auf jedem scheiß Produkt zu finden ist. Wütend über diese Scheinheiligkeit, diesen Glauben, sie kämen so billig davon.

3 Hannah Arendt im Gespräch mit Günter Gaus. https://youtu.be/J9SyTEUi6Kw (Zugriff am 05.01.2017), 34:30.

4 Gudrun Perko / Leah Carola Czollek: „Diversity" in außerökonomischen Kontexten: Bedingungen und Möglichkeiten der Umsetzung. In: Anne Broden / Paul Mecheril (Hrsg.): *Re-Präsentationen. Dynamiken der Migrationsgesellschaft*. Düsseldorf: IDA-NRW, S. 161–180.

Drittens, Rache! Wir gründen eine radikale Performancegruppe und klauen die Artefakte der Ermordeten aus den Vitrinen in diesem Land. Dazu hinterlassen wir die Notiz *wir haben uns nur genommen, was uns sowieso gehört*. Wir pilgern zum Holocaustmahnmal, ziehen einen Zaun, bauen eine Kasse auf und nehmen Eintritt. Unserer Rache sorgt dafür, dass die Tätergemeinschaft nicht zur Ruhe kommen kann. Keine Vergangenheitsbewältigung. Keine Juden für Deutsche.

Viertens, und abschließend, eine Liste politischer Forderungen:
Desintegriert euch!
Für eine Judenquote im Vorstand der Deutschen Bank
Für die Rückgabe aller in deutschen Haushalten verbliebenen Silberlöffel
Für die unbedingte Definitionsmacht
Für die Anerkennung rechtlicher Ansprüche auf alle Koffer
in allen Vitrinen in diesem Land
Für eine Ewigkeitsklausel im Grundgesetz: Es wird nie wieder alles gut
Für reservierte Plätze in den Zügen der Deutschen Bahn
Für einen Discount im Lampenladen
Für eine Zwangsräumung innerhalb weniger Minuten, wenn wir es sagen
Für den ausschließlichen Einsatz von bruchsicherem Glas
bei jüdischen Einrichtungen
Für die Aufnahme der GASAG-Platten in das Stolpersteinregister
Für die Verdrängung deutscher Nationalgefühle
Für eine Kommission zur Erforschung der Familiengeschichten
‚normaler Deutscher'
Für eine formelle Einladung an alle Exilierten. Bitte kommt zurück!

# 3 — ג

## JUDEN* UND …

# GOYISCHE NOCHES?[1]

## Or Canine Companions as a Signifier of Jewish "Normality" in Israel

RAKEFET ZALASHIK

In the clip *Lasst uns alle Juden sein* (Let us all be Jews, 2009), Oliver Polak, a German Jewish comedian, who deals with Jewish/non-Jewish relations in Germany, calls on everyone to become Jewish. With a special Jewish liquid, making a reference to the movie *Ghostbusters* (USA 1984, D: Ivan Reitman), he and his colleagues in the clip transform people on the streets of Berlin to Judaism by spraying them with this magical liquid. Instead of the spiritual long consciousness journey of conversion to Judaism, Polak sprays pedestrians, a policeman, tourists, and a prostitute, all without their permission, and turns them into Jews in a glimpse.

The figures receive typical characteristics of orthodox Jews: The males now wear *payot*, a beard and a yarmulke while the women wear long sleeves clothes and a head covering. In doing this, Polak breaks many taboos common in contemporary German society regarding the use of the term "Jew" and the way he treats the question of being Jewish in Germany in a humorous manner.

In one part of the clip, Polak transforms a big black German Shepherd dog into a small black Mops. Another time he sprays the German Shepherd dog and a chain with a Star of David appears on the dog's neck to signify his Jewishness. Polak uses the classical cliché of the German Shepherd that symbolizes the solid "Germanness" in order to challenge taboos and identities in relations between Jews and non-Jews in Germany.

From the end of the 18th century, and more so in the early 19th century, dogs slowly gained the status of a pet in Western Europe among the emerging middle class. As Harriet Ritvo argues, this was a result of a shift in humans' relationships with and attitudes towards nature. Due to increasing urbanization and scientific and economic development, nature was perceived as less threatening. This means that dogs were allowed in the house, they were given names and they were never eaten. More important, pets, in contrast to other domestic animals, were not valued for their utility, but for the emotional support they provide.

1 Goyische Noches means a gentile pleasure: activities which were common for gentile aristocracy such as hunting, skiing, drinking alcohol and sending dogs after Jews.

The image of a dog as the Jew's friend, partner, or even savior contrasts sharply with the traditional image of the dog as a snarling lieutenant of the Eastern European *paritz* – biting the heels of fleeing Jews. Throughout history, Jews were victims of the polemic rhetoric regarding dogs where they were perceived as and compared to dogs. As a coping mechanism, they responded in two contradictory ways: The first one was to internalize the negative image of the dog and define it as an anti-Jew and the second was to integrate the dog into their lives. The introduction of the dog as a pet by Jews from the middle of the 19th century and, more so, beginning in the early 20th century, had, perhaps, a positive influence on the relationships between Jews and gentiles. Hence, by turning dogs into their 'best friend' Jews tried to prove that they were good members of the hosting societies.

Dogs as pets have been a common fixture in middle class homes of Western societies for about two centuries. Owning a dog as a pet gradually became a signifier of the 'normality' and full integration of the Jews in the German-speaking society. This article will discuss the relationships between Jews and dogs in the 20th century, turning from the perspectives in the Diaspora to the image of the dog in Israel.

**JEWS AND THEIR DOGS** The most famous images of Sigmund Freud are his pictures with his beloved dogs Yofi and Lün – two Chow-Chow dogs. However, Freud became a happy dog owner only at the end of the 1920s. It was first his daughter, Anna, who had a German Shepherd dog named Wolf and made her father jealous. For Freud, his dogs were not only pets but also companions who helped him in the therapy room and reflected on his humanity. After his jaw cancer spread, and shortly before he died, he observed sadly and bitterly that even his dog, Lün, kept his distance from Freud because of the smell of rotten flesh.

By the 1930s, the dog was so integrated into Jewish life in Germany that one of the restrictions in the Nuremberg laws was to forbid Jews from keeping dogs. In 1941 the pet decree spread to other countries under Nazi occupation and Jews were forbidden to keep dogs, cats and birds. The reason for this was to avoid the need to find other arrangements for pets when deportation commenced – such as gassing them or finding a new home for them.

The image of the Jew as a dog and the Jewish dog became popular in the post-WWII period in literature. Well known are Asher Kravitz's novel *The Jewish Dog*,[2] which describes the Holocaust through the eyes of the dog, Cyrus, owned by a Jewish family, as well as the 1969 novel by the late Yoram Kaniuk, *Adam Resurrected*[3] (and also the 2008 movie directed by Paul Schrader). Here, the protagonist, a Holocaust survivor, endured in a concentration camp only by serving as the "dog" of the camp commander. But there is a different context of Jews and dogs, which is less familiar.

**THE DOG AND THE "NEW JEW"** By the 1930s, when the Yishuv, the Jewish Zionist settlement in Mandatory Palestine, began to establish a separated ethnic community on its way to a Jewish state, dogs had signified the 'normal' new Jew. Dr. Rudolphina Menzel (1891–1973) was a dog expert who came from Austria in 1938 after the *Anschluss*, trying to create a local Eretz Israeli brand of canines that would contribute to Zionists' efforts to defend Jewish settlement in the 1930s and 1940s. As Susan Kahn argued, "Menzel had to train Jews to train dogs, which

2 Asher Kravitz: *The Jewish Dog*. Chicago: Penlight 2015.
3 Yoram Kaniuk: *Adam Resurrected*, transl. from Hebrew by Seymour Simckes. New York: Grove 2000.

meant transforming the traditional relationship between Jews and dogs from aversion to affection."[4]

After the Holocaust and with the establishment of Israel, the dog and especially the German Shepherd dog became the symbol of the healthy new Jewish Israeliness, which was staged, as opposed to the 'diasporic Jew'. In 1969, Mordechai (Motta) Gur (1930–1955), a prominent Israeli military commander, began a children's book series in Hebrew that featured a German Shepherd protagonist called "Azit". Gur's first book was titled *Azit the Canine Paratrooper* ("Azit ha-Kalba ha-Tsankhanit")[5] and was soon followed by two more books and much later by a third. Azit became very popular and in 1972 Boaz Davidzon directed a feature film based on three stories from Gur's book called *Azit the Paratrooper Dog*, which became tremendously popular among Israeli children and adults alike. What made Azit, a fictionalized German Shepherd dog, an 'Israeli dog'?

**THE AZIT BOOKS** All of the Azit books are rooted in the military way of life. They try to reaffirm values common among young Israeli readers in the 1960s and 1970s. These include love of the land, solidarity with one's comrades, responsibility, heroism and cunning. The book includes six short adventure stories featuring Azit that cover the activities of various IDF units and occur in a number of the territories taken in the Six-Day War. All the stories share the same pattern: A security crisis leads Israelis to call upon Azit. Thanks to her and the courage of the IDF soldiers, the situation results in happy ending, glorifying both Azit and the soldiers.

The original Jerusalemite Azit, with whom Gur was presumably familiar in his late adolescence, was a German Shepherd. In the introduction to the English edition of the first Azit book, Gur explained that when he met the physician who was Azit's owner, Haruvi, the latter told him: "I've always had a fondness for German Shepherds... When I was a boy in Germany, we always had them at home, and I learned to love them and marvel at their wisdom."[6] When Haruvi got Azit as a present, he was informed that she "had a long pedigree and that her bloodline had a reputation for bravery and extraordinary well-developed senses, especially her smell and tracking ability."[7]

Even if the real Azit was a German Shepherd dog, the decision to keep the protagonist a German Shepherd in both the books and the film was not a foregone conclusion in the Israel of the 1960s. For Israelis, German Shepherds would have called into mind images of the Nazis and the Holocaust. After all, German Shepherds were commonly used by the Nazis as guards and tools of terror in the ghettos, concentration camps and extermination camps. These dogs would bite inmates, at times even killing them. The use of dogs and especially German Shepherds by the Nazis to attack innocent people led many Holocaust survivors in Israel to view German Shepherds as an extension of Nazi brutality – even many years after the war was over.

The shift from the German Shepherd as a servant of Nazism to the German Shepherd as a member of the IDF, protecting the borders of the Jewish State, must not be overlooked. It

4 Susan Kahn: A Dog without a People for People without a Dog: Rudolphina and Canines in Caanan. In: Rakefet Zalashik / Phillip Lieberman-Ackerman (eds): *A Jew's best Friend?* Sussex: Sussex Academic Press 2014, pp. 147–155, here p. 148.

5 Motta Gur: עזית הכלבה הצנחנית [Azit the Canine Paratrooper]. Tel Aviv: Yedioth Ahronoth 1969.

6 Motta Gur: Introduction. In: Id.: *Azeet, Paratrooper Dog*. New York: Nelson 1972, n. pag.

7 Ibid.

may have been the case that, for the younger generation of Israelis to whom Gur directed his book and who were born in the country after WWII, German Shepherds no longer bore such terrifying associations. As 'Sabra' (that is, born in Mandatory Palestine), Gur may have been less sensitive to the complexity of the image of the German Shepherd in recent Jewish history and memory, or perhaps he simply refused to embrace the 'diasporic' memory that would have seen the German Shepherd as the enemy. On the other hand, Gur may have intended to transform the historically negative image by having this symbolically charged dog serve the IDF in its missions, protecting Israelis and killing Arab terrorists. That is, Gur's choice of the German Shepherd may have been designed to turn the German Shepherd from a Nazi dog into an Israeli dog. Likewise, Gur's character of Haruvi was originally from Germany, suggesting that even the fact that German Shepherds were used by the Nazis did not necessarily stain Israeli fondness and admiration for them. Like German submarines and other German commodities, which were imported to Israel as part of the *Luxembourg Agreement* between West Germany and Israel, German Shepherd dogs were also a reliable, good product.

In Gur's story, the German Shepherd Azit is no longer a tool of Nazi cruelty, but rather the ultimate Israeli dog: She serves the security forces, she is always willing to work with and help soldiers, and she is loyal not only to her owner, but to the whole Israeli collective, represented by the IDF. This shift involves both the 'normalization' of the image of the German Shepherd dog and the 'normalization' of the image of the Jew as the opposite of a Holocaust victim. In this case, the dog (here, Azit) is no longer a dangerous enemy, but instead a companion and even a comrade to the Jew who is no longer 'weak' and 'passive'. The German Shepherd's loyal, obedient, and hard-working character is manifest throughout Gur's books in the character of Azit.

The name Azit, which is the adjective deriving from the Hebrew word for might or strength, crystallizes the attributes and values of the new Israeli society and the 'new Jew', which stand in contrast to the diasporic Jews: brave, fearless, mighty, willing to sacrifice his life for the nation by going to battle. The stories, which were directed to young Israeli children also indicate the centrality of the Israeli military and the militaristic atmosphere in Israeli society, which was prevalent until the late 1980s. As political sociologist Uri Ben-Eliezer rightly observed, Israel from its very beginning, was a "nation in arms"[8]: everyone and everything – including dogs – were mobilized for the war effort and the security of the country.

**DOGS IN THE IDF** Indeed, canines were used for Jewish military causes in Mandatory Palestine since 1939 as part of the Haganah special forces though the 1948 war, until 1954. In 1974 a new unit, the Oketz Unit (sting, in Hebrew) was established by Yossi Labock. The immediate reason was to fight kidnapping and terror incidents which were common at this time. The unit was highly confidential and it was only in 1980 when it became public. Initially, it trained dogs to attack kidnappers. Now the unit specializes in training and handling dogs for military applications. Each dog is trained for a special task such as to attack, to sniff out hidden explosive, to detect weapons, to find people under ruins after an earthquake or an explosion, or to detect breaches at the Israeli border. The aim is to use the Oketz unit dogs when there is a danger to the soldier's life.

8 Uri Ben-Eliezer: *The Making of Israeli Militarism*. Bloomington: Indiana UP 1998, p. x.

Whereas in previous times the Oketz unit used German Shepherd and Rottweiler dogs, today it prefers the Belgian Shepherds because it is large enough to attack the enemy and small enough to be picked up by the handler. Also, their fur is usually of a neutral color and short, making them less prone to heatstroke. They are trained in the unit from a very young age and according to their capabilities are directed to a certain specialty. Although the soldiers are not allowed to take their dogs with them when going on vacation, sometimes after being discharged from the military service, they also take the dog with them.

In April 2002, Professor Glenn Yago of Los Angeles initiated a program entitled "Pups for Peace" (PFP) – after a suicide bomber detonated a bomb that killed 29 Israelis and injured over 100 in Netanya during a Passover Seder. The program which ran until 2007, aimed to send trained dogs from the United States to be mobilized in Israel searching for explosives in order to prevent bomb attacks and to protect Israeli civilian. The training method in PFP is based on playing. As long as the puppy is happy, it will fulfill its task. Therefore, puppies which were chosen to the program were passionate, hyper and dynamic. In this training program there is no preference to certain races of dogs and also 'mixed' dogs were suitable. Nevertheless, many of the graduates were lab dogs, Belgian Shepherds and German Shepherds. When the "Pups for Peace" program closed down its operations at the end of 2007, after suicide bombing decreased significantly, all dogs were transferred to the security forces – the police, the IDF, and railway security agencies. In this case, sending dogs to Israel took a place that might have been occupied in the past by trees from the Jewish National Fund, reaching from the Diaspora right in to the heart of Israel's well-being. In a way, "Pups for Peace" actually looks to the dog as savior of the Jewish people!

**EPILOGUE** Since the popularity of Azit in the 1970s and 1980s, Israeli society underwent many changes in various ways. Militarism and the sanctity of the IDF are no longer one of its main characteristics. Also the morality of IDF soldiers, the justification and the self-righteousness of the IDF and Israeli society was put in question with the outbreak of the first Lebanese War and more so with the first Intifada. These changes also washed away the naiveté of Israeli society bringing more transparency into IDF activities.

In 2014 Yizhak Laor, an Israeli poet, author and journalist, wrote a text on Hindi, a settler dog giving a reference to the mythological Azit, the paratrooper canine. He tells a story of a Pointer dog who his friend soldier got from a rich lady. The dog was called Hindi. He brought her to the military settlement in Sinai where also Laor was serving. Hindi was a pretty well educated dog and only ate when she heard the phrase "Bon appétit, Hindi"[9]. So well educated was Hindi that even the sweet military biscuits that she loved very much she would not touch before hearing the phrase. All went well with the pretty Hindi, until one day her owner went home for a vacation and forgot to instruct the guards to tell her the phrase "Bon appétit, Hindi". After a few days of starvation, Hindi broke into the pen and ate voraciously the young goats. Hindi did not kill the goats out of cruelty but rather out of hunger, however, she stopped to be this lovely educated female dog. Thus, Hindi is the dog which symbolized the morale of IDF soldiers that changed

9 Yitzhak Laor: הינדי, הכלבה המתנחלת [Hindi, die Siedlerhündin]. In: *Haaretz*, 23.06.2014. http://www.haaretz.co.il/opinions/.premium-1.2355904 (Zugriff am 14.02.2017).

because of the occupation since 1967. The story of Hindi also reflects the soberness of part of the Israeli society from the 1980s onward that one cannot continue to be morale and civilized as an army and as a society – even if initially well trained - if you control another people. This soberness was missing in the post-1967 euphoric atmosphere which was the background to all Azit books.

The 2008 feature *Waltz with Bashir* (IL/F/D 2008, D: Ari Folman) begins with a scene of bestial black dogs racing through the streets of Tel Aviv. This gang runs amok, scaring off whoever they encounter, seemingly pursuing someone or something. They stop next to a building, bark at a man standing at the window, and bay for his blood. In the next shot, a veteran of the 1982 invasion of Lebanon (Boaz Rein Buskila) tells his friend (Folman) that he has experienced this nightmare of 26 mad dogs every night for the last two years. "How do you know they are exactly twenty six dogs and not thirty?", asks his friend. Boaz replies, "I know, I killed them all during operations in Palestinian villages. They were barking and ruining operations." Having shot them all, Boaz remembers each one of them. They return in his dreams some 20 years later. For Folman, the dog is not an Israeli dog like Azit, but rather a Palestinian. The dog is not a heroic figure that serves the nation; rather, it symbolizes the arbitration of the Arab-Israeli conflict. In Folmans' movie, there is an entirely different understanding of the conflict than in the Azit books and in movies that emerged out of the post-1967 atmosphere in Israel.

# JUDEN, JUDENTUM UND RECHTSPOPULISMUS

MICHA BRUMLIK

Im Sommer 2016, am 28. Juni, hielt der Vorsitzende des Zentralrats der Juden, Josef Schuster, an der Katholischen Akademie in Bayern eine große Rede zur Lage der jüdischen Gemeinschaft in Deutschland, in der er sich besorgt über den im Lande grassierenden Rechtspopulismus zeigte. „Die neuen rechtspopulistischen Bewegungen und Parteien", so Schuster, „[...] schaden massiv der politischen Kultur in diesem Land. Intolerante Ansichten über Muslime und über Ausländer sowie Antisemitismus, gekleidet in eine Kritik an Israel, finden sich inzwischen bis in die Mitte der Gesellschaft." Er fuhr fort:

> *Die AfD hat zwar vor allem den Islam im Visier. Doch ich gehe fest davon aus, dass sich ihre Ablehnung auch gegen eine andere Minderheit richten kann, wenn es der Partei opportun erscheint. In ihrem neuen Grundsatzprogramm hat die AfD ein Verbot des Schächtens beschlossen. Damit trifft sie uns Juden ebenso wie die Muslime.*[1]

Wie, so muss man vor diesem Hintergrund fragen, ist es dann möglich, dass Juden, teilweise sogar Mitglieder jüdischer Gemeinden, sich als Politiker der AfD betätigen?

Die Personen, von denen hier die Rede ist, sind Mitglieder und Funktionäre der AfD in der südwestdeutschen Provinz, in Baden-Württemberg, wo die Partei bei den letzten Landtagswahlen im März 2016 immerhin 15,1 % der Stimmen und entsprechend 23 Landtagssitze erhielt. Wolfgang Fuhl, Mitglied der Jüdischen Gemeinde Lörrach, sowie Alexander Beresowski, Mitglied der Jüdischen Gemeinde Stuttgart und Kandidat im Wahlkreis Stuttgart I, kandidierten jedoch vergeblich und sind – trotz des inzwischen aus der Fraktion zurückgetretenen antisemitischen Abgeordneten Wolfgang Gedeon – noch immer Mitglieder der Partei. Dabei hatten beide in Interviews mit der *Jungen Freiheit* angekündigt, die Partei zu verlassen, falls Gedeon nicht ausgeschlossen werden würde.[2] Nach Aussagen des Bundessprechers der AfD, Jörg Meuthen, hat der

1 Josef Schuster: Jüdisches Leben in Deutschland – Stream. http://mediathek.kath-akademie-bayern.de/video/juedisches-leben-in-deutschland-stream.html (Zugriff am 12.01.2017).

2 Interview mit Wolfgang Fuhl: „Verheerend für die Partei". In: *Junge Freiheit*, 08.07.2016, S. 3. https://jungefreiheit.de/service/archiv?artikel=archiv16/2016280708jf.htm (Zugriff am 11.02.2017).

Vorstand der Bundespartei dieses Ausschlussverfahren inzwischen eingeleitet. Tatsächlich läuft das Ausschlussverfahren gegen Gedeon aus der Bundespartei noch immer und wird – wenn überhaupt – erst im Herbst 2016 seinen Abschluss finden. Immerhin: In einem auf *Politically Incorrect* publizierten, u. a. von Beresowski und Fuhl mitunterzeichneten Brief wird Gedeon zum Rücktritt aufgefordert.[3]

Wer aber sind die durch diese Affäre relativ bekannt gewordenen jüdischen Mitglieder der rechtspopulistischen Partei? Wolfgang Fuhl, ehemaliger Vorsitzender der Israelitischen Kultusgemeinde in Baden und Mitglied im Zentralrat der Juden, war bei den Jusos und in der Gewerkschaft aktiv. Er gibt jetzt an, nicht zuletzt seiner Kinder wegen immer konservativer geworden zu sein. Der 1965 in Odessa geborene Beresowski wiederum gibt an, deshalb in der AfD zu sein, um nicht in einer „EUdSSR" leben zu müssen.[4]

Nun sind – das hat schon der frühe Zionismus erkannt – Juden in ihrer Masse alles andere als bessere Menschen, wenngleich ihnen Gott durch Moses und die Propheten mitteilen ließ, sie mögen ein Volk von Priestern und Heiligen sein (2. Mose 19,5–6). Indes: So lässt sich in dieser Welt, wie sie nun einmal ist, nicht leben, weshalb es das gute Recht aller Jüdinnen und Juden ist, so rückständig, reaktionär und rassistisch zu sein wie alle anderen auch. Es sei nur daran erinnert, dass während des US-amerikanischen Bürgerkriegs wichtige Minister der Konföderierten Juden waren und die jüdischen Gemeinden in South Carolina entschieden die Sklaverei befürworteten. Dass Fuhl und Beresowski angeben, die AfD zu verlassen, falls Gedeon nicht ausgeschlossen wird, ist immerhin als Ausdruck eines Rests von Selbstachtung zu bewerten. Mitglied einer Partei zu sein, die durch ein Schächtverbot frommen Juden das Leben in diesem Land schwer zu machen sucht, scheint sie jedoch nicht zu irritieren. Verwunderlich ist eine weitere Inkonsequenz: Warum akzeptieren Fuhl und Beresowski, die die Partei wegen der Duldung eines antisemitischen Mitglieds verlassen wollen, gleichwohl wortmächtige, zwar nicht antisemitisch, wohl aber rassistisch auftretende Spitzenpolitiker, ohne jemals deren Rücktritt oder Ausschluss zu fordern?

Dabei geht es vor allem um Björn Höcke, den Vorsitzenden der AfD-Fraktion im Thüringer Landtag. Höcke hatte im November 2015 am ‚Institut für Staatspolitik', dem Think Tank der Neuen Rechten in Schnellroda, einen Vortrag gehalten, in dem er von phylogenetischen Differenzen von Europäern und Afrikanern sprach, vom Unterschied zwischen dem „lebensbejahenden afrikanischen Ausbreitungstyp", der auf den „europäischen Platzhaltertyp" treffe.[5] Eine geschlossene deutsche Grenze sei also notwendig. Sogar der AfD-Bundesvorsitzende erklärte im Dezember 2015, Höckes Aussagen seien „sachlich unsinnig, entbehren wissenschaftlicher Substanz und laden zu Fehldeutungen als rassistische Aussagen geradezu ein." Auch dass Höcke zu Protokoll gab, mit der Rede von der ‚jüdisch-christlichen' Kultur Europas nichts anfangen zu können, irritierte Fuhl und Beresowski nicht – ebenso ließ sie ungerührt,

3 PI-News: Causa Gedeon: AfD-Mitglieder mobilisieren. In: *Politically Incorrect* 19.06.2016. http://www.pi-news.net/2016/06/causa-gedeon-afd-mitglieder-mobilisieren/ (Zugriff am 11.02.2017).

4 Alexander Beresowski, AfD-Landtagskandidat in Stuttgart I (Innenstadt). https://www.facebook.com/afdstuttgart/photos/ a.1227153180634548.1073741828.1224202144262985/1299087540107778/ (Zugriff am 12.01.2017).

5 Oda Lambrecht / Christian Baars: Empörung über Höckes „biologischen Rassismus". https://www.tagesschau.de/inland/hoecke-rede-101.html (Zugriff am 12.01.2017).

dass Höcke im Dezember 2015 auf Facebook eine politische Analyse Gedeons ausdrücklich empfahl.

Warum – so ist jetzt zu fragen – ist all dies für Fuhl und Beresowski kein Motiv, den Rücktritt Höckes zu fordern oder zu überdenken, ob man in einer solchen Partei bleiben kann? Ist Antisemitismus – als eine immer auch rassistisch gefärbte Judenfeindschaft – inakzeptabel, aber ein gegen andere Gruppen, andere Menschen gerichteter Rassismus noch hinnehmbar? Will man tatsächlich annehmen, dass die Abwehr des Antisemitismus von Flüchtlingen aus arabischen Ländern rechtfertigt, rassistischen Politikern den Weg zu bahnen? Soll man wirklich glauben, dass sich allgemeiner politischer Rassismus und Antisemitismus säuberlich voneinander trennen lassen?

Gewiss: Die meisten rechtspopulistischen europäischen Parteien haben auf der programmatischen Ebene den Antisemitismus verabschiedet – allen voran die Vorsitzende des französischen Front National, Marine Le Pen, die ihren eigenen Vater, Jean-Marie Le Pen, deshalb aus der Partei ausschließen ließ; um gar nicht von den Israelreisen rechtspopulistischer Politiker zu sprechen, die gerne das Westjordanland bereisen und Israel als „Außenposten" gegen Islam und Islamisierung preisen. Wie doppeldeutig diese Besuche sein können, bewies des Parteiobmann der FPÖ, Heinz-Christian Strache, durch seinen Auftritt in der israelischen Holocaustgedenkstätte Yad Vashem 2010, wo Strache keine Kippa trug, sondern das ‚Biertönnchen' seiner farbentragenden Verbindung Vandalia. „Kotzübel", so der Kommentar Ariel Muzicants, Präsident der Israelitischen Kultusgemeinde Wien, angesichts dieser Kopfbedeckung des FPÖlers. Muzicant deutete das seinerzeit als ein „Signal an die Nazis in den eigenen Reihen: Ich fahre zwar nach Israel – aber mit Biertönnchen auf dem Kopf."[6] Mit dem Besuch, so Muzicant, sei eine der heiligsten Stätten des Holocaust entweiht worden; die Israelis hätten keine Ahnung, was für ein „böses Spiel" mit ihnen getrieben werden würde.[7]
Indes: Die Saat geht auf – keineswegs nur in Baden-Württemberg und in Deutschland. In Frankreich etwa nimmt der Zuspruch für den Front National auch unter Mitgliedern der jüdischen Gemeinschaft zu. So überlegt etwa Marine Le Pen, ob sie nach einer möglichen Wahl zur Präsidentin nicht den jüdisch-algerischen Journalisten Éric Zemmour, einen Redakteur der Zeitung *Figaro*, zum Kulturminister machen würde. 2011 wurde Zemmour wegen ‚Aufstachelung zum Rassenhass' zu einer Geldstrafe verurteilt.

Es geht also um mehr als nur um jüdische Provinzpolitiker – infrage steht nicht mehr und nicht weniger, ob Juden – wenn schon kein Volk von Priestern und Heiligen – nicht zumindest eines nach der Shoah gelernt haben sollten: dass nämlich ausnahmslos jede Form von Rassismus abzulehnen ist. In Israel wurde dies schon vor Jahren unter Beweis gestellt: als nämlich 1988 die nicht ‚nur' palästinenserfeindliche, sondern ausdrücklich rassistisch argumentierende Partei *Kach* des Rabbi Meir Kahane von der damaligen Regierung verboten wurde.

6 Strache, Biertonnen und das Heilige Land. In: *Der Standard*, 22.12.2010. http://derstandard.at/1292462481205/Strache-Biertonnen-und-das-Heilige-Land (Zugriff am 12.01.2017).

7 Ebd.

# 4 — ד

# VERGESSEN, ÜBERSEHEN, VERDRÄNGT

# FRITZ BENSCHER

## *Jude, KZ-Überlebender, Linker und Hamburger*

BEATE MEYER

„So schnell ich mit dem Mund bin, so schüchtern bin ich mit der Seele", hatte Fritz Benscher 1966 der *Hör Zu* verraten. Der schlagfertige Fernseh-Quizmaster stammte aus jüdisch-orthodoxem Hamburger Elternhaus und hatte sich in der Weimarer Zeit zum Allroundkünstler entwickelt, der stets das Heitere bevorzugte. Noch zu Beginn der NS-Zeit trat er in Lustspielen und Revuen beim Jüdischen Kulturbund auf. Dann schulte er zum Sargtischler der Jüdischen Gemeinde Hamburgs um. 1943 nach Theresienstadt deportiert, spielte er dort im Freizeitprogramm in Revuen, Operetten oder las den Urfaust, und sogar in Dachau-Kaufering stand er 1944 bei einem improvisierten Bunten Abend in der Küchenbaracke wieder auf einer Bühne (aus zusammengeschobenen Tischen).

Gleich nach der Befreiung engagierte der US-Sender Radio Munich (später: Bayerischer Rundfunk) ihn. Dessen Ziel der Re-Education deckte sich mit Benschers politischen Wünschen. Künftig positionierte er sich öffentlich als Jude, KZ-Überlebender, Linker und Hamburger in Bayern. Weil er kein Blatt vor den Mund nahm, über Antisemitismus, Wiederbewaffnung, wieder erstarkenden Nazismus witzelte und polemisierte, eckte er bei Konservativen an und erhielt vielfach Redeverbote, gegen die seine Hörer jeweils heftig protestierten. Denn sie liebten ihn und seine Sendungen. Als er 1958 als Quizmaster beim Tick-Tack-Quiz des Bayerischen Werbefernsehens einsprang, begann seine Fernsehkarriere, die ihn bis ins Sonntagabendprogramm der ARD führen sollte. Doch die gesundheitlichen und psychischen Folgen der KZ-Haft machten sich bei Fritz Benscher immer wieder bemerkbar: Mit 65 Jahren erlag er am 10. März 1970 einem zweiten Herzinfarkt.

Dass Fritz Benscher heute nahezu vergessen ist, könnte daran liegen, dass seine Nachkriegskarriere lange vor dem Aufkommen des Internets beendet war. Seine Textvorlagen verschwanden in den Archiven der Rundfunk- und Fernsehanstalten, auch die Sendemitschnitte ruhen dort und sind bis auf *Das Streichquartett* und einen Ajax-Werbe-Spot nicht auf YouTube zugänglich.

Ebenso mag dazu beigetragen haben, dass seine Texte oft Gebrauchsliteratur für den Rundfunk waren. Mit Ausnahme der Autofahrerglossen *Nimm's Gas weg* und Zeitungskolumnen wurden sie nicht gedruckt. Sie waren schnell entstanden, in der gesprochenen oder gespielten Version eindrucksvoll, aber nicht literarisch verdichtet, und dort, wo sie brisant waren, an die Zeit ihrer Entstehung gebunden. Benschers Nachkriegskarriere zeigt allerdings, dass, anders als es das Bild der dumpfen, konformen 1950er Jahre suggeriert, sich auch kritische Geister in der Medienwelt behaupten konnten – so lange die Einschaltquoten stimmten.

# RAINBOW CHAVURAH

## *Ein Empowerment-Raum für queere, jüdische Menschen*

MIRIAM BURZLAFF / JONATHAN RAFAEL BALLING

Wir, eine Gruppe queerer[1], jüdischer Menschen haben die Erfahrung gemacht, dass es innerhalb bestehender jüdischer Strukturen in Deutschland oft keinen Ort gibt, an dem wir genau so sein können, wie, wer und was wir (nicht) sind – mit all unseren Hintergründen, Geschichten und Lebensweisen. In anderen Worten: Häufig haben wir auch in jüdischen Räumen das Gefühl, Teile von uns selbst unsichtbar machen zu müssen. Dies kann zermürbend und schwer erträglich sein.

Zentral für uns ist es, dass *alle* mit *all* ihren Erfahrungen und Identitäten einen Platz finden können und verschiedene Lebensrealitäten nicht in Konkurrenz zueinander stehen. Derartige Orte, die sich durch radikale Diversität auszeichnen, haben wir in den USA kennengelernt. Inspiriert durch diese Erfahrungen, ist im Sommer 2016 die Rainbow Chavurah[2] als ein neuer Empowerment[3]-Raum entstanden. Dieser ist von der Vision getragen, ein für queere, jüdische Menschen und ihre Liebsten autonomer und sicherer Ort zu sein, wo einmal monatlich gemeinsam Shabbat gefeiert wird. Das gemeinsame Kerzenanzünden und der

1 Die Nutzung des Ausdrucks *queer*, der in den USA der 1980er Jahren geprägt wurde, drückt einen eigenen Lebensentwurf, alternatives politisches Handeln und eine Auseinandersetzung mit Sexualität und Geschlechterverhältnissen aus. Wer den Begriff verwendet, widersetzt sich eindeutigen Identitätspolitiken und kategorischen Zuschreibungen. Meistens wird der Begriff von Menschen genutzt, die außerhalb der ‚Norm' gedacht werden, z. B. lesbisch, schwul und/oder transgender sind.

2 *Chavurot* (Plural zu Chavurah) bezeichnen Zusammenschlüsse von ähnlich gesinnten Jüd*innen; oft zum Zweck des gemeinsamen Schabbatfeierns. Meist handelt es sich hierbei um institutionell unabhängige Gruppen, die Alternativen und/oder Ergänzungen zu etablierten Einrichtungen bieten.

3 Unter *Empowerment* ist ein aktiver Prozess der Selbstermächtigung von gesellschaftlich unterdrückten Individuen und Gruppen zu verstehen, mit dem Selbstwahrnehmung, Selbstbestimmung und Selbstverwirklichung einhergehen. Es geht darum, Ohnmachtsgefühle zu überwinden sowie eigene Wünsche, Forderungen und Interessen zu formulieren. Unter Empowerment kann z. B. verstanden werden, wenn sich queere Menschen zusammenschließen, um sich über Erfahrungen auszutauschen und sich gegenseitig in Lebensführungen, Wahrnehmungen oder Visionen zu bestärken.

anschließende Kiddusch[4], die bislang einzigen religiösen Rituale, die von uns praktiziert werden, gehen mit Momenten des Innehaltens und Aufatmens einher. Grundlage für Diskussionen und ein Finden *eigener* Antworten auf persönliche wie auch politische Fragen liefern die thematisch wechselnden Inputs, die Bestandteil der Treffen sind und ihnen einen Rahmen bieten.

Es bleibt offen, wie es weitergeht. Denn es ist nichts festgeschrieben – die Chavurah entwickelt sich mit den sich ihr zugehörig fühlenden Menschen und ihren Erfahrungen, Ideen und Wünschen. Einziger Fixpunkt ist der Gedanke des Tikkun Olam[5]: So setzt die Rainbow Chavurah sich zum Ziel, in der Reflexion der eigenen Situation und im Gespräch mit anderen queeren, jüdischen Gruppen Strategien gegen Diskriminierung und Unterdrückung zu entwickeln, um so zu sozial gerechteren Verhältnissen beizutragen.

---

4 *Kiddusch* bezeichnet den Segen über einen Becher Wein, der z. B. am Freitagabend den Shabbat einleitet.

5 Das Konzept *Tikkun Olam* bedeutet ‚Reparatur der Welt' oder ‚Verbesserung der Welt'. Die Welt zu einem besseren Ort zu machen, ist ein zentraler Wert im Judentum und wird dann sichtbar, wenn Menschen füreinander Verantwortung übernehmen und/oder sich miteinander solidarisieren. Für uns bedeutet dies auch, dass jüdische Institutionen so gestaltet werden, dass sich niemand ausgeschlossen fühlt oder gewaltvolle Erfahrungen machen muss.

# KOINZIDENZEN IM HERBST 2016

MICHAL SCHWARTZE

*August –Weimar*
Yiddish Summer Weimar
Alpenklezmer
Konzert im Garten der Other Music Company
Post-DDR-Geruch
Smoking and talking and dancing with Syrians
Mohammad, Ouassim and me
The queer liberal Jew born in GDR – long time ago
Alles easy alles cool
Zuvor Kopfkino
Bodycheck
Bewegungen
Kleidung
Taschen
Diffuse Angst
Erschrocken über mich selbst und
Die Wirkmächtigkeit hegemonialer Diskurse
Schicke ich die rassistische Figur des potentiell antisemitischen
Moslems fort

*September – Wrozlaw/Breslau*
Bet-Debora-Tagung in Wroclaw/Breslau
Baruch HaSchem
Jüdische Frauen, Feminist*innen, Solidarisierte
Wie befreiend dieses Unteruns ist
Auf unserer Seite: das Wetter
Her-Story, Empowerment, Zukunft
Hin und wieder dunklere Schatten
Ulica Pawła Włodkowica 7 Synagoge zum Weißen Storch

In den Erzählungen über Vorreiterinnen, Role Models
Abgebrochene Lebensläufe
Josefa, Meta, Bertha, Hedi, Anna, Regina ...

Die Teilnehmer*innen geben Kraft
Mit ihrer Arbeit
Mit ihrer Spiritualität
Ihre Kämpfe
Ihre Visionen
Ich nehme dies mit nach Hause und einen Plan

*Oktober – Sighet*
Mit einem großem Koffer Klischees trete ich meine Reise an
Nach Nord-Rumänien
Wiedersehen mit Alina und Peninah
Fahrt nach Sighet – Maramures
Schön ist hier nichts auf den ersten Blick
In die Ortschaft geschlagene Wunden an beinahe jeder Ecke
Geruch, der an meine Kindheit erinnert
Verbrannte Felder im Herbst
Schlaglöcher abseits EU-geförderter Routen
Großmütter wie aus einer anderen Zeit
Straßenschilder warnen vor beladenen Pferdekutschen
Im Ort freies W-LAN
Spuren des Habsburger Reiches
Elie Wiesel Memorial House
Lidl und Kaufland
Memorialul Victimelor Comunismului şi al Rezistenţei
Israelische Reisegruppen auf der Suche nach den Spuren ihrer
Vorfahren
Überreste einer einst bedeutenden Kehilla
Coffee Factory
Neben Nationalflaggen wehende EU-Fahnen
In jedem Dorf

Zwischen den Schichten der Geschichte
Ich

# FUẞNOTE

HEIDE LILITH KLATT

Ich schaue auf Füße. Viele Füße suchen unter einem weißen Plastikpavillon Schutz vor dem Regen. Meine Füße stehen neben Füßen auf dem Treppenabsatz. Die Füße eines Gitarristen stehen in der Mitte des Pavillons. Sie spielen *Über den Wolken*. Andere Füße laufen durch das Bild. Sie stecken in schweren Arbeitsschuhen und kommen neben einem weiteren Paar Arbeitsschuhen zur Ruhe. Aufmerksamen Füßen wird erklärt, wann und wohin Mitglieder der zwei jüdischen Familien deportiert wurden. Füße rahmen ein kleines, messingfarbenes Quadrat auf dem Gehweg ein.

Ein anderes Paar Füße passiert die Szenerie. Vier Pfoten eines deutschen Schäferhundes tapsen nebenher. Sie kommen häufiger hier vorbei, diese sechs Beine. Sie wohnen um die Ecke und zwei davon gehören einem stadtbekannten Neonazi, aus dessen Händen Steine in die Scheiben des örtlichen Demokratieprojekts flogen. Die Hände wollten klarmachen, wem die Stadt gehört und wer den Alltag hier bestimmt.

Die nächste bedeutende Universitätsstadt ist 24,7 km entfernt. Hier dürfen 158 solcher Füße im Gleichschritt marschieren. Hier wird den Händen richterlich genehmigt, am 9. November Fackeln durch die Straßen zu tragen.

So weit weg die ostdeutsche Kleinstadt aus der Ferne erscheinen mag, so provinziell die Gitarrenmusik aus dem Pavillon klingt. So sehr ist es nicht nur ein Problem der Provinz, wenn Neonazis selbstverständlich zum Stadtbild gehören wie Nieselregen und der Widerspruch sich erst bei einer Stolpersteinverlegung offenbart. Sondern es ist zugleich immer eines der ideologischen Provenienz. Ein Problem, das vor lauter Gleichgültigkeit über die Provinz für Füße aus der großen Stadt kaum eine Fußnote wert ist.

# 5 — ה

## STREITBARES

# HEIDEGGER UND DER ANTISEMITISMUS

## *Überlegungen zu einer aktuellen Debatte*

SELMA DUMITRU

„Es stimmt, daß er kritisch gegenüber dem Weltjudentum war, aber er war auf keinen Fall ein Antisemit."[1] Diese und ähnliche Aussagen lassen die Debatte um Heidegger und ‚die Juden', um Heideggers Antisemitismus und um sein NS-Engagement nicht abflauen. Obiges Zitat stammt aus einem Interview mit Hermann Heidegger, einem der Söhne Martin Heideggers und bis 2014 dessen Nachlassverwalter, in der Wochenzeitung *Junge Freiheit*. Hermann Heidegger beantwortet hier die Frage, ob sein Vater Antisemit gewesen sei. Dass Heideggers Antisemitismus auch nach Erscheinen der ersten *Schwarzen Hefte* im März 2014 noch verleugnet wird, ist symptomatisch für eine Tradition des systematischen Nicht-Wissen-Wollens – weder von Heideggers politischem Engagement noch der damit verbundenen Geisteshaltung.

Anstoß zur ersten öffentlichkeitswirksamen Diskussion in Westdeutschland über Heideggers Haltung zum NS gab 1953 eine Rezension des damals 24-jährigen Jürgen Habermas in der *Frankfurter Allgemeinen Zeitung*,[2] in der er sich über einen im selben Jahr veröffentlichten Verweis Heideggers auf die „innere [...] Wahrheit und Größe" der NS-„Bewegung" empörte.[3] In den darauffolgenden Jahren wurde Heideggers Nazismus außerdem in Paul Hühnerfelds *In Sachen Heidegger. Versuch über ein deutsches Genie*[4] und Guido Schneebergers Materialiensammlungen zu Heideggers NS-Vergangenheit thematisiert.[5] Breitere Aufmerksamkeit fand

1 Moritz Schwarz/Hermann Heidegger: „Der Vorwurf ist absurd". In: *Junge Freiheit*, 26.09.2014. https://jungefreiheit.de/service/archiv?artikel=archiv14/201440092611.htm (Zugriff am 15.11.2016).

2 Jürgen Habermas: Mit Heidegger gegen Heidegger denken: Zur Veröffentlichung von Vorlesungen aus dem Jahre 1935. In: Ders.: *Philosophisch-politische Profile*. Frankfurt am Main: Suhrkamp 1981, S. 65–72. Die Rezension erschien in der Ausgabe der *FAZ* vom 25.07.1953.

3 Martin Heidegger: *Einführung in die Metaphysik*. Tübingen: Niemeyer 1953, S. 152.

4 Paul Hühnerfeld: *In Sachen Heidegger. Versuch über ein deutsches Genie*. Hamburg: Hoffmann & Campe 1959.

5 Guido Schneeberger: *Ergänzungen zu einer Heidegger-Bibliographie*. Bern: Selbstverlag 1960; ders.: *Nachlese zu Heidegger. Dokumente zu seinem Leben und Denken*. Bern: Selbstverlag 1962.

das Thema – auch nach Alexander Schwans Studie *Politische Philosophie im Denken Heideggers*[6] von 1965 und dem 1976 veröffentlichten *Spiegel*-Interview mit Heidegger[7] – jedoch erst 1987 mit *Heidegger et le nazisme* von Victor Farías,[8] der einen systematischen Zusammenhang zwischen Heideggers politischem Engagement und seiner Philosophie herstellte. Qualitativ erreichte die Auseinandersetzung ihren Höhepunkt mit dem Erscheinen mehrerer aus dem „Projekt Ideologie-Theorie" hervorgegangener Bände, das es sich zur Aufgabe gemacht hatte, das NS-Engagement deutscher Philosophen *im Feld der Philosophie* und damit in ihren genuin philosophischen Einlassungen in den NS – wie hat der Autor „*im Medium seines Philosophierens* in den Konstitutionsprozeß des NS-Staats eingegriffen"[9]? – zu untersuchen.[10]

Boten die bisherigen Debatten noch einen gewissen Raum für Spekulationen – etwa, ob die NS-Affinität nur eine Phase im Leben Heideggers gewesen sei, ob sich nicht zumindest das Spätwerk noch retten ließe oder gar der Denker selbst gegenüber dem politischen Philosophen –, so erreichte die Kontroverse mit den *Schwarzen Heften* eine neue Dimension. Die von Peter Trawny seit März 2014 schrittweise herausgegebenen ‚Denktagebücher' Heideggers aus den Jahren 1931 bis 1948[11] förderten antisemitische Aussagen zutage, die selbst dem damaligen Vorsitzenden der Martin-Heidegger-Gesellschaft so überraschend, entsetzlich und schockierend erschienen, dass er sich zum Rücktritt veranlasst sah.[12] Durch Heideggers Rede von der „Weltlosigkeit des Judentums",[13] der „*betont rechnerischen Begabung*"[14] der Juden sowie die Beschreibung ihrer Vernichtung als „Selbstvernichtung"[15] schienen sich die schlimmsten Befürchtungen hinsichtlich einer anhaltenden antisemitischen Gesinnung Heideggers zu bestätigen. Für manche ist diese Gesinnung so tief in Heideggers Philosophie eingeschrieben, dass sie den gesamten seinsgeschichtlichen Denkansatz einer grundlegenden Revision unterziehen wollen.[16] Derweil rief die Philosophiezeitschrift *Hohe Luft* zur Sammlung der heideggerkritischen Stimmen unter dem Hashtag *#schlussmitheidegger* auf.[17]

6 Alexander Schwan: *Politische Philosophie im Denken Heideggers*. Köln / Opladen: Westdeutscher Verlag 1965.

7 „Nur noch ein Gott kann uns retten". SPIEGEL-Gespräch mit Martin Heidegger am 23. September 1966. In: *Der Spiegel*, 31.05.1976, S. 193–219.

8 Victor Farías: *Heidegger et le nazisme*. Lagrasse: Verdier 1987.

9 Wolfgang Fritz Haug: Einleitung. In: Ders. (Hrsg.): *Deutsche Philosophen 1933*. Hamburg: Argument 1989, S. 5–28, hier S. 13 (Herv. i. Orig.).

10 Haug (Hrsg.): *Deutsche Philosophen 1933*; Thomas Laugstien: *Philosophieverhältnisse im deutschen Faschismus*. Hamburg: Argument 1990; George Leaman: *Heidegger im Kontext: Gesamtüberblick zum NS-Engagement der Universitätsphilosophen*. Hamburg: Argument 1993.

11 Martin Heidegger: *Überlegungen II–VI (Schwarze Hefte 1931–1938). Gesamtausgabe*, Bd. 94. Frankfurt am Main: Vittorio Klostermann 2014; ders.: *Überlegungen VII–XI (Schwarze Hefte 1938/39). Gesamtausgabe*, Bd. 95. Frankfurt am Main: Vittorio Klostermann 2014; ders.: *Überlegungen XII–XV (Schwarze Hefte 1939–1941). Gesamtausgabe*, Bd. 96. Frankfurt am Main: Vittorio Klostermann 2014; ders.: *Anmerkungen I–V (Schwarze Hefte 1942–1948). Gesamtausgabe*, Bd. 97. Frankfurt am Main: Vittorio Klostermann 2015. Weitere Hefte, die Heidegger bis in die 1970er Jahre hinein verfasst hat, sollen noch veröffentlicht werden.

12 „Das Ende des Heideggerianertums". BZ-Interview mit dem Freiburger Philosophen Günter Figal über seinen Rückzug aus der Martin-Heidegger-Gesellschaft. In: *Badische Zeitung*, 23.01.2015. http://www.badische-zeitung.de/literatur-und-vortraege/das-ende-des-heideggerianertums--99384125.html (Zugriff am 15.11.2016).

13 Heidegger: *Überlegungen VII–XI*, S. 97.

14 Heidegger: *Überlegungen XII–XV*, S. 56 (Herv. i. Orig.).

15 Heidegger: *Anmerkungen I–V*, S. 20.

16 Marion Heinz: Einleitung: Die neue Heidegger-Debatte. In: Dies. / Sidonie Kellerer (Hrsg.): *Martin Heideggers „Schwarze Hefte". Eine philosophisch-politische Debatte*. Berlin: Suhrkamp 2016, S. 9–39.

17 Greta Lührs: 125 Jahre sind genug. In: *Hohe Luft*, 25.09.2014. http://www.hoheluft-magazin.de/2014/09/125-jahre-sind-genug/ (Zugriff am 15.11.2016).

Wer jedoch glaubte, dass das Vorliegen immer weiterer Belege für Heideggers Antisemitismus zu einer zunehmenden Klärung im *Fall Heidegger* führen würde, der irrt. Die immer wieder aufflammenden Diskussionen scheinen, im Gegenteil, eine enorme Ausdifferenzierung der Positionen zu befördern. So ist beispielsweise der jüngst erschienene Band *Heidegger und der Antisemitismus*, der ausgewählte Briefe von Martin und Fritz Heidegger zugänglich macht, flankiert von ganzen 21 „Positionen im Widerstreit", die, jede für sich, den *Fall* anders ins Licht setzen.[18]

Es wird wieder viel geredet über Martin Heidegger. So viel, dass Walter Homolka, Mitherausgeber des Bandes, in seiner die Debatte abschließenden Reflexion, ratlos die Schultern zuckend, auf das älteste aller apologetischen Argumente zurückgreift – des Nazis und seiner jüdischen Freunde: „Sein Antisemitismus hat Martin Heidegger klein gemacht. Aber Löwiths ‚Zauberer' hat nicht zuletzt viele Juden in seinen Bann geschlagen. Deren zwiespältige Treue bis heute unterstreicht, dass sein Denken von Belang bleibt."[19]

Führt die (neuerliche) Frage, was zu tun sei mit Heidegger, also in eine Sackgasse? Oder findet sich in der aktuellen Wiederbelebung der Debatte etwas, was zu untersuchen sich lohnt? Wendet man die Aufmerksamkeit auf die Konstellation selbst, in der sich die Debatte entfaltet, so kann die Frage bejaht werden. In der jüngst auf Deutsch erschienenen Streitschrift *Der Fall Trawny*[20] beschreiben Michèle Cohen-Halimi und Francis Cohen die verlegerischen und akademischen Strategien rund um die Veröffentlichung der *Schwarzen Hefte*. Getreu der Formel, „dass man etwas am besten verbirgt und der Lektüre entzieht, indem man es zur Schau stellt",[21] werde Heideggers Antisemitismus umso unlesbarer, je mehr er der breiten Öffentlichkeit zugänglich gemacht werde. Trawnys Strategie der Enthüllung antisemitischer Begriffe und Passagen bestehe demnach darin, besagte Passagen einerseits klar zu benennen, andererseits jedoch bewusst ihrem historischen Zusammenhang und Sinnkontext zu entziehen und in bloße Philosopheme zu transformieren. Sind die Begriffe einmal ihrem konkreten Kontext entzogen, könne dann, jenseits von ephemeren Kategorien wie Geschichte, Schuld und Moral, unbedarft vom „Mythos Auschwitz"[22] gesprochen oder sich an betont „an-archische[n]"[23] Fragen abgearbeitet werden wie: „Wer trägt die Schuld der Geschichte? Wer sitzt an den Hebeln des ‚Ungeheuren'? Ist Hitler verantwortlich, hat er den Planeten in Brand gesteckt? Oder Mao? Trägt Eichmann die Verantwortung für Auschwitz? [...] Brauchen wir Schuldige? Sind wir beruhigt, wenn wir wissen, wer die Schuldigen sind?"[24]

Ob nun bewusst eingesetzte Strategie oder Symptom einer allgemeineren intellektuellen Lage, trifft diese Logik einen Kern der aktuellen Situation: Die exzessive Thematisierung des Antisemitismus trägt letztlich zu seiner Veruneindeutigung bei. Und damit, so die Autor*innen, zu der aktuellen Tendenz einer Neubesetzung und Aneignung, beispielsweise

18 Walter Homolka / Arnulf Heidegger (Hrsg.): *Heidegger und der Antisemitismus. Positionen im Widerstreit. Mit Briefen von Martin und Fritz Heidegger*. Freiburg / Basel / Wien: Herder 2016.

19 Walter Homolka: Vorwort. In: Ebd., S. 179–189, hier S. 189.

20 Michèle Cohen-Halimi / Francis Cohen: *Der Fall Trawny. Zu den* Schwarzen Heften *Heideggers*, aus d. Franz. v. Oliver Precht. Wien / Berlin: Turia + Kant 2016.

21 Ebd., S. 9.

22 Ebd., S. 40. Die Autor*innen beziehen sich auf Peter Trawny: *Irrnisfuge. Heideggers Anarchie*. Berlin: Matthes & Seitz 2014, S. 72.

23 Trawny: *Irrnisfuge*, S. 59.

24 Cohen-Halimi / Cohen: *Der Fall Trawny*, S. 46–47. Die Autor*innen beziehen sich auf Trawny: *Irrnisfuge*, S. 58.

des Begriffs der ‚Juden' („Frankreichs Juden"), im Zeitalter des Verschwindens der realen Zeugen des Zweiten Weltkriegs.[25]

Hier lohnt es, einen Moment zu verharren. Das Interessante scheint sich an dieser Stelle nämlich zwischen den Zeilen bzw. in der Anordnung von Begriffsclustern um die Debatte über Heidegger herum abzuspielen. Was sich aktuell zeigt, ist eine Pluralisierung der historischen Grundbegriffe selbst. Mit Blick auf den Nationalsozialismus nimmt dieses Bedürfnis nach Differenzierung zuweilen amnestische Züge an. So bemerkte der Historiker Christian Geulen auf der Siegener Konferenz „Philosophie und Politik. Untersuchungen zu Martin Heideggers *Schwarzen Heften*" vom April 2015,[26] er sei „erstaunt" über die „Leichtigkeit, mit der einzelne Passagen in Heideggers *Schwarzen Heften* bisweilen ohne Umschweife als genuin nationalsozialistisch identifiziert" würden, so als „wüssten wir schon längst und schon immer, was genau der Nationalsozialismus war".[27] Was hier noch als mahnender Zeigefinger des Historikers an eine allzu fachimmanent argumentierende Philosoph*innenschaft verstanden werden kann, scheint inzwischen zum Selbstläufer geworden zu sein: die Historisierung als Lösung der Heidegger-Frage.

Sich Geulen anschließend, poltert auch Per Leo in einem Beitrag im *Merkur*, es gelte, Heidegger lediglich als Quelle zum besseren Verständnis, zur „Verkomplizierung" des NS zu verwenden, von dem ansonsten nur allzu sorglos gesprochen werde.[28] Und auch der Philosoph Luca Di Blasi findet, dass die Unterstellung, Heidegger würde eine „nationalsozialistische Weltanschauung" rechtfertigen, vor allem daran kranke, „dass es alles andere als klar ist, was ein solcher ‚Nazismus' sein soll und ob von einer nationalsozialistischen Weltanschauung geredet werden kann".[29]

Bestätigung findet die Annahme, ‚man' wisse nicht, was der Nationalsozialismus eigentlich gewesen sei, dadurch, dass in unterschiedlichsten Bereichen durchaus fragwürdige Aussagen zur NS- und post-NS Geschichte durch den Diskurs geistern. So liest man z. B. Aussagen wie die Alain Badious, des Lieblingsintellektuellen einer philosophieaffinen Linken, Heideggers Schweigen zum Nationalsozialismus nach 1945 sei doch irgendwie nachvollziehbar und authentisch angesichts eines nach 1945 vermeintlich omnipräsenten „modischen Büßer-Look[s]".[30] In diesen, so Badiou weiter, habe Heidegger sich nicht ohne Weiteres einreihen wollen. Das mag für Frankreich stimmen oder nicht, im deutschen Kontext fällt einem zu der frühen Nachkriegszeit eher das Ende der Entnazifizierung unter anderem in Reaktion auf den Widerstand der deutschen Bevölkerung ein. Hier scheint einiges zum Thema Selbstwahrnehmung deutscher Wissenschaftler*innen nach 1945 in Bezug auf eine Kontinuität mit Traditionen des NS tatsächlich noch seiner Aufarbeitung zu harren, für die bestimmte Wahrnehmungsbarrieren erst noch zu überwinden wären.

Dieses Problem ist durch die Forderung nach Historisierung jedoch nur zum Teil

25 Cohen-Halimi/Cohen: *Der Fall Trawny*, S. 63.

26 Siehe auch den Sammelband zur Konferenz: Heinz/Kellerer (Hrsg.): *Martin Heideggers „Schwarze Hefte"*.

27 Christian Geulen: Gewollt willenlos. Heideggers *Schwarze Hefte* als historisches Dokument. In: Ebd., S. 275–287, hier S. 277.

28 Per Leo: Über Nationalsozialismus sprechen. Ein Verkomplizierungsversuch. In: *Merkur. Deutsche Zeitschrift für europäisches Denken* 70,804 (2016), S. 29–41.

29 Luca Di Blasi: Vom nationalmessianischen Enthusiasmus zur antisemitischen Paranoia. In: Homolka/Heidegger (Hrsg.): *Heidegger und der Antisemitismus*, S. 190–201, hier S. 191.

30 Alain Badiou/Barbara Cassin: *Heidegger. Der Nationalsozialismus, die Frauen, die Philosophie*, aus d. Franz. v. Thomas Laugstien. Zürich: Diaphanes 2011, S. 30.

angesprochen. Vielmehr verweist Geulens Aussage auf einen in der Sache eigentlich begrüßenswerten Trend, den NS nicht mehr als monolithisches Gedankengebäude oder von außen kommenden Virenbefall Deutschlands zu begreifen, sondern die „innere[] Dynamik des Totalitären"[31] als experimentelles System, als Akt der „Selbstermächtigung der Deutschen"[32] herauszustellen. Der NS sei eine Anordnung gewesen, die zur Selbsttätigkeit und -gestaltung aufrief und daher einer gewissen Dynamik der Positionen Raum bieten *musste*. Somit habe es im NS nicht nur biologistische und eugenische Varianten des Rassismus und/oder Antisemitismus gegeben, sondern eben auch die von Heidegger und anderen Philosophen (teilweise) präferierten, ideologisch-mobilisierenden ‚geistigen' Antisemitismen.

Nun wollen die Vertreter der Historisierung, die Heideggers politische Position radikal aus dem ideologischen Feld seiner Zeit verstehen, natürlich das Gegenteil der zuvor geschilderten Verphilosophierung und Entkontextualisierung. Dennoch trägt die Historisierung letztlich zur Tendenz der Veruneindeutigung bei, wenn die zuvor in Richtung der Frage nach dem *Antisemitismus bei Heidegger* geöffnete Debatte wieder zugunsten der Frage nach Heideggers Antisemitismus als *einer* Position *im Feld des NS* verengt wird. Nicht nur beschränkt sich die beschriebene Pluralität dieser Positionen letztlich bloß auf die Pluralität der führertreuen Volksdeutschen; sie vergibt zudem die Chance, am Fall Heidegger gerade die Eigenständigkeit der Tradition des Antisemitismus herauszustellen, der, ob nun rassistisch, kulturalistisch, metaphysisch oder seinsgeschichtlich begründet, auf eine weit länger als bis zum NS zurückdatierende, einheitsstiftende Funktion verweisen kann.

Zuletzt wird der Versuch, Heidegger allein aus seinem eigenen historischen Kontext zu begreifen, auch den faktisch gestifteten Kontinuitäten ins Hier und Jetzt nicht gerecht. Zeitgleich mit der Hinwendung der Heidegger-Kritik zu den historischen Grundlagen vollzieht sich nämlich eine Aneignung Heideggers von rechts, die die Frage aufwirft, ob sich die anhaltende Relevanz Heideggers nicht immer *auch* aus einer den NS überdauernden politischen Aktualisierbarkeit ergibt. Auf dem Rittergut Schnellroda – Sitz des Antaios-Verlags, der auch die Zeitschrift *Sezession* herausgibt – wird beispielsweise mit einem durch einen jungkonservativen Gramscianismus gefilterten Heidegger gearbeitet.[33] Erstes Ziel ist, mittels eines arbeitsteiligen Netzwerks aus Verlagen und Think Tanks rund um das von Götz Kubitschek geleitete Institut für Staatspolitik die kulturelle Hegemonie in verschiedenen gesellschaftlichen Feldern zu erlangen.[34] Daneben wird eine national- bzw. jungkonservative Elite etwas abseits der völkisch-revolutionären Umsturzversuche auf den Ernstfall und die Übernahme des Staates eingestimmt.[35]

Es mag offen bleiben, wann die bislang propagierte Abwendung von Nietzsches völkischem Aktivismus der Tat im Namen einer heideggerschen ‚Gelassenheit' – Rückzug

31 Geulen: Gewollt willenlos, S. 279.

32 Ebd., S. 280.

33 Siehe hierzu Micha Brumlik: Das alte Denken der neuen Rechten. Mit Heidegger und Evola gegen die offene Gesellschaft. In: *Blätter für deutsche und internationale Politik* 3 (2016), S. 81–92.

34 Siehe hierzu Helmut Kellershohn: Das Institut für Staatspolitik und das jungkonservative Hegemonieprojekt. In: Stephan Braun / Alexander Geisler / Martin Gerster (Hrsg.): *Strategien der extremen Rechten. Hintergründe – Analysen – Antworten*. 2., aktual. u. erw. Aufl. Wiesbaden: Springer 2016, S. 439–467.

35 Siehe hierzu ausführlich ebd.

aus dem technisierten Zeitalter, Appell an das Abwarten auf die Entbergung des Seins, an das Geheimnis, die Stille, das Beschweigen –[36] umschlägt; die Blaupausen dafür hält die heideggersche Philosophie allemal bereit. Mittels ausufernder, in die Form der Filmbesprechung verpackter Beschwörungen der soldatischen Existenzweise, der „in ständiger Todesgefahr“[37] das wahre Sein zukommt, oder durch Berichte wie dem Ernst Noltes, der „unter dem Gedröhn der den Schwarzwald im Angriff auf süddeutsche Städte überfliegenden Bomber“[38] mit dem Fahrrad zu Heidegger fuhr, um ihm einen Rucksack mit Lebensmitteln zu bringen, kann die Leser*innenschaft sich jedenfalls schon einmal affektiv auf das Kommende einstimmen.

Vielleicht liegt die Herausforderung der Frage, was zu tun sei mit Heidegger, heute nicht mehr darin, seine Philosophie retten oder endgültig kompromittieren zu wollen, seinen spezifischen Nazismus besser oder schlechter zu verstehen. Vielmehr ist es die gesellschaftliche Debatte um Heidegger selbst, die Aufschluss über den Stand der wissenschaftlichen Instrumentarien gibt, mit der sich eine deutsche Gegenwartswissenschaft und -öffentlichkeit ihre Verstrickung mit der deutschen Gewaltgeschichte erklärt. In den Diskussionen um Heidegger wird eben auch ein bestimmtes Verständnis davon formuliert, wie Fragen der Verstrickung und Kontinuität sowie des Verhältnisses von Philosophie und Politik gegenwärtig konzipiert werden. Eine solche Betrachtung ist gleichsam Ausgangspunkt für eine fortlaufende (selbst-)kritische Auseinandersetzung mit Antisemitismus und Rassismus, die den *Fall Heidegger* bestenfalls zum Anlass nehmen kann, ihre Instrumente zu prüfen, dabei aber nicht verharren darf.

---

**36** Siehe für diese Art der Aneignung bspw. Martin Sellner: Mein Denkweg zu Heidegger. In: *Sezession* 13,64 (2015), S. 8–13.

**37** Martin Lichtmesz: Kino mit Heidegger. In: Ebd., S. 18–23, hier S. 23.

**38** Ernst Nolte: Der junge Student und der berühmte Professor. Erinnerungen an Martin Heidegger aus dem letzten Kriegsjahr 1944/45. In: *Tumult. Vierteljahrsschrift für Konsensstörung* 3 (2015), S. 77–79, hier S. 79.

# BRUCHSTÜCKE EINES JÜDISCHEN MOSAIKS AUS SCHARFKANTIGEN STEINEN

DANI KRANZ

In alphabetischer Reihenfolge haben Dmitrij Belkin mit *Germanija*, Dmitrij Kapitelman mit *Das Lächeln meines unsichtbaren Vaters* und Armin Langer mit *Ein Jude in Neukölln* die Geschichten ihres Daseins in Deutschland dokumentarisch niedergelegt oder präziser: ihres (jüdischen) Daseins und Jüdischseins und Seins generell in diesem Land. Allen dreien gemeinsam ist ihr Gender – sie sind Männer –, alle drei sind Söhne jüdischer Väter und nicht-jüdischer Mütter und alle drei sind nach Deutschland immigriert. Sie sind mittlerweile zum Teil konvertiert und deutsche Staatsbürger geworden oder noch auf dem Weg dorthin. Alle drei legen ihre Identitätsarbeit in dokumentarischer Form von Egodokumenten nieder, ein Akt, den sich bisher keine einzige Frau dieser generativen Kohorte – der Dritten nach der Shoah – über ihr Dasein in Deutschland in dieser Länge – und auf Deutsch – von der Seele schrieb. Auch das bisher einzige Egodokument eines in Deutschland geborenen und aufgewachsenen Juden ist von einem Mann und zudem auf Englisch publiziert. Yascha Mounk legte *Stranger in My Own Country* medial viel beachtet 2014 in den USA vor, einem klassischen Emigrationsziel für Juden aus Deutschland vor und nach 1945.[1] Die bisherigen Werke von Frauen dieser generativen Kohorte sind die vor dem eigenen biographischen Hintergrund und auf Englisch verfassten Essays von Dani Kranz[2] und Lea Wohl von Haselberg[3]. Autofiktionale Texte – auf Deutsch – haben Mirna Funk[4], Lena Gorelik[5] und Olga Grjasnowa[6] bisher veröffentlicht. Gender scheint durchaus eine Rolle in der Art der jeweiligen Verschriftlichung zu spielen: So analysiert die schreibende Anthropologin die

1 Yascha Mounk: *Stranger in My Own Country. A Jewish Family in Modern Germany*. New York: Farrar, Strauss and Giroux 2014.

2 Dani Kranz: Where to Stay and Where to Go? Ideas of Home and Homelessness amongst Third Generation Jews Who Grew Up in Germany. In: Esther Jilovsky / Jordy Silverstein / David Slucki (Hrsg.): *In the Shadows of the Shadows of the Holocaust. Narratives of the Third Generation*. London: Vallentine Mitchell 2015, S. 179–208.

3 Lea Wohl von Haselberg: Legitimate Sadness? Life at the Edges of the Shadows. In: Ebd., S. 227–230.

4 Mirna Funk: *Winternähe*. Frankfurt am Main: Fischer 2015.

5 Lena Gorelik: *Meine weißen Nächte*. München: Schirmer Graf 2004; dies.: *Hochzeit in Jerusalem*. München: Schirmer Graf 2007; dies.: *Verliebt in Sankt Petersburg. Meine russische Reise*. München: Schirmer Graf 2008.

6 Olga Grjasnowa: *Der Russe ist einer, der Birken liebt*. München: Hanser 2012; dies.: *Die juristische Unschärfe einer Ehe*. München: Hanser 2014.

drei Egodokumente, Soziologinnen erforschen ihre Lebenswelten, Schriftstellerinnen erzählen Geschichten für ein nichtfachspezifisches Publikum, Herausgeberinnen sorgen für Veröffentlichung und Kuratorinnen für den visuellen Zugang. Es handelt sich bei den erwähnten Frauen um Persönlichkeiten mit nicht minder interessanten Identitätskonfigurationen, -fiasken und auch -narrativen. Nun aber zu den Männern.

Die drei verschriftlichten Identitätskonstruktionen von Belkin, Kapitelman und Langer stellen verschiedene Spielarten autobiographischer Egodokumente dar, in Form einer Autobiographie (Belkin), autobiographischen Autofiktion (Kapitelman) und einer autobiographisch untermauerten Streitschrift (Langer). Die Inhalte ihrer Dokumente stellen Interaktionen mit ihrer Umgebung[7] und Introspektionen dar, die die narrative Basis ihrer Identitäten sind.[8] Sie geben ebenso Einblicke in das schreibende Individuum und jene Strukturen, die es umgeben.[9] Die spezifischen, von den Autoren hervorgehobenen, Narrativstränge sind Facetten der Auseinandersetzungen von Juden im Deutschland der Gegenwart, sie legen Identitätsarbeit offen. In deutscher Sprache wenden sie sich an ein deutschsprachiges Publikum – im Gegensatz zu den bisherigen Dokumenten der in Deutschland Aufgewachsenen ihrer Altersgruppe, der Dritten Generation – und stellen somit dar, dass man zwar von einer generativen Kohorte sprechen kann, von einer Generation in Karl Mannheims[10] Sinn allerdings wohl weniger. Die geteilten Erfahrungen, die in diesem Ansatz eine Generation ausmachen, sind in der jüdischen Diffusion und Dynamik Deutschlands innerhalb der extrem heterogenen Gruppe der Juden kaum feststellbar.

Dmitrij Belkin, mit Mitte 40 quasi der ‚ältere Herr' des Trios, stellt seinen Weg in die BRD dar: Im Bus kam er als ‚Kontingentflüchtling' ins Land, wollte Fuß fassen und dann seine Frau aus der Ukraine nachholen. Er erreichte sein Ziel und wurde zudem ‚erwachsen'. Teil seines ‚Erwachsenwerdens' war der Weg durch deutsche Bildungs- und Forschungsinstitutionen, die Annahme der deutschen Staatsbürgerschaft und die Verfestigung seiner jüdischen Identität sowie seine Konversion zum Judentum. Wie viele andere ‚Kontingentflüchtlinge' machte er die Erfahrung, dass Kinder eines jüdischen Vaters und einer nicht-jüdischen Mutter in Deutschland bislang einen schweren – in Teilen unmöglichen – Stand als „nicht-jüdische Juden"[11] innerhalb der hegemonialen jüdischen Ingroup haben. Patrilineare Juden, wie Lea Wohl von Haselberg attestiert,[12] sind ‚jüdischer' als die nicht-jüdischen Deutschen – so das häufige, wenn auch von Wohl von Haselberg und mir angezweifelte Binär. Allerdings sind sie den institutionalisierten jüdischen Gemeinden wegen der – wenn auch nicht unumstrittenen – Differenzordnung der Matrilinearität nicht offiziell als Mitglieder zugehörig. Belkin gehört mittlerweile offiziell zu beiden im deutschsprachigen Diskurs prävalenten sozialen Kategorien: zu den Juden wie den Deutschen. Trotz dieser nun feststehenden kategorischen Zugehörigkeiten reflektiert er darüber, inwiefern er stets noch zu den russischsprachigen Juden

7 Michael Angrosino: *Documents of Interaction*, Gainesville: University of Florida Press 1989.

8 Jerome Bruner: Life as Narrative. In: *Social Research* 54,1 (1987), S. 15–37.

9 Angrosino: *Documents of Interaction*, S. 104.

10 Karl Mannheim: The Problem of Generations [1923]. In: Paul Kecskemeti (Hrsg): *Essays on the Sociology of Knowledge. Collected Works*, Bd. 5. New York: Routledge 1952, S. 276–322.

11 Asher Cohen / Bernard Susser: Jews and Others. Non-Jewish Jews in Israel. In: *Israel Affairs* 15,1 (2009), S. 52–65.

12 Wohl von Haselberg: Legitimate Sadness?

gehört, die, wie er feststellt, in Gemeinden und auch im öffentlichen Diskurs immer noch häufig den Buhmann zugeschoben bekommen. Man kann also, auch wenn man hegemonialkategorisch angekommen ist, immer nur in einem gewissen Rahmen ankommen. In diesem Sinne sind die Interpretationen und Lösungen von Konflikten Belkins probat für ihn. Sie können nicht als *pars pro toto* von, ja, von was überhaupt, genommen werden? Belkin ist einer von mehr als 200.000 ‚Kontigentflüchtlingen', einer von etwa 250.000 Juden in Deutschland, einer von mehr als 80 Millionen deutschen Staatsbürgern und einer von nicht wenigen Millionen Russischsprachigen, die außerhalb der Grenzen der ehemaligen Sowjetunion leben. Sein Weg ist somit einer von Millionen und ebenso wie seine Mitstreiter konnte er seinen Weg dank Privilegien verschriftlichen.

Eben dieses Phänomen spielt auch eine tragende Rolle im Buch des anderen, auch aus der Ukraine stammenden Dmitrij (Kapitelman). Sein Egodokument ist szenisch gegliedert, drehbuchartig, an Oliver Polak erinnernd und scheint wie eine Vorbereitung für eine Stand-Up-Comedy-Verfilmung. Kapitelman ist weniger mit seinem Ankommen in Deutschland, sondern vielmehr mit seiner Beziehung zu seinem Vater beschäftigt. Seine Einblicke in die deutsche Bürokratie und die konkurrierenden Vorschriften, Regularien und Fremdverortungen der Ministerien wären allerdings schon alleine ein Buch wert, das Franz Kafka Freude bereitet hätte und deutsche Befindlichkeiten ebenso wie Grenzziehungsversuche offen legt. Fairerweise muss man sagen, dass Kapitelman als Kind miteingewandert wurde, während Belkin schon alt genug war, um eigenständig zu immigrieren (was auch dem Altersunterschied von knapp zwanzig Jahre zwischen den beiden entspricht, allerdings keinem Generationssprung). Kapitelman steht somit Identitätskämpfe durch, die durch eine Migrationsentscheidung außerhalb seiner Kontrolle mitentstanden sind (was nicht heißen soll, dass das Dasein seiner Eltern in der Ukraine unproblematisch war, wie sein Vater erwähnt). Sein Vater ist Jude, seine Mutter nicht. Seine – moldawische – Mutter hat eine nicht-jüdische Tochter aus einer vorhergehenden Ehe. Wie der Autor bemerkt, sind die drei der nicht-jüdische Anhang des „Wiedergutmachungsjuden" aka seines Vaters. Dieser Vater, qua Matrilinearität ein kategorisch anerkannter Jude, sei wiederum ein schlechter, also nichtpraktizierender Jude, der zudem eine Nichtjüdin geheiratet hat. Die Kapitelmansche Familienmigration wird nicht einfacher dadurch, dass sein Vater, der Mann, der den Weg nach Deutschland ebnete, in eben diesem Deutschland nie ankam. Während er in der Ukraine Antisemitismus als Teil des Systems, das er laut seines Sohn hasste, irgendwie navigierte, ist er nun in einem Land, dessen Sprache nicht die seine ist, und der Betreiber eines russischen Spezialitätenladens, der ein multiethnisches Klientel anzieht. In diesem Milieu der ethnisch Anderen bewegt er sich in einem Raum multiethnischer Marginalität, in dem alles, nur anscheinend nichts deutsch ist: Deutschland ist irgendwo da draußen. Die interethnischen Beziehungen in der neuen Nichtheimat werden durch die vorgelagerten Erfahrungen in der Ukraine ebenso wie einem diasporischen Patriotismus für Israel geprägt (den der Sohn kritisch reflektiert). Direkte Begegnungen mit ethnisch Anderen sind allerdings weder vom einem noch vom anderen determiniert, irgendwie versteht man sich in der Marginalität, nur der eigene Sohn verzweifelt zeitweise. Vor diesem Hintergrund, man könnte sagen der Leidensgeschichte des eigenen Vaters, der wegen seines nicht-halachisch jüdischen Sohnes Deutschland Israel vorzog, fahren Vater und Sohn genau in dieses Land.

Der Weg dorthin ist steinig, auch der Aufenthalt in Israel, wo der Vater endlich unter Juden ist, ist nicht minder schwierig. Zwar sieht der Sohn das Lächeln des metaphorisch abwesenden, aber permanent transzendent anwesenden Vaters, allerdings ist und bleibt dieser marginal: Das Thema Kapitelman Senior und Junior ist noch lange nicht ausgestanden – die biographisch interessierte Wissenschaftlerin hofft hier auf mehr.

Armin Langer, der noch jünger ist als Dmitrij Kapitelman, dokumentiert seinen Weg ins Judentum und seinen Weg zum Dialog der Religionen. Der in Ungarn aufgewachsene Langer ist überzeugter Neuköllner. Er glaubt an ein friedliches Zusammenleben von Juden und Muslimen (Christen kommen generell eher kurz und stellen meist nur den christo-normativen Hintergrund dar). Sein Egodokument ähnelt am ehesten einer autobiographisch, empirisch untermauerten Streitschrift, die viele, vielleicht zu viele argumentative Stränge aufgreift, von denen sich noch zeigen werden wird, wie sie sich weiterentwickeln. Stein, eher Fels, von Langers Anstoß sind insbesondere andere Juden: Juden, wie der von ihm viel kritisierte, tätlich angegriffenen Rabbiner Daniel Alter, der Neukölln zu einer „No Go Area" für Juden erklärte. Oder auch der Präsident des Zentralrats der Juden Josef Schuster, mit dem Langer sich nach dessen Forderung nach einer Obergrenze für Flüchtlinge einen medial vielbeachteten Showdown leistete. Ebenso kritisiert er die – aus Langers Sicht – vom Holocaust besessenen „lokalen Juden", aka die in Deutschland dominanten Figuren in Gemeinden und im öffentlichen Raum, die zum größten Teil aus der traumatisierten Zweiten Generation bestehen. Diese Generation ist im Gegensatz zur Dritten durchaus eine Erfahrungskohorte und viel weniger heterogen als die Alters-, aber nicht Erfahrungskohorte der Dritten Generation. Ebenso übt er, interessanterweise wie die sonst von ihm harsch kritisierten ‚lokalen Juden', Kritik an Juden mit Konversions-, aber ohne jüdischen Familienhintergrund. Patrilineare Konvertiten wie sich selbst wiederum sieht er als Juden qua Familie und empfindet, dass ‚Nichtfamilienjuden' eine Art Archetyp des Konvertiten darstellen und einen christo-normativen Diskurs ins Jüdische (was auch immer es ist) einführen. Konvertiten bringen ihr biographisches Gepäck mit, hier stimme ich Langer zu. Dies erscheint allerdings normal, da es keine vergangenheitslosen Menschen gibt. Ebenso ist es normal, dass Langer sein Gepäck mitbringt und somit die Grenzen des Jüdischen in Deutschland herausfordert. Ähnliche Dynamiken haben Anthropologen, beginnend mit dem sehr bekannten Beispiel von Frederick Barth (1969)[13] dargestellt. Barth untersuchte die Pathan, anhand derer er ein generelles Muster menschlicher Gruppen, Ethnien, Ethno-Religionen, Staaten und sonstiger Organisationsformen feststellt: Diese Gruppen konstruieren eine Grenze nach außen, über die das, was in der Grenze eingeschlossen ist – in diesem Fall also Pathansein – ausgehandelt wird. Die Frage ist, warum Langer, der so offen ist für einen Dialog mit den anderen Religionen, sich gerade an einem von ihm attestierten christo-normativen Diskurs so sehr stößt, wenn er die Konstruktion der Außengrenze des Jüdischen betrifft: Geht es hier um die jüdische ‚Urangst' vor Assimilation in einem anderen Gewand? Veränderung kann es ja kaum sein, denn diese ist für Langer sehr erstrebenswert. Dieser Argumentationsstrang führt Langer zur Erinnerungspolitik. Obwohl eine Diskussion über die Erinnerungspolitik auch auf jüdischer Seite ebenso notwendig ist wie eine intergenerative

13 Frederick Barth: Introduction. In: Ders. (Hrsg.): *Ethnic Groups and Boundaries. The Social Organization of Cultural Difference*. Long Grove: Waveland 1969, S. 9–38.

Auseinandersetzung, ist es fraglich, ob ein Konfrontationskurs gegen die „lokalen Juden"[14] und ‚Wahljuden' hier nicht kontraproduktiv ist. Jede dieser innerjüdischen Gruppen hat Identitätsbedürfnisse wie Langer und seine Mitstreiter selbst. Der Knackpunkt scheint das Ausloten einer Matrix der Grenzen zu sein und des – genuin, authentisch – Jüdischen (dessen Existenz ich als Anthropologin per se als Essentialismus bestreite – ebenso wie Barth es schon 1969 tat).

Ebenso wie Belkin hat Langer einen Weg aus diesem deutsch-jüdischen Debakel gefunden, doch auch dieser sollte wiederum nicht als *pars pro toto* gesehen werden. Er agiert öffentlich und hat Salaam Shalom ins Leben gerufen, eine jüdisch/muslimisch/israelisch/palästinensische etc. Initiative, die sich für ein friedliches Miteinander – nicht indifferentes Nebeneinander – der Religionen einsetzt. Sicher ist dies möglich, in diesem Punkt stimme ich Langer zu, allerdings bleibt die große Frage, welcher Akteur, warum und woran interessiert ist, ob das Outreach von Neukölln bis nach Weißensee reicht oder auch in meine ebenso ethnisch und religiös gemischte, schöne Kölner Vorstadt, in der mir eine (eingebürgerte, säkular, also nicht erkennbare) Muslima von der lokalen, ‚biodeutschen' und christlichen Geschäftsfrau berichtete, dass sie einer potentiellen Praktikantin mitgeteilt habe, man stelle weder erkennbare Muslime noch Juden ein. Der Beschwerde der Mutter wurde von Seiten der Bürgermeisterin keine Beachtung geschenkt, insofern zweifle ich sehr daran, dass Langer, der erkennbar eine Kippa trägt, als Praktikant erwünscht gewesen wäre und wie viel Rückhalt er politisch erhalten würde. Es gibt also, auch da pflichte ich Langer bei, noch viel zu tun im bunter und gleichzeitig radikaler und gespaltener[15] werdenden Deutschland.

In seinem Elan und Aktionismus wirft Langer konfrontativ Spannungsfelder jüdischer Existenz in Deutschland auf: Für wen spricht der Zentralrat? Wie viel öffentlichen Dissens v/ertragen die jüdische Einheitsgemeinde, die in Gemeinden organisierten liberalen Juden, und die weitere Ingroup derer, die sich als Juden definieren (ich verweigere hier bewusst die Unterscheidung in matrilineare und patrilineare)? Wie kann man in diesem Land eine Koexistenz vorantreiben, die nicht auf einem segregativen Multikulturalismus oder eben einer Zwangsanpassung Minderheitsreligionsangehöriger – einer zumindest visuellen Assimilation – beruht? Und, er wirft die Kernfrage von Juden in Deutschland nach 1945 auf: Mit wem kann man koalieren? Für sich hat Langer einen (lokalen) Weg gefunden, und auch die Gesamtsituation des Landes außerhalb von Neukölln braucht probate Lösungen für den Rechtsruck, der Juden ebenso wie Muslime betrifft – und generell jeden, der als ‚anders' wahrgenommen wird. Denn wie Michael Brenner attestierte, ist das deutsch-jüdische (ebenso wie das deutsch-israelische) Verhältnis ein Elitenprojekt.[16] In dem Sinne eröffnet der streitbare Langer Debatten, die geführt werden müssen. Und nicht mehr und nicht weniger zielführend ist Langers Aktionismus in diesem Bereich. Allerdings ist – genau wie bei Belkin und auch bei dem sich noch auf dem Weg befindlichen Kapitelman – das

14 Dani Kranz: Forget Israel – the Future Is in Berlin! Local Jews, Russian Immigrants and Israeli Jews in Berlin and across Germany. In: *Shofar* 34,4 (2016), S. 5–28.

15 Oliver Decker / Johannes Kiess / Elmar Brähler: Die enthemmte Mitte. Autoritäre und rechtsextreme Einstellung in Deutschland – Die Leipziger „Mitte"-Studien 2016. http://www.zv.uni-leipzig.de/pressedaten/dokumente/ dok_20160615154026_34260c0426.pdf (Zugriff am 13.02.2017).

16 Michael Brenner: Wenn Juden demonstrieren. In: *Frankfurter Allgemeine Zeitung*, 18.09.2014. http://www.faz.net/aktuell/feuilleton/debatten/antisemitismus-wenn-juden-demonstrieren-13158769.html (Zugriff am 13.02.2017).

Moment der Selbstinszenierung wie in jedem Egodokument enthalten. Wo fängt der Inhalt an und hört das Ego auf, und wo führt der weitere Weg hin: Quo vadis, meine Herren, und für wen und mit wem und gegen wen?

1945 war jüdisches Leben in Deutschland/in Europa ein verbrannter, aschebedeckter Scherbenhaufen. 2017 ist es ein sehr lebhaftes, heterogenes ‚Biotop', in dem Juden ihr Recht auf Mitsprache in lautstarker Kakophonie einfordern; und nicht nur das – sie fordern noch eine andere Grenze heraus und Mitsprache in einer anderen Ingroup. Sie fordern auch eine Diskussion darüber, was als Deutsch konstruiert wird, und verlangen eine Neuauslotung der Grenzen, denn alle haben oder wollen, formalrechtlich, die deutsche Staatsbürgerschaft, also die politische Mitsprache in diesem Land. Diese wiederum ist generell ein Reizthema unter den Bürgern – egal, ob sie formalrechtlich Deutsche sind, eine Niederlassungserlaubnis besitzen, sich in der ein oder anderen Religion verorten, was für einem Gender sie sich zuordnen oder welche sexuelle Orientierung sie haben. Innerhalb dieser überlappenden Gruppen verfolgen Belkin, Kapitelman und Langer deutlich ihre eigenen Ziele und Identitätsinvestments, die ebenso in der jüdischen Ingroup liegen und die die umgebende deutschen Gesellschaft betreffen. Und jeder tut es auf seine Art: Belkin akademisiert und erklärt, Kapitelman amüsiert und personalisiert und Langer polarisiert und aktiviert. Alle drei sind sich ihrer Marginalität bewusst: Belkin, trotz seiner deutschen Staatsbürgerschaft, als ‚Russe' (eigentlich Ukrainer), Kapitelman als Nicht-Halachischer, Nicht-Eingebürgerter, Langer als Enfant terrible unter Juden, als offen Homosexueller und als Aktivist in Deutschland, wenn auch ohne deutschen Pass. Der eine scheint angekommen (Belkin), der zweite angekommen in dem Spannungsfeld der aufoktroyierten Marginalität (Kapitelman), der andere noch im Prozess des Ankommens (Langer). Letzterer stellt die These auf, die weder Belkin noch Kapitelman mitgehen: dass Juden in Deutschland nicht marginal seien, eine These, deren historische[17] wie gegenwärtige[18] Tragfähigkeit ich doch stark anzweifeln möchte. Denn ‚biodeutsch', also deutsche Staatsbürger aufgrund ihrer ethnischen Abstammung, waren Juden bisher noch nie.[19] Sie erhielten den Zugang zu den Vorläufern der heutigen deutschen Staatsbürgerschaft erst viel später als etwa Juden in Frankreich, und auch ihre Wiedereinbürgerung nach 1949 ist von Problemen behaftet: Sie sind somit unter Umständen staatsbürgerrechtlich Deutsche, aber die intermediäre Sphäre der christo-normativen Religion schließt sie aus[20] und ihr Deutschsein wird durchaus immer wieder angezweifelt. So lässt sich feststellen, dass die drei – überfällige – Diskussionen in Deutschland unter Juden wie unter Nichtjuden anheizen und dafür sei ihnen gedankt.

Wir kennen nun drei männliche Perspektiven, jetzt ist es an Ihnen und an mir, meine Damen – denn die heteronormative Halacha fordert diese Diskussion heraus –, weitere Intersektionen und Selbstbestimmungen aufzuzeigen und nicht nur gegenüber ‚Deutschen' zu desintegrieren, wie Max Czollek und Marianna Salzmann fordern, sondern auch unter Juden, im Kreis der Aktivisten, im interreligiösen wie im interethnischen Rahmen, um die Grundfeste des post-migrantischen Deutschlands und des jüdischen Seins und Daseins auszuhandeln.

17 Dieter Gosewinkel: *Schutz und Freiheit? Staatsbürgerschaft in Europa im 20. und 21. Jahrhundert*. Berlin: Suhrkamp 2016.

18 Dani Kranz: Of Grey Areas and Problematic Responsibilities. The Intersection of Parenthood, Bureaucracy, and Citizenship in Post-1949 (West) Germany. In: *ANNALS, The American Society for Political and Social Science* (im Erscheinen).

19 Vgl. ebd.

20 Ulrich K. Preuss: Citizenship and the German Nation. In: *Citizenship Studies* 7,1 (2003), S. 37–56.

# MÜSSEN JALTAS URENKELINNEN ERST 400 KRÜGE WEIN AN DER KOTEL ZERSCHMETTERN?

*Seit 28 Jahren fordern* Women of the Wall *religiöse Partizipation ein*

ULRIKE OFFENBERG

Ein Messer, in das eine Rechtfertigung für den Mord von ‚Abtrünnigen' graviert ist: Beiliegende Briefumschläge machen klar, wer die drei Empfänger dieser Morddrohungen sind, unter ihnen die Vorsitzende von Women of the Wall, Anat Hoffman. Beim Gebet an der Kotel greift eine ultraorthodoxe Frau ein weiteres Vorstandsmitglied, Rachel Cohen Yeshurun, an und würgt sie, bis andere Frauen ihr zu Hilfe kommen. Gedungene ‚Ordner', die Rabbinern und Rabbinerinnen die von ihnen getragenen Torahrollen zu entreißen versuchen und dabei auch Leute niederschlagen. Das ist die jüngste Eskalation der Gewalttätigkeiten gegen die sich allmonatlich zu Rosch Chodesch an der Kotel versammelnden Frauen, die dort einen relativ traditionellen Gottesdienst abhalten. Spuckereien, laut ausgesprochene Verwünschungen, Schubsen, das Blasen von Trillerpfeifen, Pöbeleien während des Gebets gehören schon länger dazu, haben aber im Laufe des Jahres 2016 enorm zugenommen. Gebetbücher der Frauen werden zerrissen, regelmäßig wird versucht die Torahrollen wegzunehmen – auch dies unter Einsatz von körperlicher Gewalt.

Täter und Täterinnen kommen aus dem ultraorthodoxen Milieu, das sich im Mark getroffen fühlt durch den Anspruch von Frauen, eigenständig Gottesdienste zu feiern, dabei aus der Torah zu lesen und sich das Singen nicht verbieten zu lassen. Frauen, die für das Morgengebet Tallit und mitunter auch Tefillin anlegen, stellen ein besonderes Ärgernis dar. Halachisch lässt sich gegen diese Art von Gottesdienst in der Frauenabteilung nicht viel sagen, aber es wird als Usurpation von Männlichkeitsinsignien und als Bedrohung für eine Kultur empfunden, die Frauen mehr und mehr aus der Öffentlichkeit verdrängen will. Die körperlichen und verbalen Übergriffe von ultraorthodoxen Männern und Frauen sind dabei kein Ausdruck von persönlicher und spontaner Erregung über die vermeintliche Entweihung dieses heiligen Ortes – sie sind angestiftet und gesteuert von ultraorthodoxen

Rabbinern und von Führern der Charedim. Wobei sich darüber streiten lässt, was die größere Herabwürdigung der Kotel ist: Singende Frauen in Tallit oder hasserfüllte Gewalt gegen andere Gläubige.

Vordergründig scheint es, als ob bei den Auseinandersetzungen um die Women of the Wall allein unterschiedliche Auffassungen von Gebet und Liturgie miteinander konkurrierten. Aber die Äußerung des ultraorthodoxen Knessetabgeordneten, Yisrael Eichler, verrät, dass es hier um grundsätzliche Fragen der Geschlechterverhältnisse und die Stellung von Frauen im öffentlichen Raum geht:

> *Niemand wird davon abgehalten, an der Kotel nach* seiner *eigenen Fasson zu beten, aber die Kotel ist am allerwenigsten der Ort, um eine Schlacht für das Recht von Frauen zu führen, einen Tallit zu tragen, aus der Torah zu lesen, eine Kippah zu tragen* und sich einen Bart wachsen zu lassen.[1]

Als sich die Teilnehmerinnen eines feministischen Kongresses in Jerusalem 1988 zu einem gemeinschaftlichen Gebet an der Kotel verabredeten, war nicht abzusehen, welchen Gegenwind ein solches Begehren auslösen würde. Es war Rosch Chodesch, der Neumondstag des Monats Kislew, etwa einhundert Frauen nahmen daran teil und beschlossen, sich von nun an regelmäßig zu Beginn eines jüdischen Monats zu Gottesdiensten an diesem Ort zu treffen. Die Wahl von Rosch Chodesch als Jour fixe schien eine ganz natürliche zu sein, denn gemäß der jüdischen Tradition gilt der Neumondstag als „Feiertag der Frauen" (Tur, Orach Chaim 417), der ihnen in Anerkennung für ihren Widerstand gegen den Bau des Goldenen Kalbs zugestanden wurde. Sie hatten sich dem Ansinnen ihrer Männer verweigert, ihren Schmuck dafür herzugeben. Aus der jüdischen Geschichte sind etliche lokale Traditionen bekannt, wie Frauen diesen Tag mit gemeinsamen Gebeten und Ritualen begingen. Doch der Versuch, einen Frauengottesdienst an der Kotel durchzuführen, wurde sofort mit massiver physischer und verbaler Gewalt von Seiten ultraorthodoxer Männer und Frauen beantwortet: Die Gebete wurden von unflätigen Beschimpfungen und Flüchen begleitet, von Männerseite flogen Metallstühle und verletzten einige der Teilnehmerinnen, Frauen warfen auf sie volle Windeln ihrer Kinder, spuckten und begannen zu rangeln. Die Polizei griff nicht ein, denn für sie stellte ein gemeinschaftliches Frauengebet ‚kein öffentliches Interesse' dar. Trotz dieser Angriffe beschlossen die Frauen, sich von nun an regelmäßig zu Rosch Chodesch an der Kotel zu treffen – und dieses Anliegen dann eben zu einem öffentlichen Interesse zu machen. Die Initiative Women of the Wall (hebr.: נשות הכותל) war geboren.

Das gemeinsame Gebet der Frauen rührte am Status Quo, der etabliert wurde, nachdem die Kotel 1967 wieder zugänglich geworden war. Die Westmauer des Jerusalemer Tempels gehört zu jenen Orten, deren Führung durch das Gesetz zum Schutz der Heiligen Stätten geregelt ist. Dieses Gesetz soll den freien Zugang zu diesen Orten sicherstellen und sie gegen alle Arten von Entweihung oder entehrenden Handlungen schützen. Die Anwendung des Gesetzes an der Kotel obliegt dem Administrator, der vom Minister für Religiöse Angelegenheiten in Absprache mit dem Oberrabbinat ernannt wird. Der Koteladministrator,

---

1 Zit. n. Susan Sered: What Makes Women Sick? *Maternity, Modesty, and Militarism in Israeli Society*. Hanover: Brandeis University Press 2000, S. 139 (Übers. u. Herv. d. Verf.). So äußerte sich der Knessetabgeordnete der ultraorthodoxen politischen Allianz Jahadut Ha-Torah Ha-Me'uchedet (dt.: Vereinigtes Torahjudentum), Yisrael Eichler, in der israelischen Tageszeitung *Jediot Acharonot* am 17.11.1996.

***Abb. 1:*** Die Vorsitzende von Women of the Wall, Anat Hoffman, wird 2013 wegen Tragens eines Tallits an der Kotel verhaftet.

der selbst ein ultraorthodoxer Rabbiner ist, bestimmte so, dass als örtlicher Brauch allein das definiert wurde, was seiner eigenen Auffassung entspricht, Frauen demzufolge dort nicht gemeinschaftlich in liberalerer Fasson beten können. Die Polizei setzte seine Anweisungen um und sah in den Women of the Wall Unruhestifterinnen, die den Frieden des Ortes störten und somit die Kotel entweihten.

Women of the Wall ließen sich nicht durch diese offizielle Verweigerung abhalten. Sie begannen einen langen Gang durch die juristischen und die politischen Institutionen des Staates Israel und trafen sich weiterhin Monat für Monat an der Kotel. Parallel fanden Diskussionen über die liturgische Gestaltung der Gebete statt und es wurde ein eigener Siddur erstellt: Allen Beteiligten war wichtig, dass die Initiative offen bleibt für die verschiedenen religiösen Richtungen von Orthodoxie bis Reformjudentum, und so waren Kompromisse zu finden, die liberalen Vorstellungen und halachischen Satzungen gleichermaßen entsprechen. Orthodox-feministische Frauen gehörten von Beginn an zu den Initiatorinnen von Women of the Wall und leisteten einen unverzichtbaren Beitrag zur Verankerung des Anliegens der Frauen im religiösen und im israelischen Kontext. Allerdings waren sie oft im Rahmen ihrer Gemeinden isoliert, während ihre liberalen Mitstreiterinnen es leichter hatten, die politische und finanzielle Unterstützung ihrer Richtungen zu mobilisieren. Bis heute sind Women of the Wall weltweit eine der ganz wenigen religiösen Initiativen, die Frauen und Männer aus allen Strömungen vereint.

Hervorhebenswert ist auch die Gruppe der Männer, die jedes Mal, hinter der Abgrenzung der Frauenabteilung zur Plaza stehend, am Gottesdienst teilnimmt. Schon seit den

Anfangsjahren begleiten Männer die Women of the Wall bei all ihren Aktionen, vornehmlich als Schutz gegen die sich nicht selten ereignenden physischen Übergriffe. Für manche war dieses Erlebnis, dem Gebet nur hinter einer Mechitzah beiwohnen zu können, an einem Platz, von dem aus das Geschehen schlecht zu sehen und kaum zu hören ist, eine wertvolle Erfahrung, um das Anliegen von Frauen auf gleichberechtigten Gottesdienst zu verstehen.

Women of the Wall kämpften gegen die Behinderung ihres Gebetes immer wieder mit symbolischen Aktionen: Um dem Argument zu begegnen, dass Frauen nicht aus der Torah lesen würden, baten sie Frauen aus aller Welt, Fotos zu schicken, die zeigen, wie sie aus der Torah lesen oder eine Torahrolle im Arm halten – 4.000 Aufnahmen wurden eingesandt. Eigene Tallitot wurden in Auftrag gegeben und werden seither vertrieben. Weibliche Knessetabgeordnete nutzten ihre Immunität, um vor der Kotel mit Tallit zu beten.

Im Februar 2013 wurden zehn führende Frauen der Women of the Wall verhaftet. Andere Frauen warteten singend und Torah lesend vor dem Polizeirevier, bis die Inhaftierten frei gelassen wurden. Die um die Welt gehenden Pressefotos von Frauen, die an der Kotel verhaftet wurden, allein weil sie einen Tallit trugen, lösten einen internationalen Sturm von Protesten aus, der israelischen Politikern erstmals die Dimension dieses Problems vor Augen führte: Regierungsvertreter und Knessetmitglieder, die jüdische Gemeinden und Institutionen in Nordamerika besuchten, erlebten, dass sie nicht vorrangig mit Fragen zum Nahostkonflikt oder zur Siedlungspolitik konfrontiert wurden, sondern dass der Umgang mit Frauen an der Kotel ganz oben auf der Tagesordnung stand. Die Vehemenz dieser Kritik ließ befürchten, die Solidarität großer Teile der jüdischen Diaspora zu verlieren.

Und auch die israelische Gesellschaft beginnt die Problematik der Übertragung religiöser Stätten und Symbole an das ultraorthodoxe Oberrabbinat und die damit einhergehende Verdrängung von Frauen aus öffentlichen Bereichen zu erkennen. Da an der Kotel nicht nur Gottesdienste, sondern auch staatliche Zeremonien (u. a. Vereidigungen von Soldaten und Soldatinnen, Gedenkveranstaltungen zu Jom Hashoah, zum Unabhängigkeitstag und zu Jom Jeruschalajim) stattfinden, kollidieren ultraorthodoxe Geschlechtervorstellungen und modernes, auf Demokratie und Gleichberechtigung beruhendes Staatsverständnis miteinander. So verlangen Women of the Wall seit einiger Zeit die gleichberechtigte Beteiligung von Frauen am staatlichen Ritual des Entzündens des Chanukkaleuchters an der Kotel, der (natürlich?) nur in der Männerabteilung steht und ausschließlich von

***Abb. 2:*** 2014 mieteten Women of the Wall Flächen auf Jerusalemer Bussen, um für Bat-Mizwah-Feiern an der Kotel zu werben. Der Spruch lautete: „Das ist die Torah. Und jetzt bin ich an der Reihe“. Binnen weniger Tage waren die meisten Busse zerkratzt oder ihre Reifen zerstochen worden.

***Abb. 3:*** Rosch-Chodesch-Gottesdienst im Januar 2016. Weil der Koteladministrator den Frauen verbot, eine Torahrolle mitzubringen, lesen sie die Verse aus einem Buch.

männlichen Würdenträgern des Staates Israel im Beisein des ‚Kotelrabbiners' entzündet wird. Frauen – selbst die Vorsitzende des Obersten Gerichts oder Knessetabgeordnete – dürfen nur von weitem zuschauen und auch nicht ihre Stimme durch das Singen von Segenssprüchen und Gebeten zu Gehör bringen. Dagegen wies im Dezember 2015 erstmals die Stellvertretende Generalstaatsanwältin, Dina Silber, den Koteladministrator, Rabbiner Schmu'el Rabinowitz, darauf hin, dass

> *es öffentlichen Institutionen verboten ist, jegliche Trennung zwischen Männern und Frauen vorzunehmen, selbst wenn dies Bitten eines Sektors der Öffentlichkeit Folge leistet, der ein bestimmtes Interesse dabei verfolgt.* [...] *In diesem Sinne fordern wir Sie auf, die Beteiligung von Frauen an der staatlichen Zeremonie des Lichterzündens an der Kotel beim bevorstehenden Chanukkafest umzusetzen.*[2]

Auch auf politischer Ebene setzte Bewegung ein: Überrascht von der Vehemenz der internationalen Proteste gegen die Verhaftung von

2 Attorney-General Orders Kotel Rabbi: Include Women in Hanukka Ceremonies. In: *Jerusalem Post*, 02.12.2015 (Übers. d. Verf.).

Frauen wegen des Tragens von Tallitot, beauftragte Ministerpräsident Benjamin Netanjahu 2013 seinen Kabinettssekretär Avichai Mandelblit und den Vorsitzenden der Jewish Agency, Nathan Scharansky, eine Lösung zu finden, die alle religiösen Seiten – die Charedim ebenso wie die Nichtorthodoxen – zufriedenstellt. Zu den Verhandlungen wurden Vertreter der Konservativen und der Reformbewegung, aber auch Women of the Wall eingeladen. Der erzielte Kompromiss, der am 31. Januar 2016 als Regierungsbeschluss verabschiedet wurde, sieht nunmehr vor: Am Robinson's Arch, dem südlichen Teil der Westmauer des Tempels, soll eine große Plattform für egalitäre Gottesdienste errichtet werden, auf die auch Women of the Wall ausweichen sollen. Die Sicherheitsschleuse vor der Kotel-Plaza soll vorverlegt werden, damit alle drei Gebetsbereiche – Männerabteilung, Frauenabteilung und Egalitäre Abteilung (*Esrat Jisrael*) – gleichermaßen zugänglich sind. Der südliche Teil, Esrat Jisrael, soll von einem Gremium verwaltet werden, das sich aus VertreterInnen der Regierung, der Jewish Agency, des Reformjudentums, der Konservativen Bewegung und auch von Women of the Wall zusammensetzt. Ein von der Regierung bereits für 2016/17 bereitzustellender Etat in Höhe von 35 Millionen Schekel, ca. 9 Mio Euro, soll für den Bau der Plattform und für die Ausstattung mit Torahrollen, Tallitot, Gebetbüchern eingesetzt werden. Zum ersten Mal soll also eine gesetzlich anerkannte Heilige Stätte nicht dem orthodoxen Rabbinat unterstehen, sondern offiziell von Gruppen des liberalen Judentums geleitet werden. Im Gegenzug wird die bisherige Kotel und die dort gepflegten Bräuche allein vom ultraorthodoxen Kotelrabbiner bestimmt werden – der Charedisierung dieses Ortes ist somit kein Einhalt mehr geboten, Frauen mit Tallit und Tefillin werden dann wieder von dort vertrieben werden können.

Der Jubel über diesen Beschluss war groß – bei den nichtorthodoxen Strömungen, die somit erstmals einen offiziellen Status im Staat Israel eingeräumt bekommen sollten, aber auch in weiten Kreisen der säkularen Öffentlichkeit Israels, die dies als Öffnung in Richtung von religiösem Pluralismus würdigte. Auch Women of the Wall feierten diesen Durchbruch, war doch erstmalig ein Kompromiss durch politische Verhandlungen und nicht allein auf dem Gerichtsweg erzielt worden. Und dennoch waren auch bittere Töne zu vernehmen: Etliche der Gründerinnen oder langjährigen Wegbegleiterinnen sahen in dem Verhandlungsergebnis einen Verrat der ursprünglichen Ziele, die Umwandlung des nationalen Symbols ‚Kotel' in eine ultraorthodoxe Synagoge abzuwenden und innerhalb der Frauenabteilung pluralistische Gebetsformen zu etablieren. Eine Gruppe unter dem Namen ‚Original Women of the Wall' spaltete sich ab und verfolgt das Begehren auf pluralistische Gebetsformen innerhalb der Frauenabteilung zurzeit mit einer Klage beim Obersten Gericht.

Massiver Widerstand wurde von charedischen Rabbinern mobilisiert: Sie befürchten einen Bedeutungsverlust durch eine offizielle Teilanerkennung des liberalen Judentums und vor allem, dass auch Israelis es attraktiver finden werden, ihre Familienfeiern in Esrat Jisrael abzuhalten, wo Männer und Frauen zusammen sitzen können. Ebenso würden dann offizielle staatliche Zeremonien zu Gedenktagen oder zur Vereidigung von Soldaten und Soldatinnen wohl eher dort stattfinden. Also wurde der Regierungsbeschluss als „Gotteslästerung" bezeichnet und die Regierungs- und Knessetvertreter der ultraorthodoxen Parteien gezwungen, mit der Aufkündigung der Koalition zu drohen. Sie nutzen alle politischen Mittel, um den Regierungsbeschluss zu kippen: Der Innenausschuss der Knesset nahm eine

Ortsbesichtigung vor, bei der David Amsalem (Likud) wüste Beschimpfungen gegen Vertreter des Diaspora-Judentums ausbrachte: „Dann sollen sie doch gekränkt sein! Das ist schon in Ordnung. Sie tun uns sowieso keinen Gefallen."[3] Der Ausschuss für Bildung, Kultur und Sport unter Vorsitz von Shas-Mitglied Ya'akov Margi verabschiedete einen Gesetzentwurf, der erneut den jetzigen Status Quo an der Kotel festschreiben soll. Die Oberrabbiner Israels, die zuvor an den Verhandlungen beteiligt waren und den Regierungsbeschluss mitverantwortet hatten, schwenkten unter dem Druck der charedischen Klientel schnell um und verlauteten, sie seien schon immer dagegen gewesen. Obwohl die Altertümerbehörde Israels dem Regierungsbeschluss zugestimmt hatte, wurden nun andere Archäologen in Stellung gebracht, um den Bau der egalitären Gebetsplattform zu verhindern. Der Koteladministrator hingegen lässt derweil enorme bauliche Veränderungen vornehmen: Frauen- und Männerabteilung sind jetzt durch einen massiven, blickdichten Zaun voneinander abgetrennt, und auch nach hinten zur Plaza wurde ein doppelter Zaun mit Sicherheitsstreifen errichtet, so dass die männliche Unterstützergruppe nicht mehr mit den Frauen gemeinsam beten kann.

Jegliche Implementierung der Vereinbarung ist seither ausgesetzt, zugleich hat die Aggressivität gegen die monatlichen Gebete der Women of the Wall enorm zugenommen. Bei einem Rosch-Chodesch-Gottesdienst am 2. November 2016 mit führenden Rabbinern der Konservativen und der Reformbewegung aus Israel und aus den USA fielen als ‚Ordner' gekennzeichnete Schlägertrupps über die TeilnehmerInnen her. Die Polizei stand daneben und griff nicht ein. Die jüngsten gewalttätigen Übergriffe und die Morddrohungen sind eine weitere Eskalation, die sehr ernst genommen werden muss.

Es geht an der Kotel um nichts mehr und nichts weniger als den demokratischen und pluralistischen Charakter des Staates Israel: Darüber wird an diesem symbolträchtigen Ort entschieden, und die Ultraorthodoxen haben das bereits begriffen. In der säkularen israelischen Öffentlichkeit beginnt es auch langsam anzukommen, dass es hier nicht nur um irgendwelche aus den USA importierten ‚Verrücktheiten' geht, sondern um das grundsätzliche Verhältnis von Staat und Religion sowie zwischen Israel und dem Diasporajudentum. Amerikanische jüdische Organisationen warnen davor, dass die Diskriminierung des nichtorthodoxen Judentums in Israel zu einer wachsenden Entfremdung von Diasporajuden gegenüber dem jüdischen Staat führt. Unlängst wurde im Knessetausschuss für Einwanderung, Aufnahme und Diasporaangelegenheiten davor gewarnt, dass die Handhabe sämtlicher religiösen Fragen gemäß ultraorthodoxer Sichtweisen sicherheitsrelevante Auswirkungen haben könnte.[4] Wenn die übergroße Mehrheit des amerikanischen Judentums als ‚nicht jüdisch genug' betrachtet wird, weil deren RabbinerInnen, Übertritte und Eheschließungen nicht anerkannt werden, würde das eine fatale Entsolidarisierung mit dem Staat Israel und eine erhebliche Minderung der politischen und finanziellen Unterstützung nach sich ziehen.

Das Anliegen von Women of the Wall hat zudem das Potential, die Regierung Netanjahu zu stürzen. Die israelische Regierung steht unter Druck: Die ultraorthodoxen Parteien

3 Zit. n. JTA: MK Calls for Banning Mixed Worship at Western Wall. In: *Times of Israel*, 09.11.2016 (Übers. d. Verf.).

4 Former U.S. Defense Official: Israel's Security at Risk Due to Religious Intolerance. In: *Times of Israel*, 11.01.2016.

**Abb. 4:** Ultraorthodoxe Gruppen und das Oberrabbinat Israels riefen im Frühjahr 2016 mit drastischen Worten und in Guerillamanier zum Widerstand gegen den Regierungsbeschluss auf. „Bereitet euch auf die gewaltige Schlacht für die Westmauer vor!" oder „Wir rüsten uns für den historischen Kampf gegen die Zerstörer der Religion. Bis die ganze Golah [= Diaspora] lichterloh brennt! Einzelheiten demnächst! Das Komitee zur Rettung der Westmauer" waren einige der Parolen, die hier auf eine Plakatwand am Eingang zur World Union for Progressive Judaism geklebt wurden.

drohen im Fall der Umsetzung des Regierungsbeschlusses vom 31. Januar 2016 mit dem Verlassen der Koalition, was Neuwahlen zur Folge hätte. Andererseits wird die Regierung von den höchsten Gerichten gedrängt, ihrem eigenen Beschluss Taten folgen zu lassen. Am 12. Januar 2017 räumte das Oberste Gericht der Regierung eine Dreißig-Tage-Frist ein, um zu begründen, warum Frauen nicht an der Kotel Torah lesen dürften. Die entwürdigenden Leibesvisitationen der Frauen auf der Suche nach religiösen Objekten müssten sofort eingestellt werden, nur die üblichen Sicherheitskontrollen seien zulässig. Man darf gespannt sein, welche halachischen Pirouetten oder vermeintlichen Sicherheitsaspekte die Regierung in ihrer Begründung anführen wird. Dabei wird sie den Spagat zwischen den innenpolitischen Machtfragen und den internationalen Auswirkungen versuchen; um eine Entscheidung zwischen ultraorthodoxen und modern-demokratischen Gesellschaftsbildern wird sie schon in naher Zukunft nicht herumkommen. Women of the Wall werden sich nicht einschüchtern lassen, und Jalta hat vorgemacht, wie frau mittels symbolischer Handlungen Teilhabe und Präsenz im religiösen Leben einfordert.

# 6 — ו

## ÜBER DIE REDAKTION

# VON *BABYLON* NACH *JALTA*

MICHA BRUMLIK

„Wann, wenn nicht jetzt?" Jede jüdische Generation ist gehalten, sich über ihre Lage klar zu werden: Nach dem Holocaust und angesichts einer ungewissen Zukunft – zwischen der Diaspora und dem Staat Israel, zwischen dem tradierten Glauben und einem vor allem als Kultur oder Zivilisation verstandenen Judentum, zwischen eigensinnigem Beharren auf dem ‚Eigenen' und der Bereitschaft, sich in der Diaspora an der jeweiligen Gesellschaft, in der man lebt, zu orientieren.

Unsere Zeitschrift, die den Namen einer rebellischen, nonkonformistischen Frau trägt, deren eigensinniges, antipatriarchalisches Handeln vom Talmud überliefert wird, will die Diskussionen, Kontroversen und Erfahrungen von Jüdinnen und Juden in – vor allem, aber nicht nur – Deutschland und Europa zu Beginn des 21. Jahrhunderts austragen und dokumentieren.

Im Unterschied zu anderen Zeitschriften dieser Art wird *Jalta* jedoch unserem, dem jüdischen Zeitempfinden, nicht nur im Medium der diskursiven Sprache, sondern auch in dem der Kunst Ausdruck verleihen, um so nach Formen zu suchen, die der Vielfalt und Überschneidung von Themen und Selbstfindungsprozessen hoffentlich gerecht werden.

Nach *Babylon* jetzt also *Jalta* – ich freue mich darüber, an einem generationsübergreifenden Projekt mitwirken zu können.

# NEUE PERSPEKTIVEN. NEUE POSITIONIERUNGEN. NEUE SICHTBARKEITEN.

LEA WOHL VON HASELBERG

Wütend über die Rolle, die ihr als Frau zugewiesen wurde, ging Jalta in den Keller und zerschmiss Weinkrüge, angeblich vierhundert an der Zahl. Sie muss gekocht haben vor Wut, und doch ging sie jenen, die ihre Wut verursacht hatten, aus den Augen, bevor sie ihr freien Lauf ließ. Mit Zuschreibungen und Rollenzuweisungen sind Jüdinnen und Juden auch heute noch konfrontiert. Sie sind geprägt von dem, was auf der Konferenz von Jalta im Februar 1945 beschlossen wurde: Eine neue Weltordnung, die sich zumindest in Westdeutschland noch beweisen musste – nicht zuletzt über den Umgang mit Jüdinnen und Juden. Es entstanden

Rollenbilder, die so eng wie öffentlichkeitswirksam waren, in denen definiert war, was Jüdischsein hieß, wann und wie laut oder leise, wie bequem und wie folkloristisch jüdisches Auftreten sein konnte und was bitte auch ganz außen vor gelassen werden sollte.

Wut darüber, dass andere in häufig machtvolleren Positionen entscheiden, wer man ist, entsteht heute, in einer post-migrantischen oder superdiversen Gesellschaft, an vielen Stellen. Unterschiedlichste Gruppen lehnen sich gegen hegemoniale Positionen auf und behaupten für sich hybride Selbstbeschreibungen, die quer stehen zu althergebrachten. Sie formulieren neue Positionen und erproben neue Allianzen und Solidaritäten. Diese neuen Blickrichtungen beschränken sich nicht auf die Gegenwart, sondern sind auch auf die Vergangenheit nötig und möglich – im Licht der jeweiligen Gegenwart.

*Jalta* soll sich diesen neuen Perspektiven auf jüdische Gegenwart widmen. Der Titel steht für die *auch* wütende Auseinandersetzung mit zugewiesenen Rollen, mit der immer noch prägenden Kraft der post-nazistischen Ordnung sowie mit den aktuellen Konflikten in Europa, die neue Fragen aufwerfen und von uns neue Positionierungen erfordern.

## MEHR ALS ‚DAS EINE'

ANNA SCHAPIRO

*Jalta* entspringt aus der Wahrnehmung einer Notwendigkeit, gesellschaftliche Themen aus einem erweiterten Blick betrachten und gestalten zu wollen.

Dieser Blick lässt mehr als ‚das Eine' zu, was in/durch *Jalta* deutlich artikuliert wird. Erweiterte Blicke sind im Judentum immer schon angelegt: Man lernt die Torah zu zweit, nicht alleine, man diskutiert sie und kann zu seiner eigenen Auslegung kommen. In dieser dialogischen Praxis liegt ein möglicher Entwurf, um aus der Sackgasse von Richtig und Falsch, Schwarz und Weiß heraus zu kommen – hin zu einer Begegnung, einem Gespräch. Einem Gespräch, das auch (vermeintlicher) Unvereinbarkeit Raum gewährt und in dem dennoch hingehört wird. Unvereinbares und Paradoxes, das sich nicht nur in der heutigen Zusammensetzung der jüdischen Gemeinschaft in Deutschland widerspiegelt, sondern auch in der gesellschaftlichen Zusammensetzung Deutschlands. Scheinbar Unvereinbares, das die Akteur*innen durch ihre Biografien und ihr bewusstes Handeln innerhalb dieser (wiederum) verbinde.

Weiter vereint *Jalta* unterschiedliche Disziplinen und schafft Raum, so dass diese gleichwertig nebeneinanderstehen können. Dies begreife ich ebenso als wegweisend im Hinblick auf gesellschaftliche Transformationsprozesse, derer wir Teil sind: Raus aus dem ‚Ghetto', der Abgeschlossenheit der eigenen Disziplin, denn es gibt etwas, was gemeinsam verhandelt werden muss.

*Jalta* verhandelt.

## EINE KONZEPTIONELLE DREIFALTIGKEIT

MAX CZOLLEK

Vom 4. bis 11. Februar 1945 trafen sich Franklin D. Roosevelt, Winston Churchill und Josef Stalin in einem kleinen Badeort auf der Krim, um über die Zukunft Europas nach dem Ende des Zweiten Weltkriegs zu beraten. Der Name des Ortes, Jalta, ist eine Chiffre für jene Nachkriegsordnung, deren Fundament die Niederlage Nazi-Deutschlands bildet. Damit ist Jalta Ausdruck eines Sieges, der die Grundlage einer jüdischen Existenz in Europa bildet.

Jalta steht also zugleich für den Versuch, ein vereintes und befriedetes Europa zu schaffen wie auch für sein vorläufiges Scheitern an der Realpolitik. Damit ist in diesem Titel zweierlei vereint: Vision und Zukünftigkeit. Dies scheint mir eine treffende Beschreibung der Bedingungen jüdischer Existenz in Deutschland heute zu sein: Es gibt uns wieder und es gibt uns doch nur *zum Teil* als eine eigenständige jüdische Position, die mehr tut, als öffentlich der Shoah zu gedenken, vor Antisemitismus zu warnen und über Israel zu sprechen. Wende ich mich der jüdischen Tradition zu, so verweist Jalta auch auf eine wütende Frau, die aus Ärger über die dümmlichen Kommentare ihres Mannes und seiner Freunde eine Menge Porzellan zerschlägt. Für mich steht Jalta damit wesentlich auch für eine Ermächtigung als jüdische Diskursteilnehmer*innen, also als Künstler*innen und Wissenschaftler*innen, im gegenwärtigen Deutschland, welches post-migrantisch ist und an dem wir teilhaben sollten.

Zuletzt knüpft der Titel *Jalta* auch an das in den 1980er Jahren gegründete Magazin *Babylon* an, wobei der Bezug vom babylonischen Exil auf die europäische Nachkriegsordnung verschoben worden ist. Wenn wir dieses Magazin also *Jalta. Positionen zur jüdischen Gegenwart* nennen, dann ist damit eine Arbeit mit, in und an unserer europäischen Gegenwart gemeint – der ihr eingeschriebenen Vision wie auch der fortlaufenden Zukünftigkeit ihrer Realisierung.

## *JALTA* – EIN DISKURSRAUM

MARINA CHERNIVSKY

Mit *Jalta* habe ich statt der Figur aus dem Talmud anfangs eher die Stadt auf der Krim verbunden. Nun steht eine neue Verbindung im Raum – ein diskursiver Rahmen für zeitgenössische jüdische Perspektiven. Unsere jüdischen Bezüge sind sehr divers. Wir verfügen über mehrere Staatszugehörigkeiten und haben verschiedene Herkünfte, die unterschiedliche Identifikationen bieten. Wir verorten uns als Juden und Jüdinnen in Deutschland, deutsche Juden und Jüdinnen, Israelis, Alteingesessene, Neueinwanderer*innen und vieles mehr.

*Jalta* verhandelt diese Vielfalt unter Berücksichtigung wirkmächtiger Positionen und Zuordnungen, die im jüdischen wie auch nicht-jüdischen Kontext sehr bedeutsam sind. Wir verorten uns selbst und werden permanent von anderen verortet. Wir leben in und mit diesen Unterschieden, reproduzieren sie jedoch fortdauernd selbst durch die Wahrnehmung und Zuordnung der Anderen. *Jalta* ist ein Forum, um sich diese ‚Verstrickungen' bewusst zu machen und neue Handlungsräume im Umgang mit jüdischer und gesellschaftlicher Diversität prozesshaft und dialogisch immer weiter zu erschließen.

## *JALTA!*

HANNAH PEACEMAN

Die Deutungshoheit zu Fragen, die Jüdinnen und Juden betreffen, wird in Deutschland allzu oft nicht-jüdischen oder aber konservativen jüdischen Stimmen überlassen. Nur einzelne Gegenstimmen zu dieser Marginalisierung und politischen Vereinnahmung werden im medialen Diskurs aufgegriffen.

*Jalta* soll zu einem Forum für jüdische Positionen in der Gegenwart werden. Hier sollen kritische jüdische und nicht-jüdische Perspektiven zusammengebracht, ihre Diskurse weiterentwickelt und reflektiert werden. Blinde Flecken sollen sichtbar, überhörte Stimmen hörbar gemacht werden. Mehrheitsdiskurse sollen unterlaufen und in Frage gestellt werden.

*Jalta* dient zur notwendigen Irritation und Kritik zunehmend krisenhafter gesellschaftlicher Verhältnisse, deren inhärente Widersprüche Rassismus, Antisemitismus und zahllose Formen von Diskriminierung hervorbringen. Statt betroffene Gruppen gegeneinander auszuspielen, soll *Jalta* ein Forum für ihre Diskussionen und Auseinandersetzungen bieten, um politische Solidarität und Allianzbildung zwischen progressiven Kräften zu stärken.

*Jalta* ist ein Aufruf zur immanenten Kritik des liberalen Anspruchs der deutschen Gesellschaft, ihrem im besten Fall tolerierten Nebeneinander zwischen Mehrheitsgesellschaft und Minderheitengruppen. *Jalta* ist ein Statement zur Verwirklichung einer Gesellschaft der Vielen. *Jalta* soll ein Ort sein, an dem gesellschaftliche Alternativen sichtbar werden. *Jalta* ist eine politische Haltung.

# Abbildungsverzeichnis

# Impressum

**Jalta.** ***Positionen zur jüdischen Gegenwart***
01/2017 (01/5777): Selbstermächtigung

HERAUSGEGEBEN VON
Micha Brumlik / Marina Chernivsky / Max Czollek / Hannah Peaceman / Anna Schapiro / Lea Wohl von Haselberg

BIBLIOGRAFISCHE INFORMATION DER DEUTSCHEN NATIONALBIBLIOTHEK
Die Deutsche Nationalbibliothek verzeichnet diese Publikation in der Deutschen Nationalbibliografie; detaillierte bibliografische Daten sind im Internet über http://dnb.d-nb.de abrufbar.



WEBSITE
www.neofelis-verlag.de

UMSCHLAGGESTALTUNG, LAYOUT & SATZ
Hartmut Friedrich
kontakt@hartmutfriedrich.com

LEKTORAT
Neofelis Verlag (fs)

DRUCK
PRESSEL Digitaler Produktionsdruck, Remshalden
Gedruckt auf FSC-zertifiziertem Papier.

ISSN: 2510-3725
ISBN (Print): 978-3-95808-136-9
ISBN (PDF): 978-3-95808-186-4

3. AUFLAGE, 2019

ERSCHEINUNGSWEISE
zweimal jährlich

Jahresabonnement 28,– € (Förderabo: 42,– €)
Einzelheft 16,– €

Erhältlich in Ihrer Buchhandlung oder direkt beim Neofelis Verlag unter: *vertrieb@neofelis-verlag.de*

Ein Abonnement verlängert sich automatisch um ein Jahr, wenn die Kündigung nicht mindestens drei Monate vor Ende des Kalenderjahrs erfolgt ist.

Gefördert durch das Studio Я des Maxim Gorki Theaters mit Mitteln der Kulturstiftung des Bundes

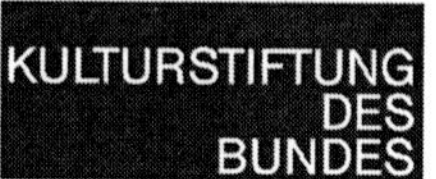